北区歴史と文化探索トリップ

［新版］

沢井鈴一
伊藤正博……著

名古屋北ライオンズクラブCN50周年記念出版

名古屋北ライオンズクラブ

北区MAP

N
北東
W E S

本書中の主な項目は●赤字、街道は緑字、信号・地名は黒字、駅名は青字で記してあります。本文の見出し下に示す［MAP北東］といった表記に該当する地図を参照してください。地図は正確な縮尺で描かれていますが、本文に関連のない道路は一部省略しました。

北区MAP
中央卸売市場北部市場
久田良木川
大我麻神社
楠西幼
楠西小
喜惣治荘
合瀬川
大山川
喜惣治大橋
喜惣治2
会所町
新沼町
苗田町
石黒重行墓
瑞応
大井神社
鶏足寺
北高
如意車庫前
にょらい塚跡
如意1
北高校前
水埜士惇君治水碑
新川
神明社
大我麻町
丸新町
喜惣治橋
喜惣治観音
如来町
大我麻公園北
大我麻公園
楠公園
立合橋
楠JCT
楠IC
東名阪自動車道
東海交通事業城北線
ひら
大我麻町
楠町如意
名古屋高速1号楠線
生棚公園
楠1
蛇池公園
新川堤防改築記念碑
蛇池
蛇池神社
西味鋺小
新地蔵川
起返
修理洗堰碑
山田町大野木
西味鋺2
中味
新川中橋北
洗堰
洗堰緑地
新川中橋
西あじま
西新川
除災地蔵
41
庄内川
庄内橋ゴルフクラブ
矢田川
川中住宅
中切町5
城北ザ・シーン
北スポーツセンター
ふれあい橋（人道橋）
乗円寺
成願寺
中切町4
三郷水路
川中小
神明社
天神社（茄子天神）
六所神社
福徳荘
福徳
川中公園
中切町
川中町
安井2
安井町
N
W
E
S

北区MAP
ポンプ所
三階橋
矢田川伏越
天神橋緑地
辻町
庄内用水
三階橋南
新堀町
修善寺
羊神社
三階橋ポンプ場
天然プールの跡
矢田川
辻小
大曽根中
御用水跡街園
大山街道
辻本通3
川上絹布跡
上飯田
長全寺
霊光院
天神橋
上飯田通1
六所宮
旧矢田川堤防跡
瑠璃光橋
トロッコ道跡
地下鉄上飯田線
下街道
堀川
尾上団地
宮前小
瑠璃光3
御成通3
山田4
名北小
清蓮寺
金虎酒造
六郷北小
廣福寺
観音寺
天王社
飯田小
成福寺
六所社
長母寺
常光院
山田東町3
地下鉄名城線
山田天満宮・金神社
若葉通2
平安通1
平安通
山田2
杉栄町5
若葉中
平安通4
彩紅橋通
大曽根
六郷小
杉村小
下街道道標
おおぞね
杉栄町2
大曽根
矢田
ナゴヤドーム前
鈴蘭南座
円満寺（祖父薬師）
御成道
弘法の井
清柳水跡
名鉄瀬戸線
もりした
殉職者慰霊碑
本覚寺
関貞寺
工芸高
片山八幡神社
了義院
瑞忍寺
徳川町
19
JR中央本線
徳川美術館
神明社
赤塚
N
W
E
S

北区MAP

本書中の主な項目は●赤字、街道は緑字、信号・地名は黒字、駅名は青字で記してあります。

本文の見出し下に示す「MAP北東」といった表記に該当する地図を参照してください。

地図は正確な縮尺で描かれていますが、本文に関連のない道路は一部省略しました。

北区のむかしと今

名城公園（旧練兵場）を北方上空から望む（昭和42年　林弘之提供）

熱狂的なファンとともにある鈴蘭南座

志賀公園池畔の北区今昔パネルと浮見亭

下街道の道標　佐野屋の辻「京大坂道」と
大曽根追分「いいだみち」の道標

岡本太郎作の音が見える梵鐘（久国寺）

都市景観重要建築物・黒川樋門
黒川（堀川）はここから始まる

矢田川伏越下流の天然プールは子どもたちの楽園だった

味鋺神社の流鏑馬像　五穀豊穣を祈り弓を引く

黒川を染める名古屋友禅の水洗い

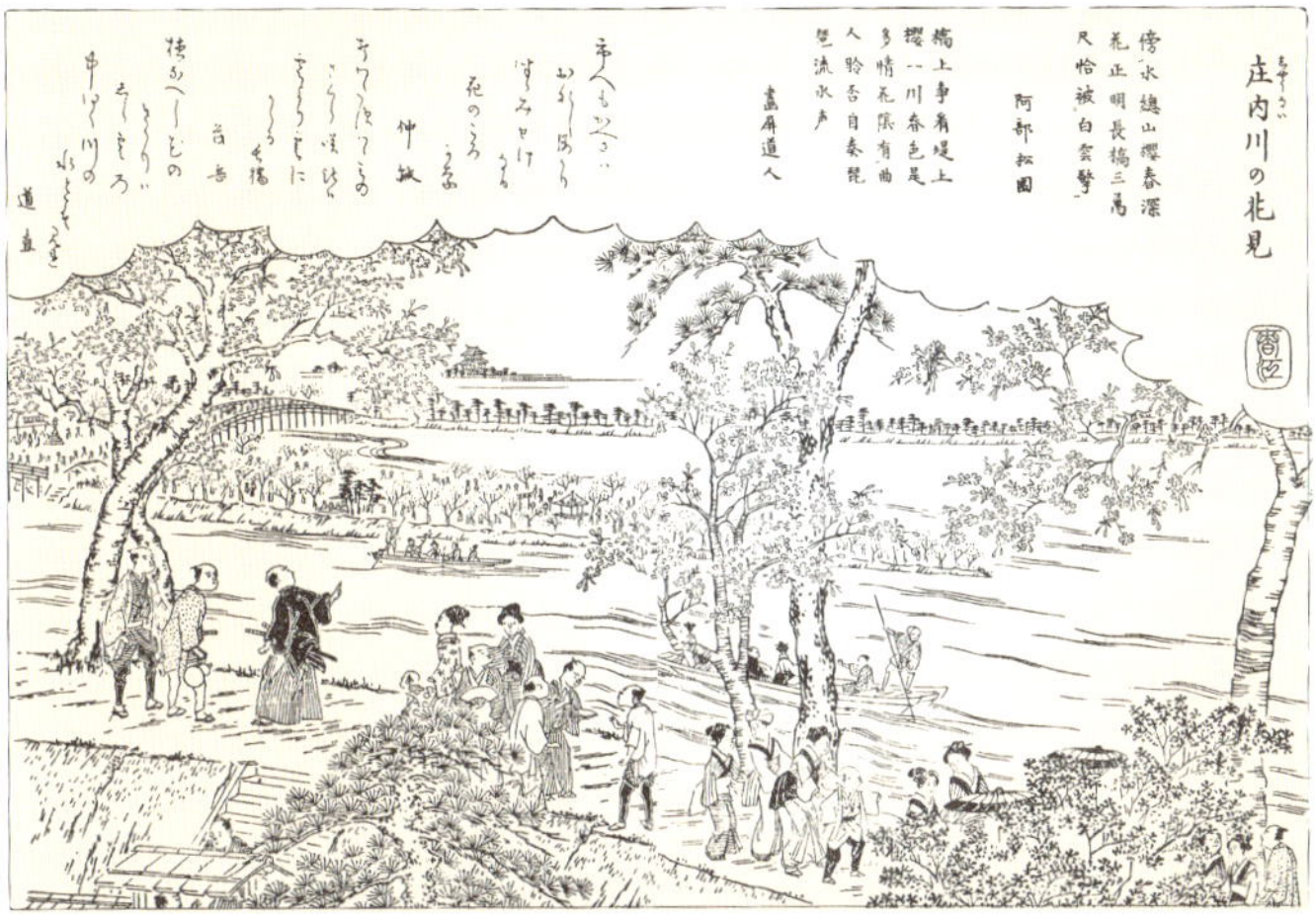

庄内川の花見（尾張名所図会）

空から見た北区全域（米軍撮影の空中写真　昭和22年撮影）

発刊にあたって

私ども名古屋北ライオンズクラブは、平成二十六年に創立五十周年を迎えることが出来ました。ひとえに支えて頂いた方々のお蔭と感謝致しております。

「われわれは知性を高め、友愛と相互理解の精神を養い、平和と自由を守り社会奉仕に精進する」と誓いを立て、「われわれは奉仕する」をモットーに前進してまいりました。

地域社会に奉仕する奉仕事業といっても行政を超えることは出来ません。われわれが出来ることをと、試行錯誤しながらの五十年であり、先人先輩メンバーの叡智の結晶であります。

愛知県赤十字社との共催の献血事業は四十年四十五回にもなります。

名古屋城には「清正公石曳きの像」、志賀公園には「歴史の音モニュメント」「結―YUIモニュメント」「湖畔のあずまや　浮見亭休み処」「時計塔」「ソメイヨシノ植樹」、コスモス街道「北区制五十周年記念モニュメント」、北区役所エントランスホールの絵画「露店市PERU」、黒川スポーツトレーニングセンターの「太陽の門モニュメント」、本年は五十周年記念として北区役所南玄関に「姉妹像　ほほえみ」、志賀公園湖畔に「北区制七十周年記念　北区今昔銘板」を寄贈致しております。

青少年育成として海外ホームステイ「YCE青少年交換事業」を名古屋市立北高等学校とタイアップし、三十年間三十八名の留学生をアメリカ・オーストラリア・ヨーロッパに派遣してまいりました。地域ナンバーワンの実績であり、この継続が名古屋北高等学校への「国際理解コース」の新設に結びつき、まさにライオンズ活動と地域コミュニケーションの一大成果となりました。

本書『北区・歴史と文化探索トリップ』（五十周年新版）は名古屋北ライオンズクラブ創立四十周年記念に出版した本の改訂新版です。創立四十五周年記念には『芸処名古屋を訪ねて』を出版いたしました。いずれも「名古屋四百年検定」の指定本にもなっております。

ふと振り返る歴史、身近なところにある史跡、地名の由来、地元伝統行事、伝統農産物等との出会いなどタイムスリップしてみませんか。そしてこの『北区・歴史と文化探索トリップ』（新版）を手にして歩いてみませんか。新鮮な発見がありますよ。

最後に、北区の変遷にまなざしを注ぎ探索し執筆して頂いた沢井鈴一氏、伊藤正博氏及び編集担当の川角信夫氏に心よりお礼申し上げます。

平成二十六年四月吉日

名古屋北ライオンズクラブ　創立CN五十周年記念大会

大会委員長　松　村　宗　哲

「姉妹像 ほほえみ」作者を囲んで除幕式

北区・歴史と文化探索トリップ〔新版〕　目次

柳原・土居下……六一

下飯田界隈……八七

杉村界隈……九九

下街道・南……一一三

如意界隈

大我麻・喜惣治

［表紙写真］
長全寺石庭
姉妹像 ほほえみ（櫻井真理作）
味鋺の道標
聖徳寺不動明王
大井神社の獅子頭
桜花爛漫の堀川（黒川）

［裏表紙写真］
空から見た北区中心部
（国土地理院撮影の空中写真・平成十四年撮影）

志賀の里

……………地下鉄黒川駅↓光音寺町

上杉謙信ゆかりの寺……林泉寺跡【MAP南西】

田幡城の跡地（金城小学校、校門のそばに林泉寺跡の碑がある）に、熱田の田中の地にあった永泉寺が移転してきたのは、享保十二年（一七二七）のことである。田幡城の跡地は、原田佐忠の別荘地であったが、彼の熱心な勧請によって、裁判までも起こして寺はこの地に移ってきた。原田佐忠は、越後の上杉家にゆかりのある人物だったであろう。上杉謙信の肖像を本堂にかかげて、享保十三年三月十三日、謙信公百五十回忌の法要を営んだ。

謙信堂と土地の人から呼ばれていた永泉寺が林泉寺と寺号が変わったのは宝暦二年（一七五二）のことである。上杉謙信が幼少時に養育されていた寺が越後、春日山の林泉寺だ。寺号も謙信にゆかりの深い名に変えたのである。

金城小学校の校門そばに建つ「林泉寺跡碑」
奥に横たわっているのは清正橋の石

林泉寺と改号したのを機に宝暦三年には、寺に御真影があって位牌がないのを歎いた久間十兵衛等の檀徒が、位牌をあらたに寺に納めた。これら謙信ゆかりの寺宝は、太平洋戦争の時にすべて戦火にみまわれ、烏有に帰した。

寺内には頓阿作の人麻呂の木像をまつった小祠もあったが、この堂も戦火に焼失してしまった。

安政二年（一八五五）、猪子石村月心寺の隠居拈華坊が、林泉寺から人丸明神防火の守護札を発行した。その時に、彼が詠んだ歌、

焼亡は柿の本まで来るともあかしといゐはすくに人まる

播磨の国明石の地に人丸神社がある。人丸神社は火防せの神様だ。人丸は、火止《ひとま》るとよめるからだ。万葉の歌人、柿本人麻呂をもじり、たとえ火が柿の木のところまできても、「明石」といえば、すぐに火は止まるという意の歌だ。

近江からきた志賀薬師……東高寺【MAP南西】

曹洞宗、東高寺は元亀二年（一五七一）の創建である。

本尊の薬師如来は、病難救済と安産加護の仏様として崇拝をうけている。聖徳太子が彫刻をされたものといわれている。

薬師如来は、近江の国、志賀の里に安置されていて、かの地の人々の厚い信仰をうけていた。その薬師如来が、この地にきたことについては、次のような話が伝わっている。

志賀の里に東高坊という僧がいた。元亀二年、織田信長は、比叡山を焼打ちにしようと考えていた。東高坊の夢の中に、薬師如来が現れて「信長が焼打ちを考えている。私を安全な場所に移してくれ」と告げた。

東高坊は薬師如来を背負って、故郷の奥州田村郡三春の里へ旅立った。

尾張の国、志賀の里に着いた時、疲れのために病気になってしまった。平手政秀の孫、平手桃庵は近在にきこえた薬師《くすし》であった。

東高坊は、桃庵の手厚い看護をうけたが、治療のかいもなく元亀二年十月五日に五十三歳で亡くなった。

桃庵は、東高坊を供養するため小堂を建立し、薬師如来をまつった。

桃庵は仏門に入り、志賀薬師をお守りした。志賀薬師は、霊験あらたかな尊像として、人々の厚い信仰を今もうけている。

東高寺本堂

めおとの墓碑……霊源寺【MAP南西】

曹渓山霊源寺は曹洞宗の古い歴史のある寺である。元は千種区古井の光正院の末寺で、はじめ万亀山大福寺と称していたが宝暦十年(一七六〇)今の寺号に改められた。

霊源寺の墓の中には林立している墓碑を見おろすようなかたちで、二基の墓碑が立っている。一基は、曹渓円成居士と刻まれた墓碑。曹渓円成居士は、この寺を開いた穀物問屋鵜飼屋の六代目服部重光のこと。宝暦十三年(一七六三)の歿。もう一基は、その妻の霊源妙誓法尼の墓。宝暦六年の歿。

大福寺という名前から霊源寺という名前に寺号が変わったのは、鵜飼屋のなみなみならぬ帰依があったからであろう。荒廃した寺を鵜飼屋は独力で再建したかもしれない。山号曹渓と寺号霊源が用いられていることによって、鵜飼屋夫婦とこの寺との深いかかわりが感じられる。

昭和二十年五月十四日の戦火により本堂も、山門もすべて烏有に帰してしまった。唯一、戦火をまぬがれたのが山門前に立っていた「不許葷酒入山門」の碑である。戦火にあったのは、本堂や山門ばかりではなく、胎内に小さな仏体を蔵している御腹籠《みごもり》観音と称せられた本尊も焼失してしまった。また、伝説の大黒天も焼失をした。

大黒天の伝説を『金城の遺蹟・史話』(三谷政明)は、次のように記している。

明治中期、阿部小兵衛なる篤信家が大黒天の霊夢に感じ、霊源寺内に大黒天秘在せらるる旨告げ、よって寺内境内隈なく探し遂に山門棟木辺の一隅に密かに鎮座されていたのを発見した。即ち大黒殿を建立してまつり毎年節分会を行うようになった。大黒様の福にあやかろうと参会の善男善女は八百名ほどにのぼる盛況である。

霊源寺の夫婦墓碑

海神をまつる……綿神社 〔MAP南西〕

綿《わた》神社は延喜五年（九〇五）醍醐天皇の命によって調査され、国の神社として指定された『延喜式』の神名帳にも載っている由緒ある神社である。

『尾張名所図会』は、綿神社について次のように記している。

西志賀村にあって、今綿八幡という。祭神は神功皇后、応神天皇、玉依姫である。綿は海のあて字で、海童神《わたつみのかみ》を祭るべきであるが、中世から八幡と称したので、今の祭神となった。むかしは、この辺まで入海で、ある神社が鎮座していた。ここの西にある新川を掘った時、地中からはまぐりの殻が多く出てきた所があって、今もそこを貝塚と呼んでいる。志賀は水辺の里を呼ぶ例が多く、淡海〔近江〕の志賀の里をはじめ諸国に多い。

玉依姫命は、綿津見神の女。海の神である綿津見神の女である玉依姫命をまつってあるところにも志賀の地が太古に入江であったことを物語っている。

『西春日井郡誌』によれば、慶長十七年（一六一二）六月二十八日再建の棟札があるという。

昭和二十年五月十四日の空襲によって全焼した綿神社は、明治百年の記念事業として、昭和四十五年十月十日に再建された。

綿神社

駒止町名の由来……四十八祖社 ［MAP南西］

北区郷土史研究会の刊行した『田幡志』に、次のような記述がある。

昔志賀村の城主平手中務太輔政秀諫死の後、其息某勘気をこうむれることありて、久しく赦免なかりしが、其臣某等度度赦免を請へども不赦ければ今は力尽き、四十八人自殺して、其趣を清須へ達せんとて、使者某此所迄出立けるに、清須よりの使者、赦免状を持来るに此処にて行逢へり、今しばらく使者の速きか、自殺する事の遅きかならましかばと、平手の家臣歯を噛み涙を流し大に歎き、此所にてまた自殺せしを埋みて一つの塚となす。故になみだ塚と名付と。今猶眼病・虫歯患ふる者祈願すれば験ありとて、立願するものあり。

四十八祖社

平手政秀が諫死した後、その息子が信長の勘気をこうむった。家臣はなんども赦免を願ったが信長からの許しはなかった。今はこれまでと四十八人の家臣は腹を切って死んだ。そのことを知らせに、清須にむけて平手の家臣は馬を走らせた。おりから清須からも信長の使者が赦免状を持って馬を走らせてきた。

「今すこし四十八人の腹を切るのが遅かったら、今すこし使者がくるのが早かったら、四十八人は死ななくてもよかったのに」といって平手の家臣は、その場で腹を切って死んだ。

平手の家臣を埋めた塚を「なみだ塚」、清須からの使者に出会って馬を止めた松を駒止めの松という。

駒止町の町名は、清須からの使者と馬を止めて出会った場所であることに由来する。

四十八人をまつった社が、綿神社内にある四十八祖社である。

弥生時代から連綿と続く……志賀公園遺跡 【MAP南西】

昭和五年（一九三〇）、西志賀土地区画整理組合が平手政秀を顕彰するための公園を造成した。地下を掘りすすんでゆくと土師器、須恵器、山茶碗等が出てきた。小栗鉄次郎、吉田富夫氏らの調査によって、弥生時代前期の東限の貴重な遺跡であることが判明した。これは西志賀遺跡と呼ばれ、志賀公園の南西に広がっており、貝田公園には記念碑が建てられている。

その後も名古屋市教育委員会により、昭和五十一年、平成五年（一九九三）に調査が行われた。昭和五十一年の調査では、十三世紀代の山茶碗などが出土する遺物包含層と、五世紀前半の土師器が出土する遺物包含層が確認された。平成五年の調査では、八世紀から十六世紀代の遺物包含層と、弥生時代後期から六世紀代の遺物が出土する自然流路の堆積層が確認されている。

志賀公園池泉回遊式日本庭園

さらに、UR都市機構のマンション建築に先立って平成八年度から調査が行われた。『埋蔵文化財愛知』五四号によると次のような発見があった。

中世から戦国時代では志賀城域を区画する北端の溝、飛鳥時代から古代では掘立柱建物と運河と思われる大溝、古墳時代では円墳、弥生時代では住居と方形周溝墓などが確認されています。…（略）…古墳時代中期（五世紀前後）の帆立貝形前方後円墳が発見されました。…（略）…古墳の規模は、墳長（推定）五〇mで、後円部径（推定）三三m、前方部長一六・五m、前方部幅二二mを測ります。周囲には幅約六〜八メートルの周濠が二重に巡っていたようです。

報告はこの地域に古墳群の展開が予測されるとし、「帆立貝形前方後円墳の採用・須恵器の導入から、被葬者は先進技術を駆使できた盟主、つまり庄内川と矢田川合流域に広がる沖積地開発に関与した指導的立場の人物であったと考えています」と結んでいる。

弥生時代から人々の営みがあったこの地に、公園が造られてから八十余年の歳月を刻んできた。大きく成長した木々が鬱蒼と茂り、広い園内でたくさんの人が散策やゲートボールに興じている。公園のシンボルともいえる池では緑の木陰のなか鯉が泳ぎ、岸辺には浮見亭と名付けられた東屋が風情を添えている。

平成二十六年三月には、名古屋北ライオンズクラブから北区制七十周年を記念して、かつての公園と周辺地域の写真を入れたモニュメントが池畔に寄贈され、公園が歩んできた歴史を偲ばせてくれる（カラー口絵参照）。

諫死の臣……平手政秀邸址

［MAP南西］

志賀公園の中に平手政秀を顕彰する碑が建っている。享和二年（一八〇二）に建立されたものだ。漢文で刻まれた文を書き下し文に直せば「人誰か死に至らざる。或は鴻毛より軽く、或は泰山より重し。其の重きや之に處するに有り、其の軽きや之を決するに有り」という文で始まっている。

続いて、織田信長と平手政秀の関係を次のように述べている。

初め織田公立つや年少くして行をほしいままにす。中務君しばしばこれを諫むれ共聴かず。最後に書を以て切諫し退きて自殺す。

若き日の織田信長は自由奔放で、うつけ者と呼ばれていた。信長の守役の平手政秀はなんども注意をするけれども、いっこうに聞き入れる様子はない。最後には諫書をしたためて自殺をしてしまった。政秀の死に直面し、さすがの信長も後悔し、行動を改めたという。

公既に厚く君を葬る。又一寺を建て名づくるに其の諱を以て之をあらわすと云ふ。

前非を悔いた信長は、政秀の本名をとって政秀寺と名づけた寺を建立し、厚く葬った。その寺は今も中区に静かなたたずまいで立っている。

平手政秀の居城が現在の志賀公園の地にあり、現在の志賀町一帯がその領地であった。綿神社には政秀が奉納した鏡（太平洋戦争で焼失）のほか、政秀の死後に信長が追悼のために寄進した槍も納められている。政秀と志賀の地とのかかわりをしめすものだ。

平手政秀邸址

東海に弥生文化の花咲きぬ……揚り戸古墓地

【MAP南西】

尾州山田庄志賀郷と記されている安栄寺の六地蔵は、もともとはこの揚り戸の古墓地に昭和の初期まであったものである。

揚り戸とは、小船などによって、物資を積みおろしする地のことである。

志賀公園の東一帯は、かつて揚り戸と呼ばれ、船から荷揚げする地にふさわしく、付近の低湿地のなかではやや高い地にあった。

縄文時代は「縄文海進」で海面はいまより二〜三㍍高かったといわれている。志賀公園付近のいまの標高は四m位だが、古庄内川や矢田川による土砂の沖積が進む前はもっと低く、このあたりが海岸だった可能性は十分にある。

はるか古代の記憶が、少し前まで使われていた地名に残っていたと考えると、壮大なロマンを感じる。

昭和四十四年（一九六九）に古墓地の中に地蔵堂が建立された。建物は、お堂というより集会所のような感じを与えるが、これは消防団の詰所としても使えるように建てられているからだ。地蔵堂も、付近の地よりは、若干高目の所に建っている。

古墓地の中には、文字が何百年もの風雪のために摩滅した墓もある。愛くるしい表情の元禄十四年七月七日と刻まれた地蔵尊の石仏もひっそりと立っている。

東海に弥生文化の花咲きぬ　西志賀人の揚り戸の郷

の記念碑も建立されている。

揚り戸元禄時代の地蔵尊

揚り戸遺跡の歌碑

女義太夫・豊竹呂昇の眠る……光音寺 [MAP南西]

黄雲山光音寺は曹洞宗の古寺である。江戸時代は大須の万松寺の末寺であったと伝えられている。

庭の中に名古屋市の指定文化財である無縫塔がある。歴代住職の墓塔である。細長い塔身は室町時代中期の作で、やや不均整な印象を与える。中台は小型で厚みがある。その下の竿とともに刻線等の飾りは、いっさいほどこされていない。基礎は南北朝もので石質も竿から上とは異なっている。

このように、製作時期の異なる無縫塔は、寺の境内からバラバラに掘り出されたものを一本にまとめたものであるからだといわれている。

光音寺の墓地には、名古屋生まれの女義太夫の大スター、豊竹呂昇（本名・永田なか）が「永田家累代之墓」に眠っている。『名古屋の史跡と文化財』は、豊竹呂昇のことを次のように紹介している。

明治三十一年八月に上京し、満都の人気を一身に集める。時に二五歳。以後十年間が呂昇の全盛時代で、その美声と節まわしが一世を風靡する。東京では大劇場に進出して成功。全国各地を巡業して日本一の大スターとなる。明治四十年以後、名人会では常に花形として登場。大正十二年九月に引退。昭和五年六月七日兵庫県の自宅で死去。五七歳。八事興正寺の大日堂前に呂昇の像をおさめた碑が建てられた。

光音寺には、一世を風靡した豊竹呂昇の写真やゆかりの品が、いまも大切に保管されている。彼女の名演は日本コロムビアからＳＰレコードがＣＤ化されて、「野崎村の段」や「宿屋の段」など、女義太夫の声調を生かした語りを今でも堪能することができる。

光音寺無縫塔

神気がただよう杜……六所社【MAP南西】

北区内には六所社が下飯田、上飯田、安井町などにある。いずれも祭神は伊弉諾尊《いざなぎのみこと》（伊邪那岐命）、伊弉冉尊《いざなみのみこと》（伊邪那美命）、天照大神《あまてらすおおみかみ》、素戔嗚尊《すさのおのみこと》（須佐之男命）、月読尊《つきよみのみこと》（月夜見尊）、蛭子《ひるこ》の六柱。

イザナギはわが国土や神々を生み、山海や草木を掌った男神。イザナミはイザナギの配偶女神。天照大神、スサノオ、ツキヨミは二神から生まれた神々。天照大神は日の神と仰がれ、皇室の祖神。スサノオは天照大神の弟神。ツキヨミは「夜の食す国」を治めた神。

ヒルコ（恵比須《えびす》とも）は海上、漁業、商業などの守護神。七福神のひとつとして知られている。

村々の鎮守の神としてむかえられた六柱は、土地の人々の厚い信仰をうけてきた。

遠くからながめても、高い樹木がそびえているところが、六所社であるとすぐわかる。鬱蒼と茂る樹木の中に鎮座する社に足をふみ入れると、何か心が落ち着くような感じになる。それはこの地を長く護ってきた神気がただよっているからだろう。

志賀の六所社

稲置街道・南

……地下鉄黒川駅↓清水

べか舟が運んだ人と物……黒川船着場 【MAP南西】

北清水橋から堀川を見おろすと、護岸にはサツキが植えられ、川沿いに散策路があって、橋の近くは広場になっている。人工の滝が落ち、花や水生植物が植えられ、昔の常夜灯のようなものも設けられている。ここは、かつて黒川の船着場だったところだ。

すぐ上流には小さな黒川橋がかかっている。この橋は、かつての幹線道路「稲置《いなぎ》街道」が通っている。今は国道四一号が通る北清水橋が幹線道路だが、この道は昭和になって整備されたもので、黒川が掘られたころはまだなかった道だ。

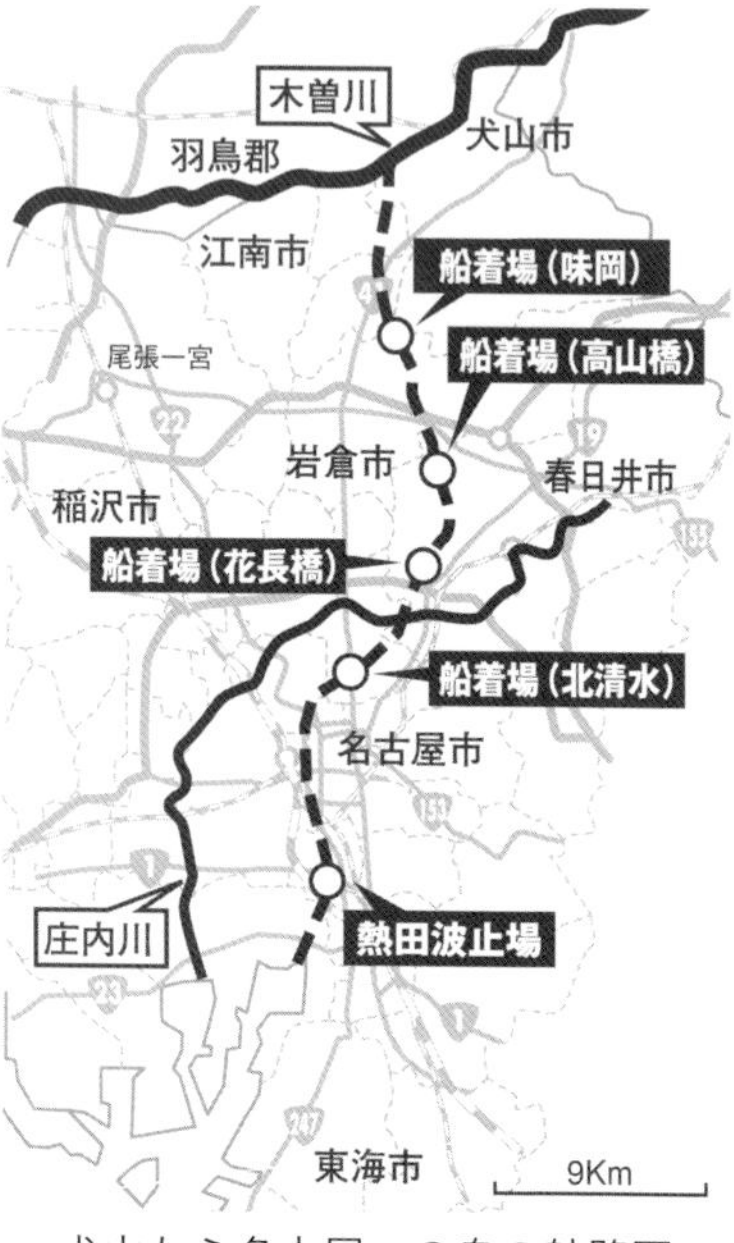

犬山から名古屋への舟の航路図

黒川は、犬山と名古屋、さらに熱田を結ぶ舟運路を開くことで、城下町から近代産業都市へと名古屋の都市再生をめざして開削された。

明治になり列強諸国に伍して日本が存続してゆくには、殖産興業が必要であるとして国は急速な工業化をはかった。工業振興には資材や商品の大量輸送が必要であるが、鉄道やトラックが普及するまで、それが可能なのは船だけであり、水運業の確立と港湾の整備が一番の課題であった。明治三年（一八七〇）ころには熱田と四日市を結ぶ汽船による定期航路が始まり、五年には堀川から四日市への航路がこの地方の事業家により開設されている。八年になると、三菱商会により開港地横浜と四日市を結ぶ定期航路が始まり、十年に西南戦争が勃発すると、軍は名古屋鎮台の兵を輸送するため、三菱商会に四日市と熱田の定期航路運行を命じた。戦争終結後の運航は危ぶまれたが、愛知・三重、

両県などの補助金により継続することになった。これにより、開港地横浜から四日市を経由して熱田を結ぶ動脈となる定期航路が確保された。あわせて必要なのは、内陸部へと広がる航路である。そこで、明治十年に黒川の開削《こっ》と熱田での波止場築造が行われたのである。黒川開削と同時に、犬山から庄内川まで続く新木津用水の幅を広げて、船を運航する計画であったが、地元農民の同意を得られず、拡幅事業は遅れ、明治十七年になってやっと完成した。

明治十九年二月六日には犬山と名古屋を結ぶ舟を運行する「愛船株式会社」が設立され、農業用水の取水に支障のない毎年九月二十一日から六月十日まで運航した。九月二十九日、開業式が犬山の木津用水元杁《もといり》（取水口）前で行われた。来賓一同を乗せた舟は、木津用水、新木津用水をくだり庄内川へ。ここを横断して庄内用水の元杁から庄内用水（堀川）へ入り、一番の難所といわれる矢田川の伏越《ふせこし》（水路トンネル）を経て辻町に出る。南西にくだりお城の北から西を経て都心の納屋橋に到着し、堀川西岸にある料亭「得月楼」（現、鳥久）で祝宴を張ったという。

これにより、木曽川をくだり桑名から熱田を通って運ばれていた美濃や木曽の物資は、犬山から直線コースで運搬でき、時間と経費の大幅な削減が可能になったのである。当時の県知事勝間田稔は祝辞のなかで「これまで七日あまりかかっていたのが、わずか四時間で到着できるようになった」と述べている。

この運送に使われたのは「べか舟」と呼ばれた底の浅い舟だ。犬山から名古屋へは流れとともにくだり、帰りは数隻の舟をつないで一人の船頭が舟を操り、ほかの者は先頭の舟に結んだロープを岸から引いてゆくので大変であった。人を乗船させたほか貨物も運び、主な積荷は、薪や炭、米や麦、木曽川の河原で採取された丸石、犬山で造られた天然氷などであった。薪や炭は名古屋という都市では生産できない貴重な燃料であり、主食の米や麦も同様である。木曽川の丸石は、家の基礎や石垣、川の護岸などの工事に使われた。めずらしいのは天然氷で、古老の思い出のなかで一番残っているのが、子どものころ氷を積んだ舟に橋の上から「氷を投げて」とせがんだことだという。夏の氷が珍しかったこの時代、投げてもらえた子は宝物をもらったような気持ちになったことであろう。

犬山市に残る明治二十四年の記録では「数年前から製氷事業が始まり、前年十二月から二月にかけて、五百余トンが製造でき、代価は千余円。多くは名古屋へ出荷」とある。製氷は、木曽川の河川敷などで行われていた。岩の窪みに渓流の水を竹の樋で引いたり、河岸に石垣を築いて田のようにして水を引き入れ凍らせた。氷の厚さが二寸（六センチ）以上になると、貯蔵業者に販売した。貯蔵業者は氷室《ひむろ》でこれを保存し、暑くなるころ名古屋へむけて出荷したのである。名古屋では明治二十一年一月に「愛知製氷会社」が上長者町に設立され、氷の卸小売業を始めている。ちょうど犬山で製氷事業が始まったころであり、愛船株式会社の船で運ばれた氷の販売を行っていたものと思われる。

船賃は乗客一人七銭、米などは一俵三銭五厘だった。このころの活版植字工の日当が上級十五銭、下級十銭であったので、乗客の場合日当の半額程度の運賃である。

行き来する船のために、航路の所々に船着場が設けられ、荷物の積みおろしや船頭さんの休憩する茶屋などがあった。味岡（小牧市）・高山橋（春日井市）・花長（春日井市）に船着場があり、北清水橋のたもとにある親水ひろばもその一つである。すぐ上流の黒川橋は主要街道「稲置街道」がとおり、ここは舟運と陸運の交点として非常に便利な場所であった。また、金城橋の北西に川からあがる階段が残されているが、ここでは近くの建材屋さんが常滑から運ばれた土管を陸揚げしていたという。小牧市の味岡駅近くに、新木津用水に面してたつ割烹「清流亭」は、船頭さんのための茶屋が始まりだそうである。

犬山と名古屋の交通と流通を大きく改善したこの航路も、明治三十五年（一九〇二）には名古屋と犬山を結ぶ定期乗合馬車が運行されるようになり、大正元年（一九一二）には名古屋電気鉄道が犬山まで開通して徐々に利用が減り、ついに大正十三年、三十八年間続いた愛船株式会社の運航は廃止された。

北清水親水ひろば

粟稗にとぼしくもあらず……解脱寺【MAP南西】

名古屋の都心、栄三丁目に白林寺という臨済宗の閑静なたたずまいの寺がある。犬山城主成瀬家代々の菩提所である。

江戸時代、白林寺の二代目住職全用和尚と成瀬家二代目当主の正虎とのあいだで悶着が起こるということがあった。

成瀬家で不祥事を起こした家臣が、白林寺にかけこみ全用和尚に救いを求めたのである。

全用和尚は正虎からの家臣引き渡しの要求に頑として応じなかった。正虎は全用和尚を騙すようなかたちで、家臣を手討ちにした。全用和尚は怒って、故郷の上州に帰ってしまった。

全用和尚の激怒にふれて、正虎は家臣を手討ちにしたことを後悔し、その菩提を弔うために、荒れはてた薬師堂を再建し、解脱寺《げだつじ》と名づけて、白林寺の末寺とした。明暦三年（一六五七）のことである。

解脱寺の稗粟句碑と柳南句碑

時うつり、解脱寺に代々、封鎖されている本尊があった。五劫思惟《ごこうしゆい》（阿弥陀仏が誓願を成就するために五劫の長いあいだ、思いをこらしたこと）の阿弥陀像である。

本尊が封鎖されている扉を開くと、たちまちに盲目になると言い伝えられ、長く秘仏になっていた。白林寺から解脱寺へ移ってきた何代目かの住職が、この話を聞いて「仏像は人に拝ませて、はじめて利益《りやく》があるものである。扉を閉じて、人に見せない像はあってはならない。これを開いて盲目となる道理はない」といって、扉を開いた。目もくらむほどの弥陀像であったが、扉を開いて盲目になることはなかった。

薬師堂に竹葉軒という草庵があり、貞享五年（一六八八）七月二十日、松尾芭蕉が訪れている。薬師堂の僧侶で竹葉軒の主人、長虹を荷兮や越人らとたずね、歌仙を巻いた。

粟稗にとぼしくもあらず草の庵

芭蕉が詠んだ発句である。粟稗の豊かな実りが眺められるこの草庵は貧しい風情ではない、静かないい住まいであるという意の句である。句碑が寺の南側の庭に建っている。

境内には雨橘塚もある。碑には

ほたるにもならずいつまで蚊遣哉

という句が刻まれていて、雨橘は太一庵快台の門下で杉村で塗師をしていた。

続いても落ぬ木の実や後の月

という岡本柳南の昭和の初期につくられた句碑も境内には建てられている。

名古屋の北の玄関……清水口と稲置街道

【MAP南西】

国道四一号と出来町通が交差する地は「清水口」という交差点である。ここは名古屋台地の北端、空気が澄んでいるときは遠くに御岳山も眺められる。江戸時代の『金鱗九十九之塵《こんりんつくものちり》』には「越後の山々見ゆる」と書かれている。加賀の白山まで見えたのであろうが、今ではめったに見ることができない。

「清水口《しみずくち》」の「口」は城下への出入口のこと。稲置街道（木曽街道）から城下へ入るには「清水町」を通るので「清水口」というわけだ。名古屋の北の玄関口である。かつては清水口のほかに、大曽根口（下街道）、駿河口（飯田街道）、熱田口（熱田街道）、枇杷島口（美濃街道）があり、「五口」とよばれていた。今も「口」がついた名前が残るのは清水口だけではないだろうか。

稲置の石碑

清水口から北へ国道四一号はまっすぐに坂道をくだってゆくが、かつての稲置街道は清水口の交差点より西へ一本目の道として残っている。名古屋台地をのぼりおりするから急な坂道である。「清水の大坂」と呼ばれていた。今のような舗装がない時代に、農作物などを満載した大八車を引いて上がるのはさぞかしたいへんだったであろう。坂の途中で道は東へ折れるが昔はこのあたりに「亀尾清水」と呼ばれた清水が湧いていたという。国道四一号を渡って東側にうつり北へと続いている。所々にある商店は、名古屋の北の玄関口として旅人や近隣農村地帯からの買物客でにぎわったことをしめしている。江戸時代初期には道の東側は一軒の家もなく一面の田畑であったが、元禄六年（一六九三）ころからだんだん家が建ち始めたという。

くだりきると瀬戸線にぶつかる。瀬戸線の一本北に白龍と書いた味わいのある建物がある。嘉永年間（一八四八〜

五四）創業の造り酒屋だったが、いまでは操業していない。

さらに進むと八王子神社がある。江戸時代後期になると、この神社付近まで商店が連なり、『尾張徇行記』には「清水坂下から八王子神社までは商店がたちならんでおり、従来農家であった者も商売をしている」と書かれている。清水商店街の江戸の姿を伝える記録である。

境内に「明治天皇清水御小休所」の碑が建っている。明治十三年（一八八〇）、天皇は中山道経由で名古屋を経て京都へ巡幸した。中山道の大井宿からは下街道を通っている。六月三十日の午前七時に多治見を出発。勝川の地蔵池周辺の低湿地帯は馬車の通行が難しいので、新たに造られた道で稲置街道に出て南下。清水の坂下で休憩した後、市内の東本願寺に午後三時二十分に到着した。明治天皇が巡幸した全国各地に、戦前の皇威発揚政策により「休憩や宿泊した旧跡である」という内容を刻んだ石柱が建てられたが、その一つである。

八王子神社を過ぎると、道端に稲置街道の説明板がある。道の所々には商店があり、屋根神様をまつった家も一軒残っている。ゆるやかにカーブする道は、かつて街道であったことがしのばれる道である。

八人の王子をまつる……八王子神社【MAP南西】

高力猿猴庵《こうりきえんこうあん》の『尾張年中行事絵抄』に、八王子社の祭礼の図が描かれている。神前の御手洗池の中に高い台が建てられている。台の上には、山が作られ提灯が数多くかざられている。まばゆいほどの灯りだ。提灯には銀杏の葉がつけられている。八王子社に大きな銀杏の木があったので、それにちなんで紋所として用いられたのである。

町並のどの家にも神灯が飾られ、はなやかなものだ。人形からくりの石橋車という山車が一両、通りをにぎやかに引かれていく。

現在のひっそりとした八王子神社からは想像もできないようなにぎわいである。広大な敷地の中にある、御手洗池に建てられた高い山、そこに飾られた提灯を見あげる多くの人々。八王子社のまつりは、尾張を代表する祭礼であった。

祭りにけんかはつきもの。『金鱗九十九之塵』によれば、元文五年（一七四〇）に、次のような事件が起きた。

八王子神社落とし石手水

元文五年庚申六月十五日は当社八王子の祭礼也。あまたの桃灯ともしつらねて諸人群衆をなせり。今夜竹腰志摩守家中の何某、柳原より新道筋（御成道）を来りけるに、町中にてはたと某家の中間に行当りぬ。何某は町人成と見損じ、散々に呵りければ、此方もさすが御中間なれば、さまざま咎て口論に及ぶ時、物な云せぞとて、一刀に切殺し、何某は直に立退たり。

八王子社の祭神は素戔嗚尊と天照大神との誓約によって生まれた八柱の神（五男三女）である。もともとは、名古屋村（名古屋城内）地内に亀尾天王社、若宮八幡宮とともに八王子社は三社で鎮座していた。慶長十五年（一六一〇）

名古屋城を築城するにあたり、神社をほかの地に遷座するくじを神前でひいた。くじの結果、若宮八幡宮は府南に移り、八王子社は志水に移ることになった。亀尾天王社だけが城内の三の丸に残った。

八王子社は子どもの守り神として敬われていた。子どもの守り神らしい伝説が『尾張名陽図会』に載っている。

むかしは神殿の扉も明はなしになりて有りし時代に、里童この正体を取り出して前なる御手洗の池にうづめ、さまざまにもてあそびしを、所の者よろしからずとて、これを禁じて戸を閉ぢたり。その夜俄に村中の人大勢病を煩ひ、我毎日子供等と面白く遊びしものを、何とてとどめたるぞと、口ばしりて止まず。人々甚だ恐れて元のごとくにせしかば、忽ち狂病なほりしとかや。

江戸時代後期になると、この神社付近まで商店が連なり、『尾張徇行記』には「清水坂下から八王子神社までは商店がたちならんでおり、従来農家であった者も商売をしている」と書かれている。街道の賑わいが、このあたりまで市街地化させたのである。

現在、八王子神社には、春日神社が合祀されており、本殿の左奥には、築城時の落とし石を加工したと言われる手水鉢が残っている。

岡本太郎の鐘の音……久国寺【MAP南西】

久国寺は慶長年間（一五九六〜一六一五）に、徳川家康の守護仏を、三河の法蔵寺からもらいうけ、それを本尊として建立された寺である。寛文三年（一六六三）に、現在の地に移った。

徳川家との関係から、この寺が尾張藩主の葬儀のときには棺休みの場所となった。

江戸時代、二度の火事にみまわれた。

天明三年（一七八三）十月二十八日の火事の様子を『猿猴庵日記《えんこうあんにっき》』は、次のように記している。

二八日朝五ツ比、杉村久国寺火事、早鐘の音遠方へちかく聞、小林辺にては久屋せいがんじの鐘かと思ひ、広井にては山の薬師かと疑ふ。此半鐘は世に名高き鐘の由。此弟子坊主、或人に銭を借りて遣い込み、急にかへしがたきよし、断りを申せども、貸し主聞不入、左様ならば寺の道具にても請取べしといふ。弟子がてんせず、もし師匠へ知れ候時、いたしかたなしと断り申候処、直々聞分けず、左様ならば火をつけてやけたるぶんに云ひなして、諸色を盗みてなりともかへせと申すゆへ、火を付けし由説あり。

借金の取りたての厳しさは昔も、今も変わりはないようだ。金を借りたが返すあてのない弟子坊主に、寺の道具を持ち出して返せと催促をする貸主。師匠に知れたら困ると断る弟子坊主に火をつけて、焼けたことにして盗み出せと責めたてる。窮してとうとう付け火をしてしまう弟子坊主。現在でも新聞の三面記事に載っているような事件だ。

昔の判決はすばやい。十二月の二十五日には弟子坊主は火あぶりになっている。火をつけた弟子坊主が、もえたぎ

岡本太郎の鐘楼と庚申塔

る火であぶり殺されるのも、なんとも皮肉なものだ。

江戸時代に久国寺の鐘は世に名高き評判の鐘であった。現在の鐘は岡本太郎の制作によるものである。この鐘も鬼才、岡本太郎の代表作として広く知られている。鐘には浮き彫りがあり、多くの角のようなものが生えている。太郎によると「鐘の音は、宇宙に向かってひろがって行く。ならば形もそうであってよい」と、それまでの伝統的な形から踏み出した姿にしたとのことだ（カラー口絵参照）。

久国寺の境内には、享保・宝暦期（一七一六〜一七六四）の名古屋俳壇の雄、白梵庵馬州《はくぼんあんばしゅう》の供養塔がある。馬州は、犬山の城に勤める藩士であった。ある時、妻と子が木曽川のあたりで遊んでいた。子どもが、ひょっとしたはずみで川にはまってしまった。母親があわてて川に入り、子どもを助けようとした。あいにく川水は深く、二人とも溺れ死んでしまった。

馬州は、そのことがあって武士をやめ、法体となって尼ケ坂にそまつな小屋を建て俳句三昧の生活を送ってくらした。

供養塔は、馬州の門人の太一庵快台や雨橘が師をしのんで建立したものである。

大曽根御殿とお城を結ぶ……御成道・兵隊道【MAP南西】

「御成道《おなりみち》」。地図にも名が記されていない忘れ去られた名前の道だ。「御成」という名前から、偉い人が通った道だということは想像できる。いったい誰が通ったのだろう。一字違いの「御成通」という道もある。三階橋から平安通を結ぶ道で、昭和二年に天皇が通った道だ。これは町名にもなっている。

「御成道」はそれよりずっと古い。元禄時代にできた道だ。二代藩主光友がお城と大曽根の下屋敷を結ぶために造らせた道である。八王子神社の一本南をゆるやかに屈曲しながら東西にのびる静かな道がそれである。

尾張藩二代藩主徳川光友は、四十四年間の治世の後、元禄六年（一六九三）四月、七十歳で長男の綱誠《つななり》に藩主の地位を譲って隠居した。

九月に江戸から名古屋へ帰着。隠居の身なので遠慮したのか藩士の出迎えも断り、城の本丸には入らず三の丸の屋形で生活したという。翌七年七月十五日に藩の重臣であった成瀬・石河・渡辺氏が大曽根に持っていた下屋敷を返上し、八月十一日に光友が住むための「大曽根御殿」とも呼ばれた下屋敷の建築が始まった。

これに合わせて、九月にお城と大曽根を結ぶ道普請も行われた。お城の東、外堀に沿って北に枳殻《きこく》坂をくだった土居下から道普請が始まり、柳原から杉村に入り稲置街道を横ぎり大曽根に達する総延長二・四キロメートルの道であった。現在の柳原商店街南端あたりから北へむかい、柳原四丁目五番付近で東に折れ、国道四一号を越えて開聞寺、久国寺、豪潮寺の南を東にむかい、大曽根一丁目一九番の南で国道一九号に出る道筋である。つぶれた農地の代替地は名古屋新田内に与えられたと記録され、道幅は九尺（二・七ｍ）ほどであった。これが御成道である。

御成道

元禄八年（一六九五）三月十八日（二月二十五日との説もある）、光友は新築された大曽根の下屋敷に転居する。荒廃していた大曽根八幡社を見て、九月には神殿の再建を行っている。

元禄十年四月に、灌漑用水として使われていた猫ケ洞池（千種区平和公園内）を下屋敷で使う御用水に定め、かわりに七ツ釜池（新池、千種区田代町）を築いて灌漑用水にした。元禄十一年に十六挺立て（十六人でこぐ）の小早船（小型の軍船）「従如丸」が光友の指示で造られ、大曽根下屋敷の池に浮かべられた。猫ケ洞池からの水を満々とたたえた大きな池に、軍船が浮かんでいたのである。文武にすぐれ、とりわけ水練を好んだという光友らしい趣向だ。

元禄十三年（一七〇〇）十月十六日、光友は当時としては長寿の七十六歳で歿した。大曽根下屋敷での生活は、わずか五年余りの短い期間であった。翌十四年十二月には猫ケ洞池を再び灌漑用水として民間に開放、十六年に船は江戸の尾張藩邸に移され、後に民間に払いさげられた。

宝永八年（一七一一）七月　四代藩主義通が下屋敷を訪問。邸内は相当壊されて元の持ち主に返されていた。しかし、光友が住んでいた建物はそのまま残っており、感慨ふかいようすで見ていたという。

下屋敷とともに造られた道は、その後も城北を東西に貫く幹線道路として幕末まで御成道と呼ばれて親しまれてきた。

明治六年（一八七三）になると名古屋城に鎮台がおかれ、翌七年には小幡ケ原（守山区、瀬戸線小幡駅北東一帯）に射撃場がおかれた。名古屋鎮台はその後第三師団になり、小幡ケ原の射撃場も拡張されていった。名古屋城に駐屯する兵は射撃訓練のため、御成道を通って大曽根に出て瀬戸街道で小幡ケ原まで行軍するのが常だった。古老たちの記憶では、夕方になると演習から帰る兵が隊伍を組んで軍歌を歌いながら行進し、馬に引かれた大砲が大きな音を立てながら進んできたという。これにより、道は「御成道」から「兵隊道」へと呼び名が変わっていった。

今では、軍歌や馬のいななきも消え、砲車の車軸がきしむ音もなく、御成道は住宅が立ち並ぶ静かな道になっている。道に面してお寺が多いのが、かつてはメインストリートであったことを伝えている。

火の用心をする不動尊……豪潮寺 【MAP南西】

一代の傑僧、豪潮《ごうちょう》の終焉の地が豪潮寺である。
豪潮寛海（一七四九～一八三五）は、肥後国、玉名郡山下村の生まれ。一食一菜の厳しい修行をつんだ天台宗の僧で、柳原長栄寺を開山した。肥後の国を拠点として活躍していた豪潮が名古屋にきたのは、十代藩主斉朝《なりとも》の加持祈祷のためである。斉朝の病気も、名僧豪潮の祈祷により、すぐに治ったという。

豪潮寺には、二体の不動尊がまつられている。お堂の中の像が、熱心にお祈りすると一つだけ願いを叶えてくれるという木像の一願不動尊像である。この像には次のような伝説がある。明治の中ごろの話である。美濃の御嶽教の修験者であった清覚の夢の中に一願不動が現れて、「私は今、古道具の中でがらくたに囲まれている。私を古道具屋から連れ出して、おまえのところに置きなさい」といわれた。

清覚は、翌日、さっそく古道具屋にいってみると、夢の中で見た一願不動が店先に置かれている。だいじに前津小林町の御嶽教の教会に一願不動を持ち帰り、まつったという。

境内に立っているのは、石の不動尊である。セメントで首の部分と腰の部分の二か所が修繕してある。顔のあたりも黒こげがある。戦災にあった跡がいたいたしい。この不動尊は火伏せ不動として信仰を集めている。

一願不動尊像

石のお不動さんも戦禍は免れずやけてしまった。しかし、お不動さんの目に届く範囲にあった十二、三軒の長屋だけは燃えずに残ったという。そのころからこのお不動さんは、防火不動尊として信仰を集めるようになった。

（『お地蔵さま見つけた』中日新聞社刊より）

母恋し……尼ケ坂・坊ケ坂

【MAP南西】

片山神社から御成道へくだる坂道を坊ケ坂、片山神社から西北へのびる坂を尼ケ坂という。

『小治田之真清水《おはりだのましみず》』にこの坂についての伝承が書かれている。

坊ケ坂は蔵王の森と竹越家の下屋敷に挟まれ白昼でも暗く、短い距離だが深山の険路のようだ。深夜になると坊ケ坂には幼児のような化け物が、尼ケ坂には女児のような化け物が出たのでこの名がついたとのことだ。

『感興漫筆《かんきょうまんぴつ》』の中に、次のような一節がある。

> むかしより坊が坂、あまが坂といふ処、変化の物出しよし、世の人言ひふらししが、今は都となり金城の光をうけ、春は苗代の水みどりに流れ、夏は夕涼に蛍狩、秋は名月清水にうつり、冬は野山の雪眼前なり。こは詩人のながめて、いづれの地か是にしかんや。

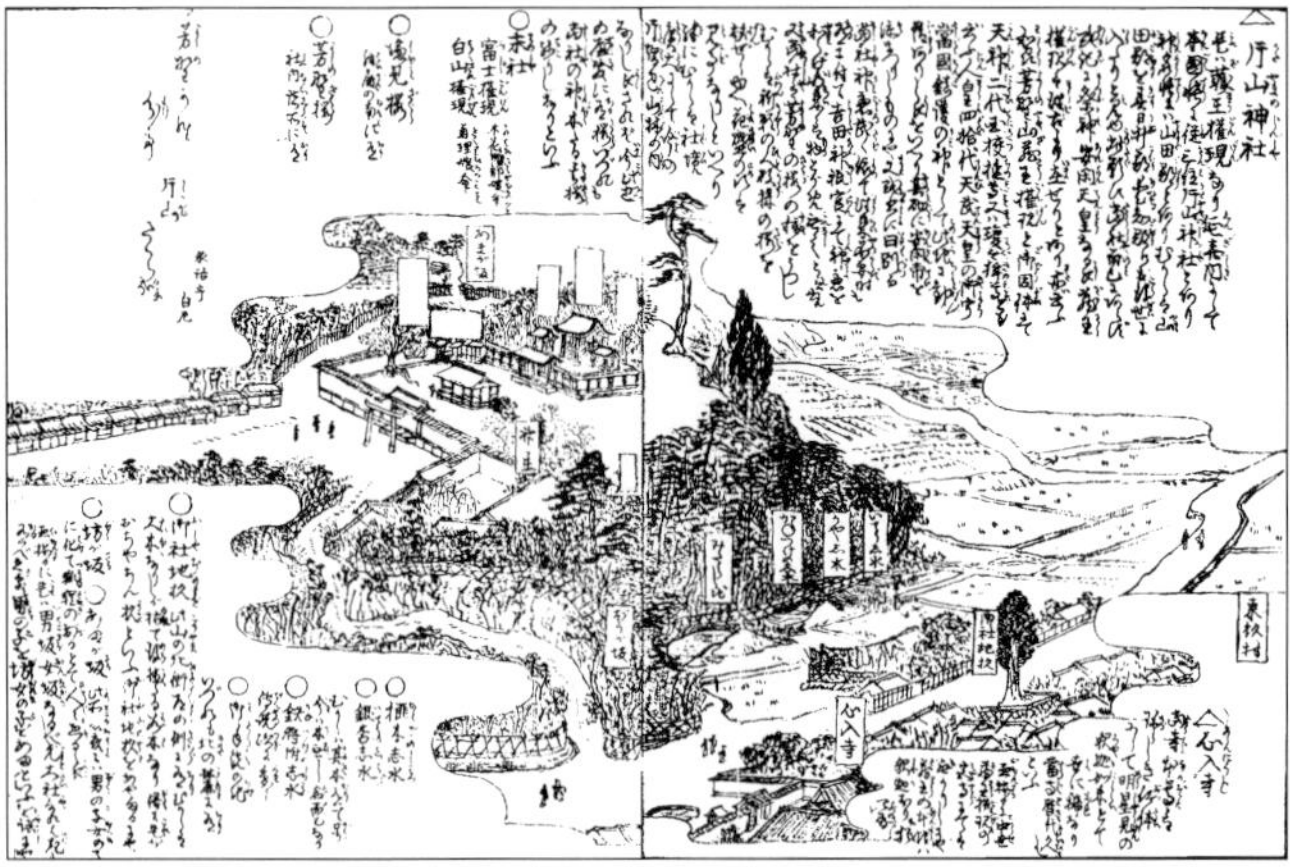

片山神社境内（尾張名陽図会）
中央左上部にあまが坂。中央下部、ぼうが坂から右へ、みたらし池、かねつけの志水、かや志水、いちょう志水

変化の物が出るとうわさされる坊ケ坂、尼ケ坂は昼でもうす暗い、気味の悪いところであった。辻斬りもよく出たという。雨の降る夜には男女の亡霊が出ると恐れられていた。狐や狸が男の子、女の子に化けて出るともいわれた。

文化年間（一八〇四～一八一八）のことである。

片山神社（蔵王権現）の近くに、権現小町と呼ばれる絶世の美女が住んでいた。美男の武士とわりない仲になった。

二人のあいだに、男の子が生まれた。子どもが生まれたにもかかわらず身分違いのために、二人はいっしょになることができなかった。女は、武士にすてられ、尼となって子どもとひっそりとくらしていた。女は、前途をはかなみ権現の社の杉の枝につなをかけ首をくくって死んでしまった。子どもは母恋しさのあまり、毎夜、毎夜、母を探して歩きまわった。ある雨の夜、坂をまちがえ、北の坂にいき、疲れて死んでしまった。

母の死んだ坂を尼ケ坂、子どもの死んだ坂を坊ケ坂という。尼ケ坂は女坂、坊ケ坂は男坂である。

現在では、片山神社の周辺もマンションや住宅が建ち並びずいぶん姿を変えたが、坊ケ坂がわずかに昔の雰囲気をただよわせている。

坊ケ坂・尼ケ坂に囲まれた清水群……かねつけ清水

[MAP南西]

『尾張名陽図会』には、坊ケ坂を下った西に三つの清水が描かれている。かねつけ清水、かや清水、いちょう清水だ。湧き水をたたえる、みたらし池もある。そこは片山神社の境内で『金鱗九十九之塵《こんりんつくものちり》』には次のように書かれている。

同境内に神池有。榧《かや》樹清水と申。往昔池の辺りに大榧木あり。故に号とす。霊水深々として不絶。方尺許の小池といへ共、郷里の田地を潤沢し、連日の大旱にも乾涸する事なし。郷民感得して、福水と称せり。

小さな池だが干ばつでも涸れることなく、田の灌漑にも利用されたという。名の元になった榧・銀杏の木は江戸の終わりの頃には枯れてなくなり、名のみ残っていた。

今の時代では解りにくいのが、かねつけ清水。「鉄漿《かね》付け」と書き、お歯黒をつけること。明治の頃まで既婚女性は、お化粧として歯を黒く染めていた。また江戸以前は男性もしていたこともある。お歯黒は水に鉄釘や飴や粥などの糖分を入れ数か月以上置いた鉄漿水《かねみず》と、漆科の「ぬるで」という植物からとった五倍子《ふし》粉を歯に塗って黒く染める。

では、誰がこの水でお歯黒をつけたのだろうか？　これについては、前記図会に「鉄漿附志水之古伝」として記されている。「かつて神主の家に美少年が居て、この水でお歯黒をつけていた。このことから、かねつけ清水と呼ばれるようになったと伝えられている」。これに続き「これは近世（江戸末期）のことではない。天正（十六世紀後半、戦国時代）の頃、衆道（男色、ホモ）が流行した時のことで、その頃、神社でも小姓として美少年を置いていたのだろう」と、同書の筆者高力種信の意見が書かれている。

名古屋の街ができる以前の歴史を伝えるこの清水も今は姿を消してしまった。しかし、うっそうと茂る林はいかにも水が湧き出しそうな雰囲気をかもし出し、都心とは思えない静けさが漂っている。

尼ケ坂はどこだ?……坂と地蔵【MAP南西】

片山神社のあたりは、名古屋台地のはずれなので坂道が多い。駅の名にもなっている尼ケ坂は、いったいどの坂だろうか。

坊ケ坂の方は、片山神社東側の狭い急坂ということで異論がないようだ。この道は、東側には高い石垣が築かれ、その上が住宅になっている。江戸時代は尾張藩家老の竹腰氏の屋敷地になっていた場所だ。西側は片山神社の境内地で低い石垣があり、「昭和七年七月築之」と刻まれている。名古屋市内によくこのような道が残ったと思われる静かで雰囲気のある道だ。『尾張名陽図会』の片山神社の絵にも、この道に「ぼうが坂」と書かれている。

尼ケ坂公園の入口

一方の尼ケ坂は、巷間ではいろいろな説が飛び交っているようだ。

その一つに駅の横を南北に通る切り通しの道が尼ケ坂だとする説がある。駅を出て一番目立つ坂だから、そう考えるのはもっともだ。しかし調べてみると昭和三十一年の地図にはこの道が載っていない。二十年過ぎに作られた『名古屋市復興都市計画図』には、今の若宮大通から金城高校の東を経て若葉通まで一本の赤い線が描かれ「II・2・41」と文字が入っている。この道が片山神社の境内を貫いて尼ケ坂駅の横を通っている。戦災復興で計画され、三十一年以降に整備された都市計画道路が駅の横の広い道なのだ。だからこの道が昔の尼ケ坂の可能性はない。

では、どの道だろうか。昔の地図を見てみよう。

『尾府名古屋図』(宝永六年〈一七〇九〉写)には片山神社の南を東西に通る道に「アマガ坂」と書かれている。しかし神社の西で立ち消えになっている。江戸時代の地図の多くは、同じように少し西のところで立ち消えになりその先が描かれていないのだ。わずかに『安政名古屋図』(一八五七〜六〇)に、片山神社の西から普光寺と久国寺に向かう道が掲載されているだけだ。この道は台地北端の雑木林の中を下って行く狭い道であったと思われる。このため、作成者によっては道路として地図に描くまでもない踏み跡と考え、途中で立ち消えになるような描き方をしたものと思われる。

この道には辻斬りが出たという。その犠牲者を供養するために久国寺が坂に地蔵を安置したとされている。尼ケ坂公園のすぐ西にある蔵王山延命閣地蔵院という寺がその後身だ。尼ケ坂はこの寺の前を通っていた。今は寺と尼ケ坂公園の間にほぼ真北へ向かう道がある。これが尼ケ坂だろうか。大正九年の二万五千分の一地形図を見ると台地の斜面に北西方向への道がある。その先の方向には普光寺がある。台地の下は市街化が進み新しい区画割になって道も新設され直行する道はなくなっているが、方向としては普光寺につながっている『安政名古屋図』の道と合致し尼ケ坂と考えられる。今の尼ケ坂公園西の道より少し西方向に振った道で、今は住宅地になっている場所だ。

かつての尼ケ坂は、片山神社から地蔵院までは拡幅されたもののほぼ同じ位置で残り、地蔵院から先は区画の変更で消えてしまったと考えられる。一番近いのが公園西側の道路であり、あえて言えば新しい尼ケ坂である。

公園西側の道を瀬戸線の側道で左に折れるとやはりお地蔵様がある。尼ケ坂地蔵堂だ。土地の人の話では、この地蔵は、以前は駅のそばにあったのがここへ移転したとのことだ。こちらの地蔵は普光寺が管理し、朝晩は近所の人たちがお参りや掃除をしており、線香が絶えることがない活気のある地蔵堂である。

天狗ばやしのひびく……片山神社 【MAP南西】

『尾張名陽図会』は、片山神社を次のように記している。

これは蔵王権現なり。延喜内《えんぎしき》にして『本国帳』に従三位片山神社とあり。また言ふ、ある記に、祭神安閑天皇なる由。蔵王権現は往古より在せりとあり。和州芳野山蔵王権現と御同体にて、天神二代国挟槌尊《くにさづちのみこと》または瓊々杵尊《ににぎのみこと》とも言ふ。人皇四十代天武天皇の御宇、当国鎮護の神としてこの地に勧請ありし由をいへり。その砌に安閑帝を添へまつりしものにや。

また当社は芳野の桜の種をうつし、むかしは祈願の人数株の桜を献ぜしゆゑ、花盛りの頃は見事なりしといへり。殊にむかしは社境広大にして、今の片端辺山林の内なりし由。されば今この辺の屋敷に有る桜、いづれも当社の神木たるその桜の残りしなりといふ。

片山神社

片山神社に吉野桜が植えられたのは寛文年間（一六六一〜一六七三）のことである。竹腰家の家臣、吉田弥四郎によって植えられた吉野桜によって、このあたりの町名も芳野町と呼ばれるようになった。

杉村、上飯田、下飯田の町名も片山神社に由来している。昔、神社の境内に太さ二囲に余る大きな杉の木がそびえていた。枝葉は繁茂し、長くたれていた。しかし、さすがの大木も寿命には勝てず枯れてしまった。枯れた枝木を五つの村にわけた。

東杉村、中杉村、西杉村であり、上の枝を与えられたのが上枝村、下の枝を与えられたのが下枝村である。上飯田、下飯田と呼ぶのは、上枝村、下枝村というのを誤って言ったものである。

秋の大祭には、片山神楽と呼ばれる夜神楽が奉納された。

神垣のすねて見ゆるは杉の木に神楽太鼓のひびきなりけり

と歌われるほど夜神楽は、近隣になりひびいていた。

しかし、祭りが終わっても神楽が片山神社の森から聞こえてきた。不思議に思って、森に近づくと神楽の音はやみ、太鼓の音だけが、ちがったところから聞こえてくる。

天狗がいたずらをしている。蔵王の森には天狗が住んでいると評判になった。

「江戸の神田のおはやし連中が、蔵王にわざわざ来て、てんぐの太鼓にあわせて練習して帰り、これが神田明神のおはやしになったと伝えられている」（『生きている名古屋の坂道』岡本柳英）

片山神社の天狗ばやしは、全国的に広まった伝説である。

清正の手形石……蓮池弁財天 【MAP南西】

江戸時代、志水町（現、北区清水）の北に蓮の花が咲く大きな池があった。寛文年間（一六六一〜一六七二）に埋め立てられ田んぼとなった。蓮池新田と呼ばれていた。また道路の傍には、農家が何軒か建って、その地は池町とよばれた。通りから、ひとめで名古屋城を眺めることができた。新田を開発した太田喜左衛門は、役所に願い出て、城が通りから見えないように道路の西側ばかりに家を建てるようにした。片側にばかり家が建ち並んでいるので町名も志水片町とよばれた。

その後、鍵屋善兵衛が文化年間（一八〇四〜一八一八）に買い取った。鍵屋は太賀藤氏であるので太賀藤新田と改称された。蓮池があったころには、弁財天の祠が池の中にまつってあった。夏には夕涼みの船を浮かべたり、花火をあげたりする遊興の地であった。新田となった後も、弁財天の祠は取りこわされもせず、だいじにまつられていた。

鍵善は、新田を買い取った後、弁財天の祠を先祖をまつる社として、弁財天は祠中の傍にまつった。この祠の脇に一つの石が安置してあり、大きな手形の跡が彫ってある。手形は加藤清正のものであるという。

名古屋城を築く時に、清正は小牧の岩崎山から多くの石を運んだ。稲置街道沿いには、清正が橋をかけたと伝えられる石が、今も多く残っている。

清正の人気は名古屋では絶大であった。志水の地で、石を運ぶ清正を村人がねぎらった。せっかくの機会であるから手形を押してほしいと頼み、その手形を模して彫ったものだという。

幕末、この石を盗み、清正の誕生寺といわれている妙行寺に持ち去った者がいる。太賀藤新田にあるものは、新しくつくり直したもので、昔日のものとは少し異なっているという。

今も蓮池弁財天には、この手形を彫った石が安置されている。

蓮池弁財天の祠と清正の手形石

刎ねた首まつる……首塚社 【MAP南西】

この地に伝わる山伏塚について、『尾張名陽図会』は、次のように伝えている。

むかしこの辺山野にて有りし時より言ひ伝ふ。今、長久寺境内に入りしといへど、定かならず。ある言ふ、長壁筋《ながへいすじ》の東の屋敷の庭に大いなる松有りしが、五月幟を立つるに邪魔なりとて伐り倒せしに、またその根をも掘り取りしが土中より至って大いなる螺貝と、釈杖の首を掘り出だせり。主人心付け、かの古松は山伏の塚印なるべしとて、両品を元のごとく埋み置きける由。

長久寺の前の道は、長壁筋とよばれる武家屋敷の高壁が長く続く道であった。その道の東のはてにある屋敷の庭に大きな松の木がそびえていた。松の木の下を掘ってみると螺貝と錫杖（修験者の杖）の首の部分が出てきた。ここが伝説の山伏塚であったと主人は螺貝と錫杖を再びうずめた。『袂草《たもとぐさ》』は山伏塚を稲置街道の坂の中ほどの東側にある竹腰山城守の屋敷の中にあると記している。敵にねらわれている山伏が竹腰家にかくまわれていた。やむをえない用事があって大晦日の夜、外出した。山伏は夜中になっても帰らない。翌朝、竃の上に刎《は》ねられた山伏の首が乗っていた。その首を埋めたのが山伏塚であるとしている。

首塚社に貼ってあった由緒書では、首を刎ねられたのは山伏ではなく虚無僧であるとしている。

托鉢に竹腰家にきた虚無僧が門前で「行け」といわれたのを「出ていけ」ではなく「中にいけ」と勘違いし、屋敷の中に入っていった。けしからぬ奴と一刀のもとに首を刎ねられた。その首は台所の竃の上にまで飛んでいった。気の毒なことをした竹腰家で、その首を埋めて築いたのが首塚であるとしている。

首塚社は、眼病に効く社として信仰されている。

首塚社

稲置街道・北

……地下鉄黒川駅↓辻町

子どもの守神……児子宮【MAP南西】

安栄寺に接して児子八幡社がある。広い境内には大地にどっしりと根を下ろした太い木が茂り、鳥居の後ろに蕃塀があり、柔らかな雰囲気を醸す木造の拝殿が奥に建っている。安栄寺もここも、何かほっとする懐かしさが感じられる場所だ。

児子八幡社には八幡社、児子社、天神社の三社があるが、児子宮《ちごのみや》と呼ばれることが多い。三社は、昔は別々の所にあった。八幡社は西志賀村との境、児子社は少し離れた東、そしてここには天神社が鎮座していた。明治七年、天神社があった現在の地に八幡社と児子社が移ってきた。神殿と拝殿は、西志賀の地より移したものだが、石鳥居は明治三十七年に建立したものだ。

児子宮では、さまざまな神事が行なわれた。

江戸時代には三月十四日に、神殿で神楽が演じられ、多くの人が集まってきた。

大正時代には、四月十四日より三十日まで、子どもの「疫痢」よけのまじないとして赤い丸をひたいに描く神事が盛んであった。由来書によると、戦前には北は犬山、東は瀬戸、西は津島、南は知多半島までポスターが貼られ、社頭には屋台が軒を並べて大変な賑わいだったという。

赤丸神事に何万人もの人が押し寄せるほど、子どもの守神として、児子宮は昔から多くの人々に敬われてきた。現代ほど医学が発達していない時代、子どもが病気にかかれば、児子宮に来て祈る。子どもの夜泣きがやまない、癇の虫がおこったと、虫封じに児子宮に来て祈る。児子宮は子どもの成育に、なくてはならない神社だった。

今も赤丸神事は続けられ、赤ちゃんを連れた若い夫婦の姿が見受けられるが、かつての賑わいはない。神様にすがらなくても、医者へ行けば多くの場合助かるからであろう。時代の進歩と喜ぶべきことかもしれないが、反面一抹の寂しさを感じさせられもする。

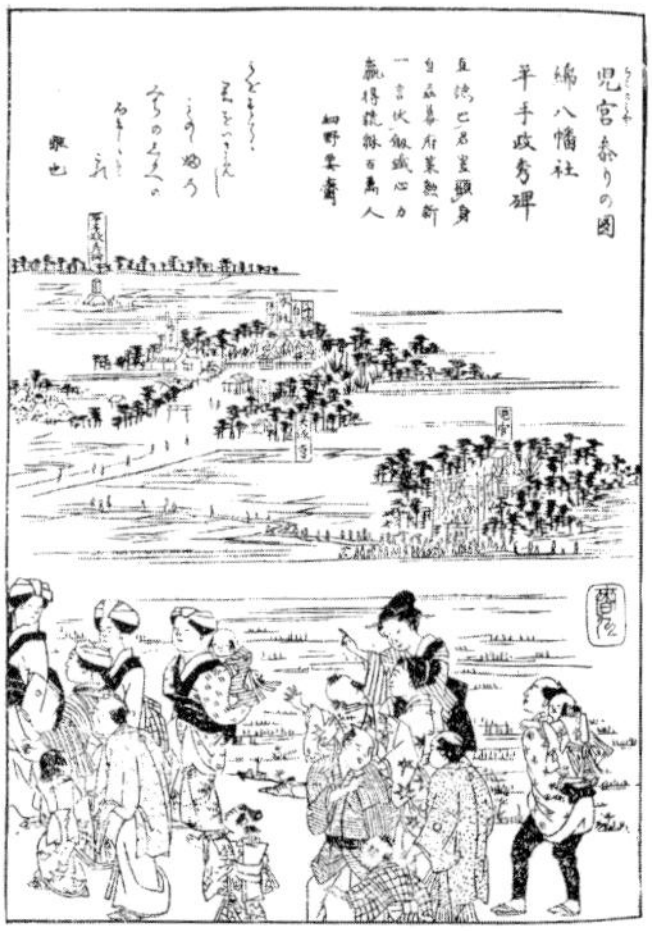

児子の宮参りの図（尾張名所図会）

志賀の源吉……安栄寺【MAP南西】

墓場の片すみに立っている六地蔵をよくみかける。

仏教の考え方では、人間は死ぬと六道のいずれかに、生前の行いによって、ゆくのだそうだ。生前に悪い行いをした人は、地獄におちてゆく。やせ細り、のどが針のあなのようで、飲食することのできない餓鬼道におちてゆく人もいる。鳥やけだものに姿が変わる畜生道におちてゆく人、たえず闘いや争いをくり返す修羅道におちてゆく人もいる。反対によい行いをした人は、次に生まれてくる時も人間になることができる。天人や天使の住む天国にのぼることのできる人もいる。

六地蔵は、このような六道思想によって生まれたものである。一般的に六地蔵は、次のように呼ばれている。地獄を表す檀陀《だんだ》地蔵、餓鬼道を表す宝珠地蔵、畜生道を表す宝印地蔵、阿修羅道を表す持地《じち》地蔵、人間を表す除蓋障《じょがいしょう》地蔵、天道を表す日光菩薩地蔵だ。

室町時代の六地蔵

安栄寺は慶長十九年（一六一四）に嘉屋首座が建立した万松寺の末寺の曹洞宗の寺である。

この寺には二体の六地蔵がまつられている。室町時代末期（戦国時代）に建てられたものと江戸時代に建てられたものだ。

室町時代の六地蔵は、硬質砂岩の板碑《いたび》（平板な石に刻んだもの）に、上下二段に三体ずつの地蔵が浮き彫りにされている。

像の左右に「□□□□大永七年十月日」「尾州山田庄志賀郷」の文字が刻まれている。

大永七年（一五二七）に志賀の里の住人が寄進したものであろう。

この時代は、戦争にあけくれしていた。戦で亡くなってゆく人が大勢いた。戦いに出かけない老人や子ども、女は貧しさのなかであえいでいた。貧しさのなかで、病気で亡くなってゆく人もいた。地獄のような生活だったろう。

どのような思いで、志賀の里人が、この六地蔵を建てたかはわからない。もともとは、この六地蔵は志賀公園の東北隅の墓地にあったものだ。この世では、けっして幸福であったとは思われない死者を、六地蔵によって、六道のよりよい道に入ってゆくことを祈って建てたものであろう。

まちがいなく日光菩薩に導かれ天道に入った人がいる。志賀の源吉である。

東志賀村の百姓源吉は、石を集めることが大好きであった。野良仕事は女房まかせで、川に出かけてはめずらしい石を集めてきて、それを磨いて楽しんでいた。

源吉の集めた石を法外な値段で売ってくれと頼む人もいる。しかし、源吉は一つとして売ることはなかった。石を集めること以外に何もできない源吉は無欲で無心であった。そんな源吉は多くの人々から愛されていた。

安栄寺には、源吉を慕う人々によって建てられた石碑がある。正面には「金牛岡《きんぎゅうこう》」と書かれ、背面には「智者は山を愛し　仁者は水を楽しむ　此翁の喜ぶこころは水にあらず山にあらず　曽て聞く大伯化して石に成る　旧に依って流落して人間にあり」と刻まれている。

好きなものに夢中になり、好きなものと同化する。幸福な人生を送った源吉を思って金牛岡をみていた。

福沢桃介ゆかりの産業遺産……萩野変電所

【MAP南西】

大野町の昔の稲置街道に面した住宅街に中部電力の萩野変電所がある。変電所は市内のあちこちにありめずらしくはないが、この変電所はそこいらにあるものとは少し違う。由緒正しい変電所だ。由緒書きの出演者は、旧尾張藩士と福沢諭吉の婿養子で電力王と呼ばれた福沢桃介、名古屋や東京財界の面々、舞台は明治後半の名古屋と木曽川である。

夜の明かりは行灯からランプへ、工場の動力は水車から蒸気機関へと変わり、文明開化が名古屋の街にも広く浸透してきた明治二十年（一八八七）、いよいよ名古屋でも電灯事業が始まった。

中心になったのは、旧尾張藩士たちである。藩の禄を失った元武士たちの生活は苦しく、政府は不満をやわらげるために勧業資金を貸与することにし、名古屋へは十万円が貸与された。この内七万五千円を資本にして電灯事業を始めることになり、二十年九月に「名古屋電燈会社」（明治二十三年より株式会社）の設立願が提出された。欧米の視察や発電機の輸入などの準備を経て、二十二年十二月十五日についに送電が始まった。当初の供給区域は名古屋都心の繁華街だけであり、灯数は四百灯ほどであった。

電灯事業の将来性がわかり競業者が現れた。明治二十七年に「愛知電燈株式会社」が、三十七年には「東海電気株式会社」が市内での供給を開始したが、いずれも数年のうちに名古屋電燈が吸収合併することで終わっている。

名古屋電燈会社（尾張名所図絵）

名古屋電燈の初期は火力発電であり、東海電気の合併によりはじめて水力発電の小原発電所を所有、以後水力発電に力をいれるようになり巴川発電所・長良川発電所を建設した。長良川発電所は四千二百キロワットであるが、ほかは千キロワットにも満たない小規模なものであった。

明治三十九年（一九〇六）には「名古屋電力株式会社」が設立された。名古屋電力は水量豊かな木曽川の水力による発電を計画し、名古屋だけでなく東京や発電所が造られる岐阜の財界も出資しており、社長は名古屋商業会議所会頭の奥田正香、相談役は渋沢栄一であった。

明治四十一年に岐阜県八百津町の木曽川で発電所の建設が始まった。四台の発電機を備え、七千五百キロワットの発電能力がある全国でも屈指の大規模施設である。ここから送られてくる高圧の電気を低圧に変電するために設けられたのが萩野変電所である。低圧に変電された電気は名古屋やその周辺に送電する計画であり、名古屋電燈にとり強力な競争相手が出現したことになる。

このような時期に、福沢桃介は、知人を介して名古屋電燈への出資を頼まれた。

福沢は明治三十一年（一八九八）に「利根川水力電気株式会社」発起人総代になり、四十一年には「豊橋電燈」の取締役を務めるなど電力事業に携わってきていた。いったんは出資を断ったものの了承し、名古屋電燈の最大株主となり、四十三年には会長に就任した。福沢は名古屋電力との競争は不利と判断し、社内の旧尾張藩士グループの反対を押さえて合併の道を選んだ。

明治四十四年に八百津発電所と萩野変電所が完成、十二月から送電を開始した。翌年一月には日本初の六万ボルトの高圧送電に成功しており、この萩野変電所は当時の最高技術が投入された変電所であった。現在の北区内では、山田に大正四～五年（一九一五～六）、西志賀などには六年ころから送電され、一般家庭でも徐々にランプから電灯へと変わっていった。九年の地図には、ここから上飯田、大曽根、西志賀、上名古屋などに伸びる送電線が描かれている。

その後、この潤沢な電力を求めて名古屋に立地する企業が増え、名古屋の工業化を推進する原動力となった。

お福稲荷と安井城址……華麗なる一族 【MAP南西】

赤い鳥居が何本も建っている。鳥居をくぐり抜けるとお福稲荷がある。

お福稲荷の下の道を、さらに奥に進んでゆくと洞穴がある。ここにもお稲荷さんがまつってある。この洞穴は名古屋城へ通じる抜け道ではないかと調査した人があった。大きな洞穴であった。しかし、ぬけ穴ではなかったようだ。

お福稲荷の前にある道を上がってゆくと山神社がある。山をつかさどる大山祇神《おおやまつみ》の神がまつってある。鳥居のたもとに変わったものがある。「御山神社　浄メ石」と彫られた石柱だ。石柱に四角の穴があり、丸い石が付いていて回るようになっている。山上で水が無いから手水の代わりにこれを回して手を清めるものだ。

山神社は、またの名を山の神という。山の神は、自分の妻をいう場合にも使われる。母親は夫からみれば山の神であるが、子どもからすればおふくろである。山の神にある稲荷であるから、お福稲荷という名がついたという。もちろん福を授けてくれる稲荷という意味も、そこにはこめられているのだろう。

今でも山神社やお福稲荷の森は、木々が茂っていて小暗い感じだ。昔は鬱蒼と茂る木々のあいだに狐や狸の姿も見られたという。山神社からの道をくだってゆくと小さな池がある。かたわらに白龍神社の幟が風になびいている。

社務所にいる婦人に「白龍神社には、なにか白い蛇にまつわる話でもありますか」と聞いた。

「そうですよ。私が母親から聞いた話です。昔、このあたりは、小さな山でした。まわりには薮が茂っていました。昭和四年、区画整理があり、山をけずってまがりくねった道をまっ直ぐにする工事が始まりました。何人もの人が朝早くから、くたくたになって働いていました。白い蛇が山をけずっている時に、にょろにょろと出てきたんです。工事をしている人が、その蛇を殺してしまいました。その人は、家に帰ると高い熱が出て、うなされ続けて亡くなってしまったそうです。工事人夫が亡くなってから、近くの子どもが熱を出して亡くなりました。

これは蛇を殺したたたりだ、白い蛇をまつらなければならないと、静岡県の御前崎から白竜様をおむかえして、白龍神社を建てました。それから、このあたりはずいぶんとさかえましたよ」

婦人は、御前崎から白竜様をむかえたといわれたが『城北』（城北小学校刊）には、「昭和七年には桜ケ渕より龍神様を拝受し、南西の位置にまつり、以来今日まで、平穏な日々が続いています」と書かれている。

お福稲荷の西南地一帯は安井城があったところだ。

天正年間（一五七三〜九二）に、安井将監《しょうげん》浅野長勝によって築かれた城だ。東西九十間（一六四m）、南北八十間（一四六m）もある大きな城であった。

将監は官位で、皇居を警備する近衛府の役職だ。『広辞苑』によると、大将・中将・少将・将監・将曹という役職があったという。むろん戦国時代には名誉職として官位が与えられるだけで実際の業務は行っていない。

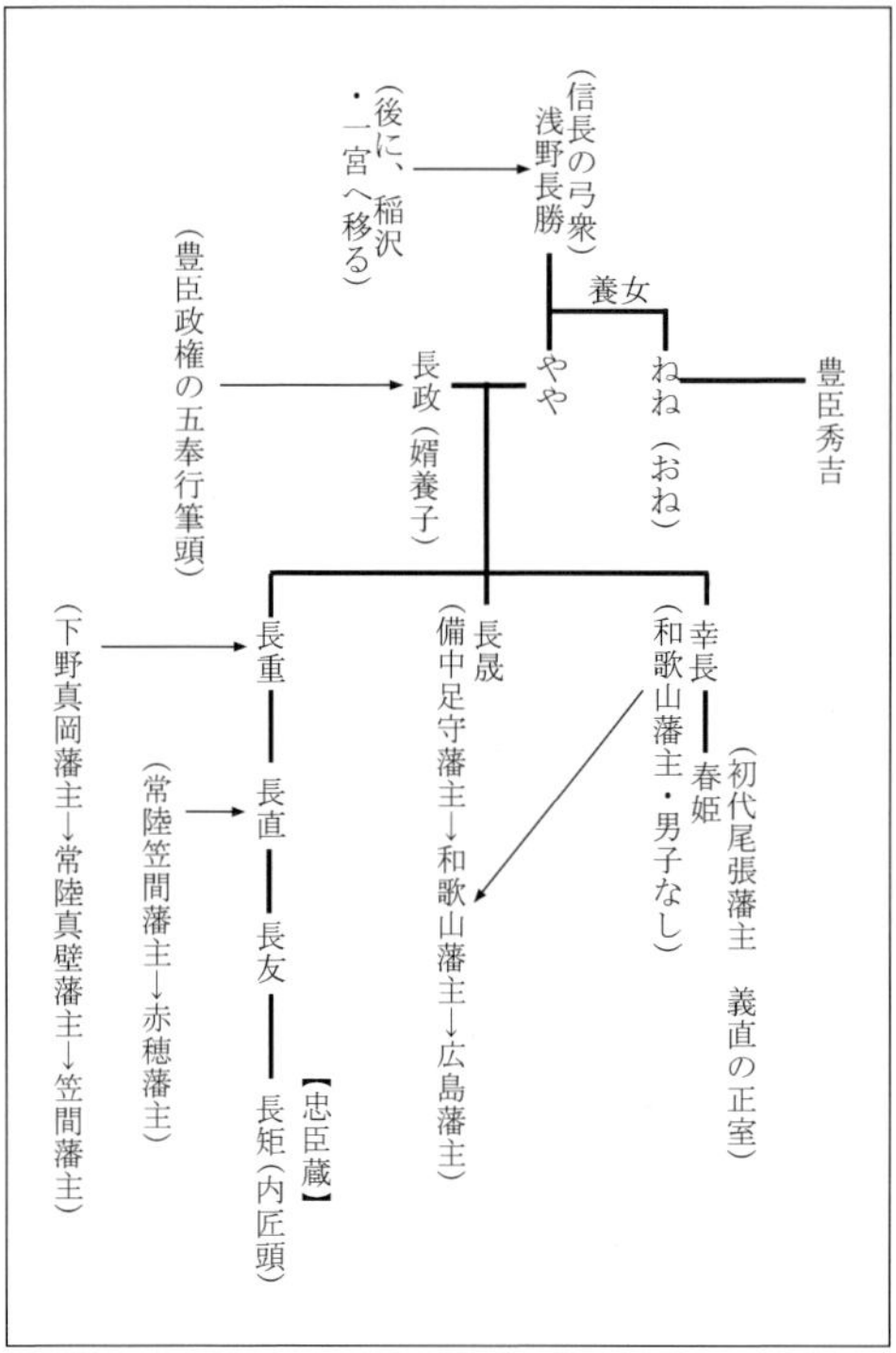

豊臣秀吉の妻「ねね」は、浅野長勝の養女であった。ねねの妹「やや」は浅野長政を婿養子にむかえている。浅野長政との間に生まれた長男幸長《よしなが》は和歌山藩主となり、男子がなかったのでその後を次男が継いで福島正則が改易された後の広島藩主となっている。

なお幸長の娘春姫は初代尾張藩主義直の正室になっている。三男の長重の子は赤穂藩主となり、忠臣蔵で有名な浅野内匠頭長矩は「やや」から四代後（玄孫：ひ孫の子）にあたる。

浅野家の子孫は、名古屋の片田舎から出世して、秀吉の五奉行筆頭となり、子孫は和歌山・赤穂・広島の城主となった。まさに華麗なる一族といえよう。

名古屋の農業を支えた水……庄内用水【MAP南西】

庄内用水、またの名を惣兵衛《そうべえ》川。今では名前さえ知らない人が多いが、庄内川から取水するこの用水は肥沃な穀倉地帯であった名古屋の北部から西・南部の農業を支えてきた名古屋最大の用水である。豊かな農業生産が名古屋の発展を支え、その農業の中心であった稲作を支えたのが庄内用水である。

最初に庄内用水が開削されたのは、元亀・天正年間（一五七〇〜九二）と伝えられ、信長や秀吉が活躍していた時代である。もちろん、この地方の稲作は、はるか昔の弥生時代やそれ以前から行われており、小規模な用水を統合・拡充して整備したものと考えられる。

庄内川は水量が少なく流砂は多い。安定した水を得るため取水口の増設や位置の変更、木津用水からの助水などによって水量を増やしており、水路の延長や付け替えも行われ、用水はなんども大きく姿を変えている。

今の姿になったのは、黒川が開削された明治十年（一八七七）である。水分橋（守山区）のたもとで庄内川から取水して矢田川を伏越でくぐり、三階橋の分水池で堀川や御用水などと分かれて当時の矢田川堤防に沿って新たに造られた水路を西に流れ、稲生《いのう》村（西区）で従来からの水路に流れ込むようになった。

庄内用水路

明治末には現在の北区から港区にあたる地域にあった三千九百ヘクタールもの田も、今では市南西部に五十ヘクタール残るだけだ。時代の変化が庄内用水の役割を変えてきている。昭和三十六年（一九六一）からは市の工業用水にも使われ、五十八年から「庄内用水緑道」として整備が進められた。

平成十六年に「庄内用水を環境用水にする会」がつくられた。水利権の制約で灌漑期以外の庄内用水は通水ができず、秋から春までは乾いた底を覗かせる味気ない川になってしまう。北区・西区の庄内用水沿い九学区の人々により、農業用水から環境用水への変更、通年通水により災害時にも活用でき、心を潤す景観の形成を目標に様々な取り組みが始まった。講演会や陳情活動、一斉清掃や満開の花の下を歩く「桜ウォーキング」などさまざまな活動に精力的に取り組んだ。その結果二十二年十二月から守山下水処理センターで高度処理をした下水が、堀川との分流点である三間樋のところで注入されるようになり、年間を通して水が流れるようになった。

今では緑の岸辺から魚の群れる様子も楽しめる、市内では数少ない場所である。永い年月にわたり田畑を潤してきた庄内用水は、人々の心を潤す水辺となってこれからも流れてゆくであろう。

日待地蔵……清学寺 [MAP南西]

曹洞宗の名刹、清学寺は正保年間（一六四四〜四八）の創始で、開基は巾下の奈良屋源右衛門である。

古い歴史のある寺院らしく、伝説にみちた遺物が寺には残っている。住職は「これが清正橋ですよ」といって、庫裏の前の庭に置かれている細長い石を指さされた。

稲置街道の小さな川に架かっていた古くからある橋、それを人々は清正橋と呼んでいた。その橋が清学寺に持ちこまれたのであろう。

「寺の門前にある地蔵は日待地蔵といっています。山田重忠の孫、兼継の帰るのを待ち母親が祈った地蔵だと伝えられています」

住職の話を聞きながら日待地蔵を見ていて、次のような場面を思い描いていた。

日待地蔵（右）

母親は大勢の人に食事を用意した。十四歳になったばかりの兼継は、緊張して顔をまっ赤にしながら、食べている。兼継のかたわらで、にこにこ笑いながら夫の重継は、わが子の顔をながめている。

大勢の人に囲まれながら、兼継の祖父、山田郡安食《あじき》荘の荘司である山田次郎重忠は、大将らしく一座の人々を、にこやかな顔でみつめている。

京都の後鳥羽上皇から宣旨（天皇の命令を伝える文書）が重忠のもとに届いたのは、承久三年（一二二一）の年が明けてすぐのことであった。

承久元年一月二十七日、鶴岡八幡宮で、鎌倉幕府の三代将軍源実朝が暗殺された。鎌倉幕府に不満を持っていた上皇が、この機会をのがすはずがない。幕府を倒すために兵をひきつれ、京都の上皇のもとにはせ参じよという宣旨を持って、使者が山田の庄にきてから、あわただしい日々が過ぎた。

重継が、子どもを連れてゆくといった日から、母親は眠れぬ日々が続いた。

重忠の乗る馬の後を、兼継が馬に乗って、母に手をふって出かけた。兼継の姿が消えるまで、母親は門の前でいつまでも見送っていた。

幕府の大軍が、京都をめざしてのぼっているといううわさが山田の庄に入ってきた。京都からは、重忠が上皇の信頼も厚く、上皇方の中心になっているといううわさも入ってきた。兼継の母親は、毎日、毎日、お地蔵さまの前で、息子がぶじに帰ってくることを祈っていた。

重忠たちは承久三年六月三日に幕府軍を討つために京都を出発した。

五日の夜から木曽川をはさんで両軍の戦いが始まった。重忠の軍は幕府方の大軍を墨股川《すのまた》で迎え撃って戦った。上皇方は幕府方に攻められ逃走したが、重忠の軍はふみとどまり、わずか九十騎で勇敢に戦った。

上皇方は追いつめられ、京都の大堰川《おおい》で最後の戦いをした。重忠は、重継が敵をひき寄せ戦っているあいだに自害した。父が自害するのを見とどけると力を使いはたした重継は斬られてしまった。

母親のもとに夫の討ち死に、義父の自害、そして、母が帰りを待ちつづけていた兼継が越後の国へ流されたという知らせが届いた。母親は兼継が越後に流されてからも、山田の庄に一日も早く戻ってくることができるようにお地蔵さまに祈りつづけた。

人々は、いつかそのお地蔵さまを日待地蔵と呼ぶようになった。

明治になってから、子どもを持つ母親の気持ちが転じて、日待地蔵は子どもが授かるお地蔵さまとなった。

日待地蔵には、いつも美しい花が供えてある。子を思う母親の思いは、幾世代たっても変わらない。子の健やかな成育を願う母が供えた花であろうか。

神功皇后の石と道路元標……別小江神社【MAP南東】

秋の祭といえば、神社での馬之頭《おまんとう》を思い出す。馬之頭はシマ（村の小単位）から、それぞれ出された造花をつけて飾りたてある馬をひいて練り歩き、五穀豊穣を感謝する行事だ。最大の見せ場は参道前の鳥居と社殿の前にある鳥居の間を、馬を走らせることであった。

今は境内も狭くなり、参道もなくなった神社が多い。馬之頭の行事も絶えて久しくなった。

上飯田から成願寺へ抜ける道の右側に、別小江《わけおえ》神社がある。車を走らせながら、道に面した鳥居と奥まった社殿の前にある鳥居を見ながら、幼い日に見た馬之頭のことを、いつも思い出していた。きっと別小江神社でも、かつては盛大に馬之頭が行なわれていたことだろう。

萩野村道路元標と応神天皇御胞奉安地碑

別小江神社は、ずっと昔、千本杉と呼ばれた所に鎮座していた。天正十二年（一五八四）織田信雄により、今の地に遷座した。創始年月は不詳であるが、延喜式神名帳には山田郡別小江神社とある式内社で、祭神は、伊弉諾尊《いざなぎのみこと》、伊弉冉尊《いざなみのみこと》、天照大神《あまてらすおおみかみ》、素戔嗚尊《すさのおのみこと》、月読命《つきよみのみこと》、蛭子《ひるこ》の六柱である。

境内には石橋に使われていたと思われる石や道路元標がおかれている。そして神功皇后とその子の誉田別尊《ほんだわけのみこと》（応神天皇）をまつった延喜八幡社が合祀されている。

神社に伝わる神功皇后の話は、今から千七百年も昔のことだ。わかりやすく潤色して、そのいきさつを紹介しよう。

仲哀天皇は筑紫（今の福岡県）の香椎宮で熊曽国（九州南部）を征伐する準備をしていた。天皇は琴をかなで、建内宿祢は庭にひざまずき、神のお告げをうかがっている。神功皇后に、神様が乗りうつった。神がかりの状態で、皇后はお告げになる。

「西の方に国がある。金銀をはじめとして目がくらむようなさまざまな珍しい宝物がその国にはある。私は今、その国をお前にさしあげようと思う」

天皇は、お告げを信ぜず「あなたはうそをつく神様だ」と言って、琴をひき続けていた。

神様は、たいそう怒って天皇の命を奪ってしまった。人々は驚き、恐れ、神様にささげる品物を国中から集めた。身をきよめて、神様にたずねると「すべて、この国は、お前のお腹に宿っている子どもが統治なさる国だ」というお告げがあった。

「生まれてくる子どもは男の子ですか、女の子ですか」とたずねると「男の子である」と答えられた。

「お前たちが、海の向こうの国が欲しいと思うなら、すべての神に御幣をささげ、わたしの魂を船の上に祭り、桧の灰を瓢箪に入れ、また、箸、ひらで（柏の葉でつくった食器）を多くつくり、みな海の上に投げて渡っていくがよい」と言った。神功皇后は軍隊をととのえ船を浮かべて、海に乗り出すと、追い風をうけた船は一気に進み、新羅（昔の朝鮮の国名）に着いた。新羅の国王は恐れ、つつしんで天皇に仕えることを誓った。

神功皇后は、新羅の国に向かう時、ちょうど御産で臨月にあたっていた。皇后は尾張国造稲種《おわりのくにのみやつこいなだね》を呼び、二つの石を拾ってくるように命じた。皇后は一つの石を裳（女子が腰にまとった衣）に巻き、まじないをして出産の時期をのばされた。新羅を征伐し、日本に帰ってから、皇后は誉田別尊を産んだ。この方が後の第十五代応神天皇だ。

この時、稲種は産屋（お産をする小屋）でお仕えしていた。稲種は神胞（帝をつつんでいた膜）をいただいて尾張の国の安井の里に帰った（いい伝えでは、裳の中に入れられなかった石もいただいて帰り、御神体とした）。これを千本杉という所に奉安した。

天智天皇が即位してから七年目（六六七）に、神功皇后と誉田別尊をまつる延奈八幡社《えなはちまんしゃ》を建てた。今、延喜八幡社と呼んでいるのは、延奈八幡社をいいかえたものだ。神功皇后の伝説にちなみ別小江神社は、安産の神様として知られている。むかしは安井の里でできたわらを、お産の時、下に敷けば安産まちがいなしといわれていた。

別小江神社の境内には、「萩野村道路元標」と彫られた石柱が建っている。

萩野村は「市制町村制」の施行にともない全国的に進められた町村合併により、当時の矢田川沿いに広がっていた辻・安井・光音寺の三か村が合併して明治二十二年（一八八九）に誕生した村だ。村の名は堤防が萩の名所であったことから付けられている。昭和八年（一九三三）に川中村を併合し、十二年に名古屋市に合併されるまであった村である。

道路元標とは聞きなれない名前だが、道路の基点を示す標石である。大正八年（一九一九）に道路法が制定され、その施行令に「道路元標ハ各市町村ニ一箇ヲ置ク」と定められた。当時の市町村すべてにこのような石柱が一本建てられていたのである。

設置場所は、東京市だけは「日本橋中央」と決められ、ほかは「府県知事之ヲ定ム」とされている。愛知県下の位置は「大正九年二月一七日愛知県告示第五八号」で定められているが、主要道路の交差点であったり役場の前であったりさまざまである。萩野村は「大字安井字地蔵堂五三二」となっており、稲置街道と辻～安井～光音寺を結ぶ道路との交差点である。元標は国・県道の起終点を示すときに、告示などで「〇〇線　〇〇村元標から〇〇まで」というように表示し使われた。昭和二十七年（一九五二）に制定された現行の道路法では、旧法のような設置規定はおかれておらず過去の制度となっている。

大正九年（一九二〇）当時の市町村は全国で一万二千以上あり、県下では二六四か所、今の名古屋市内でも三十数か所にこのような石柱が建てられた。その後の道路拡張などでなくなり、今も残されているのは非常に少ない。北区内ではこれ一つだけであろう。ちなみに、当時の名古屋市の道路元標は本町通と広小路の交差点に建てられ、今は本町通の整備にあわせて復元された新しい標石が建てられている。

大衆のため立ち上がる……覚明と稲垣安忠 【MAP南東】

別小江神社本殿の右手に塚が築かれ御嶽神社があり、大きな覚明霊神の碑が建っている。

御岳山に鎮座しているのは御嶽大神といわれる三柱だ。国常立尊（生命の根源神）、大己貴命《おおなむちのみこと》（福徳の神、別名大国主命）、少彦名命（智徳の神）である。

古代より登拝されてきたが、百日の精進潔斎をした者にしか許されないという厳しい掟があった山である。これを改革して、今のように大衆でも登拝できるようにしたのが覚明行者である。

覚明霊神の碑

覚明は享保四年（一七一九）に春日井郡牛山村（春日井市）で生まれた。幼時に土器野新田（新川町）の貧しい農家へ養子に出され、出家して清音寺（西区枇杷島三丁目）で修行し、明和三年（一七六六）、七回目の四国巡礼をしている途中に御岳開山の神託を受けて覚明と改名した。

翌四年に恵那山を開山し、安永元年（一七七二）に御岳山ふもとの黒沢村に現れた。庄屋に開山への協力を依頼したが断られ、その後の十年間は登山道の整備や布教に努め協力者を増やしていった。天明二年（一七八二）には、御嶽神社の神宮に軽精進での登拝を願い出たが拒絶された。なんとしてでも神聖な御岳山の霊気に多くの人々をふれさせて救済をはかりたいと考えた覚明は、ついに天明五年六月八日、永年の掟を破り軽精進の信者八人を連れて登拝、続けて十四日、二十八日にも合わせて百二十名近くを登拝させた。

木曽福島の代官は、覚明や信者、宿の提供者を処罰したが、覚明は翌年も多くの信者を引き連れ登拝した。もはや大衆化への流れは押しとどめられなくなっていた。七年七月、覚明は御岳頂上二の池畔で逝去。享年六十九歳であった。

四年後にはふもとの十か村から出された願いをうけ、御嶽神社により軽精進での登拝が許可された。同年、江戸などで活躍していた普寛行者が王滝村からの登山道を開き登拝。これにより江戸周辺でも御嶽講が盛んになった。

二人の行者は、死後「霊神」としてあがめられ、弟子や信者は「講」と呼ばれる組織をつくり教義を広めていった。御岳登拝はもっとも大切な行事であり、聖地巡礼の旅でもある。精進潔斎の白装束をまとい金剛杖を持ち「六根《ろっこん》清浄《しょうじょう》」と唱えながら、先達に率いられた講中が各地から御岳山をめざした。名古屋からは下街道をゆく人が多かったという。御岳山中には、数多くの霊地がある。講にゆかりの霊地で参拝や「御座」という神降ろしの神事を行い祈念した。登山路を開いた「覚明霊神」「普寛霊神」の出身地の関係から、名古屋方面の講は黒沢口、江戸方面は王滝口から入山することが多かった。

御嶽神社の右、境内の外れに明治二十四年に建立された萩野村長稲垣安忠の碑があり、次のようなことが刻まれている。

明治九年に郡議員に選出されたが十一年に辞職した。地租改正により従来の税より大幅な増税になるので一〇五村は鼎が湧くような騒ぎとなった。安忠は総代の一人に推され、県庁に哀訴したが受け入れられないので、みなは天皇へ直訴しようとした。十二年に内務省と地租改正局に上書し二年間にわたり尽力したがだめで、後年の改租時に改正することになった。

十三年に愛知県の職員、二十三年に萩野村長になり七月に水害があったので堤防を新築した。しかし翌二十四年七月の大雨でそれが壊れたので、すべての土地に鍬下年期（年貢の免除）を官に求めて認められ、村民は欣喜雀躍した。このような安忠の大きな功績をたたえて碑を建てることにした。

この地域は地租改正を巡り一揆寸前まで緊張が高まった。その一員として活躍し、後には村長となって人々の暮しを守った稲垣の功績をたたえた碑である。

秀吉の影武者……腕塚址【MAP南東】

南北朝の動乱の時代、北朝方に属し戦功をたてた犬飼頼隆は、安井の里を賜わり、この地を領治することになった。頼隆の五代目にあたる子孫が安井城を築いた浅野長勝だ。長勝の養女の夫が豊臣秀吉、娘婿が浅野長政で、同族の武将に犬飼秀長がおり、三人はきわめて近い縁戚関係にあたる。

天正十年（一五八二）六月一日、豊臣秀吉は、織田信長が本能寺で明智光秀に討たれたとの報を入手し、備中《びっちゅう》高松から陣をといて、姫路城に帰着した。十三日には四万人の軍勢で、光秀が陣を敷く山崎にむかって攻めたてた。

この戦いに安井の里から犬飼秀長も出陣していた。秀長の叔父浅野長政は、信長後の天下を秀吉にどうでもとらせたかった。長政がもっとも恐れたのは、鉄砲で秀吉が討たれることだ。長政は必死になって知恵をめぐらせた。

よい考えがひらめいた。秀長の背丈も、姿かっこうも秀吉によく似ている。長政は、秀長を影武者に仕立て、明智軍をあざむくために、秀吉がつけているのと同じ甲冑に身をかためさせ、陣羽織を着せた。

秀吉そっくりの堂々たる大将にみえる。秀吉は、そまつななりの下人の姿に身をやつして狙われないようにした。

長政は、秀長に誉田別尊の神像を与えた。「これを身につけておれば神の加護があるだろう。殿の身代わりとなり、殿を守ってくれ」と頼んだ。明智軍が攻めこんできた。敵のねらいは大将の秀吉にふんした秀長だ。

光秀の四天王のひとり明智但馬守たちの軍団が馬に乗り、刀をふりまわし秀長に襲いかかった。

秀長も応戦する。但馬守の刀がするどくふりおろされる。秀長の右腕が切り落とされてしまった。

長政の与えた神像の加護のため秀長はあやうく生命びろいをした。

山崎の戦いが終わった後、秀長は故郷の安井の里に帰った。切られた右腕を辻村の西の端の葦の原の中にうずめた。

その地は、秀長の腕塚として、長く地域の人々の手で護られてきた。今、腕塚の跡にはアピタが建っている。

ほほえみの寺……修善寺［MAP南東］

如法山修善寺は、羊年に多くの参拝者が訪れる羊神社の西側に隣接する曹洞宗の寺院である。文安元年（一四四四）、浅井右近源善長の創建による古刹で、熱田白鳥の福重寺十一世洲峰果益大和尚を草創開山とする寺だ。

本尊の薬師如来は弘仁六年（八一五）、空海が四十二歳の時の一刀三礼の作として伝わり、土地の人からは辻薬師または厄除薬師ともいわれ慕われている。

この寺はもと福重寺の末寺であったが、杉村にある久国寺八世霊梅笑山和尚が当寺へ転住してからのちは、笑山和尚をもって開山とするようになった。

山門は十七世紀後半ころのもので、久国寺から移したといわれている。山門の両側では干支のレリーフが出迎え、庭には愛らしいお地蔵さまや仏頭がほほえみ、金沢の名刹大乗寺の清水浩龍和尚の「目で見せて耳で聞かせてして見せてほめてやらねば人はできぬよ」の石碑などが立ちならび、釈迦の涅槃像、本堂、坐禅堂が参拝客をなごやかに迎えてくれる。何となくほっとできて親しみやすい雰囲気がただようお寺である。

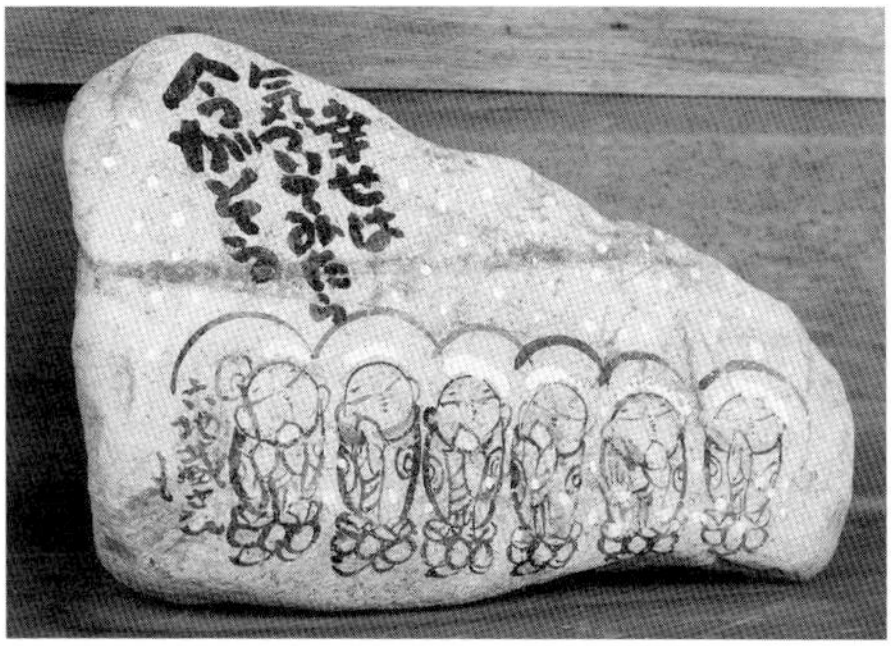

ほほえみの六地蔵

えとの神様……羊神社 【MAP南東】

十二年に一度だけ大勢の初詣客を集める神社が北区にある。干支《えと》にあたる平成十五年度の正月には、例年の五倍以上の五万人の参詣客があった。

ふだんは人気《ひとけ》のない辻町の狭い神社が未年の正月に人であふれるのは、神社の名前が羊神社であるからだ。

なぜ、羊神社というめずらしい名前がついた神社なのか。

天保十二年（一八四二）の辻村の村絵図を見ている。

羊神社と矢田川とのあいだは新田になっている。すぐ北は子《ね》新田、その東は戌《いぬ》新田、その西は亥《い》新田だ。子、戌、亥とあれば、未《ひつじ》新田もあるかもしれないと思い、調べてみたが干支の名前がついている新田は、三つ以外にみあたらない。未新田にあった神社であるから、羊神社との推測はまちがっていた。

天保十二年の村絵図では、羊神社は神明宮となっている。

北区と同じ名前の羊神社が群馬県にある。渡来系の羊氏族の祖神をまつったので羊神社という。平成十五年一月五日付の中日新聞に、次のような記事が載っていた。

羊太夫は、吉井町（群馬県）に伝わる説によると、稲妻のような速さで走る家来とともに、毎日、奈良の都へ通勤した。いたずら心から、羊太夫が家来の肩にはえている翼を抜いたところ、走ることができなくなった。朝廷は、通勤しなくなった羊太夫が悪事をたくらんでいると思い、大軍を差しむけて攻め滅ぼしたが、その後、無実が明らかになり丁重に弔ったという。

羊神社

一方、北区の羊神社の由来によると、吉井町の羊太夫が都へのぼる途中に立ち寄った屋敷が辻町にあり、羊太夫が火の神をまつったことから「羊神社」と呼ばれるようになった。

また、羊神社の起源の伝承として、次のような『西春日井郡誌』の説もある。

昔、三国伝来の狐がいた。この狐、時の帝を苦しめたので、重臣たちは相談の上、八百万《やおよろず》の神々を集め、平癒の祈祷をされた。この時、狐といっしょに未の方向（南南西）にあった御幣が舞いあがって後を追った。これは、この地の神様であった。こうした理由で、この神社を羊神社という。

羊神社は『延喜式』の神名帳に載っている古い神社だ。慶長十八年に、この神社は再建されたことが棟札によってわかる。

祭神は天照大神と火之迦具土神《ひのかぐつち》。天照大神は日の神と仰がれる伊勢の皇大神宮（内宮）にまつられている神様。火之迦具土神は火ぶせの神様だ。

羊神社のある辻町も羊神社の「ひつじ」に由来している。町名も火辻《ひつじ》としたが、火をきらって辻となった。

羊神社は辻町を見守っているだいじな産土《うぶすな》神だ。

乗合馬車が走る黒川岸……犬山街道【MAP南東】

御用水跡街園は散策路として親しまれ、散歩やジョギングを楽しむ人の姿が多い。対岸は車も通ることができる道だが、桜の季節以外には人も車も少ない静かな裏道だ。車は並行している辻本通を走りぬけ、都心や春日井へと向っている。この静かな黒川岸の道はかつて「犬山街道」と呼ばれ、名古屋と犬山を結ぶ幹線道路であった。

江戸時代に名古屋から犬山方面へ行くには、清水から安井を通る稲置街道（木曽街道）が利用されていた。この稲置街道は「犬山街道」ともよばれたが、明治十年（一八七七）の黒川開削の時に、あわせて黒川の川岸が道路として整備され、翌十一年には水分橋もかけられて、この新しい道は犬山街道と呼ばれた。

清水口から稲置街道を北へ進み、黒川橋を渡ったところが稲置街道と新しい犬山街道の分岐点である。犬山街道は、ここから黒川の岸を北東へと伸びている。この頃の沿線はまだ田園地帯で、東志賀の集落を過ぎると一面の田になり、せせらぎの音を聞きながら進んでゆくと、途中で下飯田や辻村への道が分岐していた。矢田川を三階橋で渡って瀬古に入り、庄内川の水分橋を越えて味鋺神社の北東で新しい犬山街道は稲置街道にふたたび合流した。黒川橋から味鋺神社までのパイパスができたわけである。

それまで使われてきた稲置街道は不便な道であった。明治元年頃より庄内川には車の通路幅だけ板を敷いた「車橋」がかけられるようになっていたが、成願寺と瀬古のあいだはいぜんとして低湿地帯を通らなければならなかった。

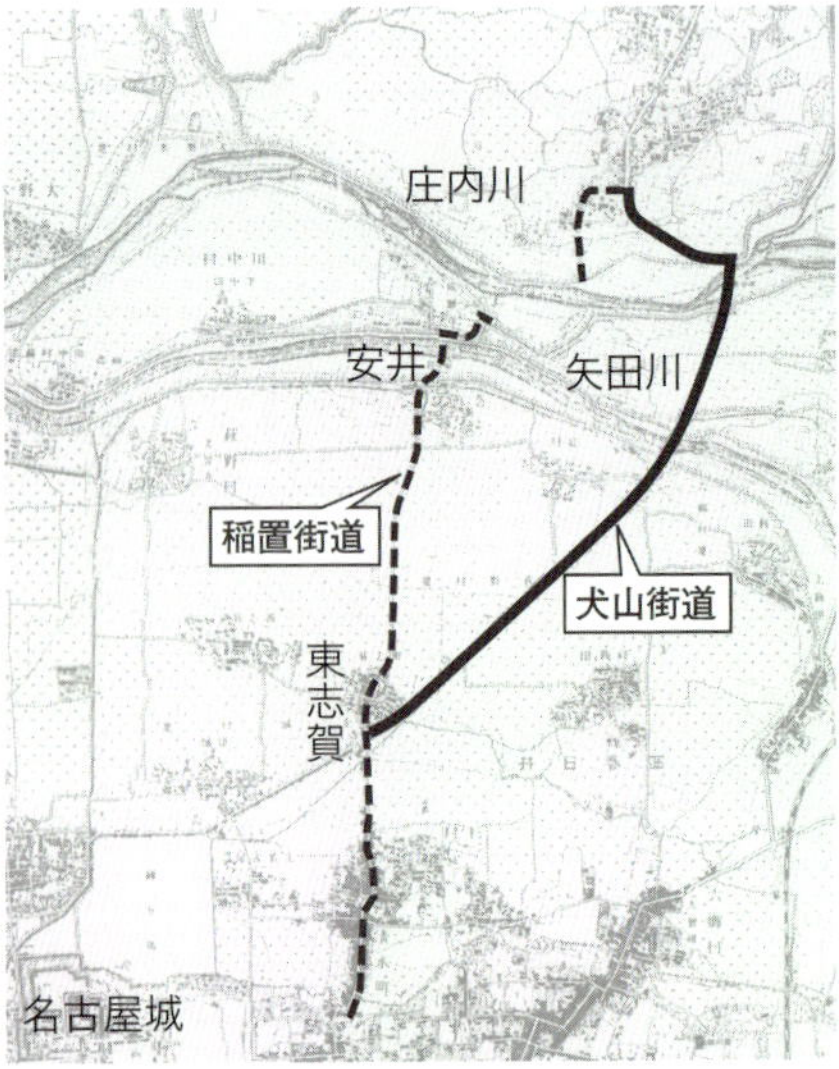

犬山街道

人々は新たに造られ通行しやすい犬山街道を利用するようになり、黒川岸を通る人や馬車、人力車が増えていった。日露戦争（一九〇四～五）の頃から小牧～清水口の乗合馬車が運行されるようになった。黒川の岸を当時の大量輸送手段である馬車がトコトコと走っていたのである。大正七年（一九一八）には乗合自動車が小牧～大曽根を、昭和六年（一九三一）には今の名鉄小牧線が開通してガソリンカーが犬山～上飯田を結ぶようになった。昭和十九年には市電が上飯田まで延長され、上飯田周辺と犬山街道は名古屋北東部の交通の中心として非常なにぎわいをみせていた。

この犬山街道が今のような静かな道になったのは、並行する辻本通がつくられたためである。

都心に近い北区内では、大正元年（一九一二）から都市化に向けて区画整理が始まっている。昭和の初期になると、黒川西岸地域でも耕地整理組合や区画整理組合が設立され、将来の発展のために道路や公園などの整備が進められた。このなかで辻本通の建設が行われ、敗戦までに工事は相当程度進捗していた。小牧飛行場（名古屋空港）は敗戦により米軍に接収されて基地になり、都心と米軍基地を結ぶこの道の重要性はとても高くなった。このため、市の中心部でも砂利道が普通であった戦後の早い時期に舗装が行われ、立派なこの舗装道路を人々は「防衛道路」と呼び、交通の中心も黒川沿いの犬山街道から辻本通へと移っていった。

柳原・土居下

……地下鉄黒川駅→名城公園

豪力の和尚が持ち帰った門扉……西来寺【MAP南西】

西来寺《せいらいじ》の庭に立って、外をながめる。

ほかの寺院の門扉と異なり、この寺のものは武家門扉である。扉の上の部分に縦の桟を五本打っただけの透しとなっているので、外を寺の中から見ることができるのだ。

この寺の門扉にまつわる逸話が伝わっている。


享保年間（一七一六〜一七三五）のことである。

西来寺の首座《しゅそ》（禅宗で一山大家中の首位の者）に開田和尚という豪力の僧がいた。

名古屋城に所用があって出かけた。御深井丸の庭を歩いていた時だ。庭に門扉が捨ててあるのを見つけた。「寺には門扉がない。これを寺の門扉として持ち帰ることはできないだろうか」と開田和尚は考えた。

庭の番人に聞いてみると西北隅櫓（旧清州城）の門扉が不用になったので捨てたものだという。

「寺に頂けないだろうか」と和尚は番人に頼んだ。

「何枚ほしい」と番人が聞く。「もちろん一枚だけでよい」

番人は「二枚、しかもひとりで持ち帰るならば、これをやろう」という。

重い門扉は、ひとりで一枚を持つことも難しい。持ちあげることさえ難儀であるのに、それを担いで寺まで持って帰ることは至難のことだ。難題を出せばあきらめるだろうと、番人は条件を出したのだ。

開田和尚は、「持って帰ります」となにげなくいって、門扉を軽々と持ちあげて、呆然としている番人を尻目に悠々と立ち去った。

西来寺の武家門

安永三年（一七七四）に、鐘が鋳造された。すばらしい音色の鐘で近隣に鳴り響いていたという。

私の子供頃、西来寺の梵鐘が朝夕つき鳴らされ、師団のドン（午砲）と共に時を告げたのは懐かしい思い出の一つです。（『金城の遺蹟・史話』三谷政明）

この鐘も太平洋戦争の時に供出されて、寺から鐘の音は消えてしまった。

昭和四十四年（一九六九）、新しく鋳造された鐘が、明治三十八年（一九〇五）に建立された鐘楼に吊された。

開田和尚の門扉で名高い西来寺の開基は、遠く明応四年（一四九五）にさかのぼる。

真言宗、地蔵寺として祐禅阿闍梨が、今の名古屋城正門西北付近に建立した寺である。本尊は弘法大師作と伝えられる木像の地蔵菩薩である。

その後、荒れるがままになっていた寺を慶長（一五九六〜一六一四）のはじめに楽甫和尚が真言宗を曹洞宗に改め、寺号も西来寺とした。名古屋築城とともに、寺も現在の田幡の地に移ってきた。

尾張藩四代藩主徳川吉通の乳母は、五世住持伝宗和尚の母であった。その縁で、寺は尾張藩から特別の厚遇を寄せられた。西来寺は戦火をまぬがれたので、円覚院（吉通の戒名）の遺品が寺にたいせつにしまわれている。

たなばたの森……多奈波太神社【MAP南西】

たなばたの森さへ川の隔てあり

多奈波太神社で詠んだ白梵庵馬州の句である。

この句に詠まれた多奈波太神社は、延喜式神名帳に載っている一千年以上の社歴を持つ神社である。

多奈波太神社は樹木が鬱蒼と茂っていたので、七夕の森とも呼ばれた。

七夕は、天の川の両岸にある牽牛星と織女星とが年に一度相会うという七月七日の夜に星をまつる年中行事である。

七月七日の七夕の夜には、多奈波太神社はたいへんなにぎわいをしめした。

『北区誌』は、そのにぎわいを次のように紹介している。

> 多奈波太神社の七夕祭りは、夏休中に行われるので秋祭の外であったが、此の辺ではもっともにぎわった祭礼で、参道には絵行燈が立ち並び、屋台店や覗店が沢山並び、華道協賛の生け花や小学校協賛の短冊飾りの大笹竹が、校庭又は境内に林立し、参詣庶民は押すな押すなの雑踏であった。

旧の七月七日には、現在も多奈波太神社には笹竹が町内から奉納される。笹竹を持って子どもたちが境内に入ってくる。

時代を反映しているのか、短冊に書かれている子どもたちの願いごとも現実的なものが多い。小づかいが欲しい等の子どもたちにとっては切実なものばかりだ。

多奈波太神社の南を堀川が流れている。牽牛星と織女星を隔てる川になぞらえたいが、すこしむりなようだ。馬州が詠んだ川とは、庄内川のことではないだろうか。庄内川のむこう岸、西区には星神社がある。星神社と多奈波太神社とが庄内川を隔てて建っている。『お母さんが集めた名古屋の民話』を参照して作られた恋の物語が『黒川散策マップ』（北区民まちづくり推進協議会）に載っている。

星神社の近くに住む小田井村の若者は、庄内川を必死になって泳いだ。昨年の七夕の夜に会った田幡村の娘のことを思い浮かべながら、濁流に押し流されまいと力いっぱい手足を動かした。洪水で、水かさの増した庄内川を泳いで渡るという無謀な行為に若者をかりたてたのは、田幡村の娘に逢いたいという一心からだった。

この川を泳いで渡れば娘が待っている。早くむこう岸にたどりつきたい。気はあせるのだが、手も足も力つきて動かなくなってしまった。若者は水に巻きこまれ、沈んでしまった。

その日、はじめて娘は若者から約束を破られた。何かの都合で若者はこられなかったと思い、約束の多奈波太神社でくる日も、くる日も若者を待っていた。

若者が水死体となって枇杷島にあがったという噂が田幡村にも伝わってきた。

娘は、その話を聞いて、若者の後を追い、庄内川に身を投げた。

七夕の夜、庄内川の上に大きな天の川がかかった。天の川をはさみ、彦星と織女星がまたたいている。村人は、二人が星になって、七夕の夜に逢っているのだと思った。

赤レンガの紡績工場……旧三井名古屋製糸所【MAP南西】

ケネディ空港、アメリカの首都ワシントンなど個人の名前をつけた空港、都市は外国には数多くある。日本にも豊田市など企業名から都市の名前がつけられた例はあるが、個人名が町名や都市の名となっている例はあまりないであろう。

北区に黒川本通という町名がある。堀川の上流部は黒川と呼ばれている。

新木津用水を改修し、木曽川の水を堀川に導水した愛知県の技師、黒川治愿《はるよし》の名をとってつけられた町名であり、川の名前である。

黒川治愿の名は、町名となり、川の名前となって残ったが、彼の事績を知る人は数少なくなってしまった。

「北区を流れる堀川のほとりには数多くの紡績工場がありました。そこから垂れ流す悪水のために、堀川が汚れてしまい、黒い川になってしまいました。堀川はいつしか黒川と呼ばれるようになりました」

ある古老が語った言葉だ。

はじめは冗談であると思って聞いていたが、真顔で真剣におっしゃっていたので驚いた。紡績工場のために、堀川が汚れ黒川と呼ばれるようになったと信じている人は、話を聞いた古老だけではなく、きっと大勢いらっしゃることであろう。

古老の語られたように、黒川の沿川には明治期以来多くの繊維産業の工場が建てられた。時代の流れとともに隆盛をほこった工場も、いつしか川端から姿を消してしまった。八王子中学校から柳原の商店街にかけて、戦前には三井製糸（後に原製糸）の工場があり、平成二十五年までは赤煉瓦の建物が一棟残っていた。

赤煉瓦の旧三井名古屋製糸所

赤レンガの建物は、明治二十八年（一八九五）から三十年にかけて建設された三井財閥の三井名古屋製糸所の建物である。

映画の『あゝ野麦峠』では、諏訪の赤レンガ造りの製糸工場で働く女工の悲惨な生活が描かれている。苛酷なノルマに追われ、低賃金で酷使され、体は蝕まれてゆく。赤レンガは明治の時代を象徴する建物だ。西欧文明を代表する赤レンガの堅牢な建物の中では、女工たちが体に鞭打って働いていた。

名古屋に三井製糸所が建てられた明治二十八年は三井財閥が、工業資本に進出を始めた年である。黒川沿川に林立する工場の煙突からはき出される煙は、新しい日本の工業が発展する姿を現すものであった。赤レンガの中では、くる日も、くる日も、女工たちが糸を繰って働いていた。

この建物を施工したのは竹中工務店である。明治二十四年（一八九一）の濃尾大震災の教訓を生かして耐震・耐火造りであった。昭和四十七年（一九七二）にほとんどの建物が解体されて、残った一棟もついに最近姿を消してしまった。

かつて繊維産業が名古屋の主要産業であり、故郷を離れた多くの若い女工さんが働いていたことも、人々の記憶の中から消え去ろうとしている。

霞たなびく柳原……柳原商店街【MAP南西】

『名区小景』に「柳原の霞」という題で数多くの歌が載っている。

朝日さす御城のうへより立そめて霞になびく柳原かな　嘉寛
柳原かすむ春日に見わたせば花よりさきの錦なりけり　正蔭

の二首は柳原の情景をよくとらえた歌だ。

柳原は、三の丸の土居下にある里だ。朝日に輝く名古屋城、夕日の中に沈む名古屋城、城とともにあり、城とともにくらす里であった。春ともなれば、桜の花より先に柳が青々と芽ぶく町であった。

『金鱗九十九之塵』は柳原について、次のように記している。

この地は太古は入海（陸地に入りこんだ海）であった。また中古は大河の川筋（川の流れに沿った一帯の地）で、水源は三州猿投山である。今の御深井丸の地は、その川の深いところであった。両岸に柳が多く生い茂っていて、このあたりは広い野原であった。柳が多く生い茂っている原なので、柳原と呼んだ。今、この辺をすべて柳原と呼んでいるが、地名の由来の柳の木を見ることができない。この地に植えられていた柳は、柳籠裏を作る柳の木であるという。

柳原商店街

柳原の里を南北にぬける道が柳原街道である。築城以前は、馬の背もたたないという沼沢地帯であったが、歳月を経て田んぼになった。

この柳原街道の中央に、小川にかかる石橋があった。

小川は清水の方から流れてきて、御用水の堤に突きあたって、北進した。御用水は南進していく。南に流れる川筋、北に流れる川筋と二つの川が平行して流れていた。これは御用水に下水や田の落とし水が入らないようにするためであった。

石橋の近くに、周囲二十五メートルほどある池があった。七つ尾のある亀が、この池から天神の像を背負って、坂をあがっていった。その亀をまつった神社が七尾天神社だ。

時は移り、昭和三十七年四月、柳原通商店街振興組合が設立された。愛知県下では最初の、全国でも二番目の商店街組合の設立であった。

「当時は、商店街振興組合制度の実施にあわせ、全国第一号をねらっていたが、タッチの差で全国初を逃がした。振興組合では、春は夜桜祭り、夏祭り、暮れの福引きを行い、商店街の発展に努めている。しかし、若い人がサラリーマンになって、商店の仕事をする人が減り、青年部は解散してしまった」(『北区誌』)

組合が設立された当時の昭和三十年代は、日常の買物は、すべて地域の商店街ですませた。車社会の現代では、駐車場の問題、『北区誌』に述べられているような後継者難の問題などをかかえ、多くの商店街では悩んでいる。

柳原商店街では街を活気づけようと、八月の夏まつりや十二月のもちつき大会などで多種多彩な催しが行われている。

徳高き活仏の寺……長栄寺【MAP南西】

国道四一号をはさみ、豪潮寺《ごうちょうじ》と呼ばれる寺が東の大杉と西の柳原の両地にある。柳原の豪潮寺は長栄寺のことだ。

長栄寺は、もとは愛知郡東郷町諸輪にあった寺で、養老年間（七一七～七二三）に泰澄が建てたものである。野間の大坊、諸輪の大坊と呼ばれ、尾張二大坊と称された。その後廃寺になっていたが、文政六年（一八二三）、豪潮が尾張藩主徳川斉朝《なりとも》の命を受け、現在の柳原の地に移した。豪潮があまりにも有名なので、豪潮寺と呼ばれていた。

豪潮は寛延二年（一七四九）六月十八日に熊本県玉名郡山下村に生まれた。宝暦五年（一七五五）の九月、六歳で得度をした。十六歳で比叡山に登り、十数年間修行に励み、故郷に帰り寿福寺の住職となった。住職となった翌日、米八十俵を出して、貧民に施した。

安永六年（一七七七）、二十八歳の時には、寺内にある酒器を集めて、臼の中に投げ入れ、すべて砕いてしまった。蚊帳を用いず、一食一菜の厳しい修行の生活をしていた。豪潮を崇敬する四国や九州の大名が数多くいた。光格天皇、聖護院宮も豪潮に帰依していた。

尾張藩主の斉朝が病気になった。医師の治療も、修験者の祈祷も効験がなかった。万松寺の住職、珍牛は、豪潮と交わりがあった。藩主の病気の加持を豪潮に頼むことを勧めた。藩主は、細川侯に依頼し、豪潮を招こうとした。九州の諸侯は、これを聞いてたいそう驚き、武器に訴えても止めようとした。近衛公と一橋公が調停をして、三年間の約束で尾張の国にくることになった。文化十四年（一八一七）名古屋にきた豪潮は万松寺に入った。登城し斉朝の病気の加持をして、たちまちのうちに治してしまった。

約束の三年間、万松寺にとどまり、熊本に帰ることを願い出たが、斉朝は許さない。斉朝は、江戸の市ケ谷の藩邸

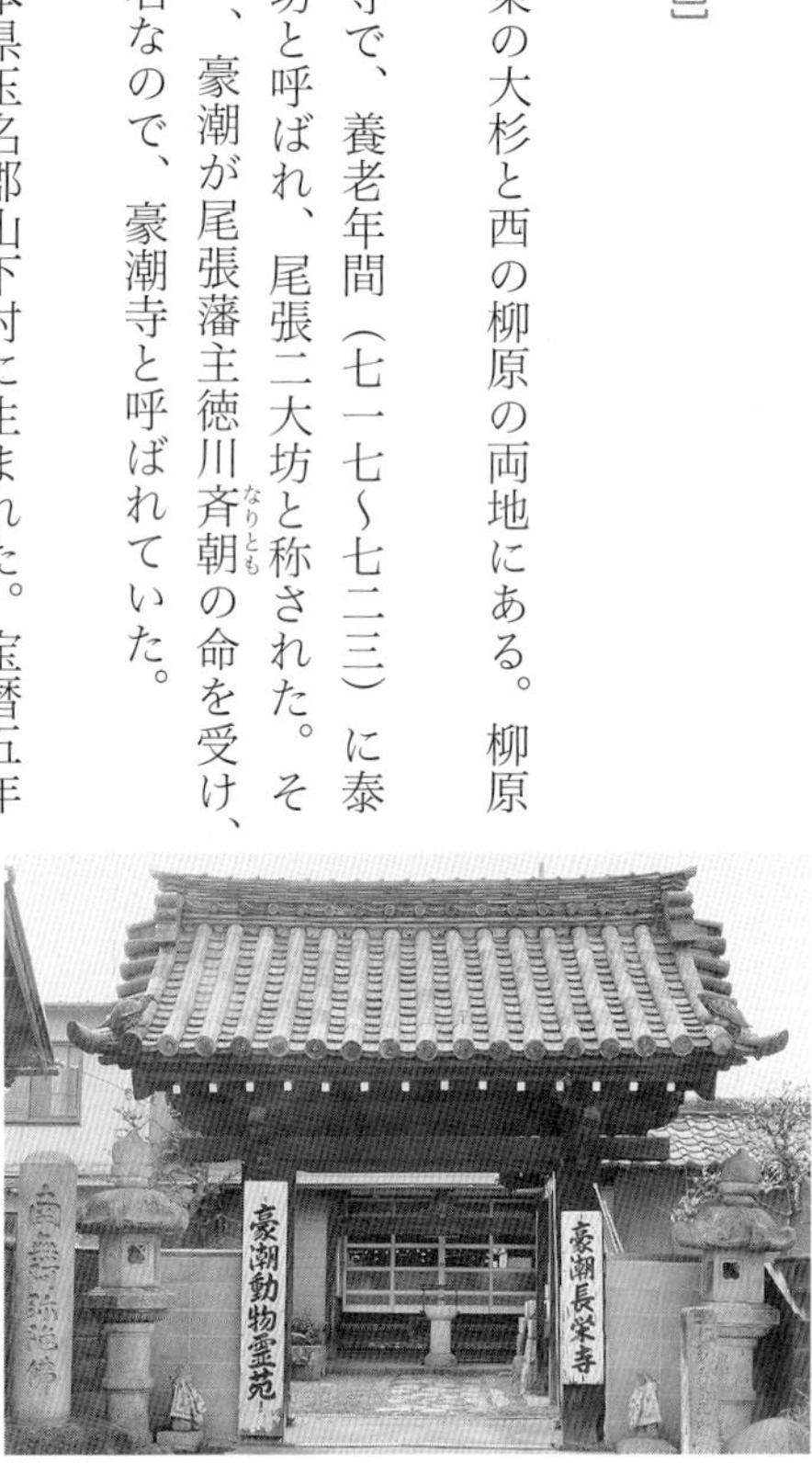

長栄寺

にも豪潮を伴った。尾張に帰り知多郡内海の岩屋寺の住職になったが、藩から諸輪村にあった長栄寺の再興と、祈祷所の創建を命じられた。文政六年（一八二三）、柳原に堂宇が完成し長栄寺を遷して柳原御祈祷所と称した。（長栄寺の移転は二世實戒が行ったとする説もある）。

豪潮は書画をよくした。『葎《むぐら》の滴《しずく》』に次のような逸話が載っている。

豪潮律師は、書や画を書く部屋を作り、筆や硯を置き、毛氈を敷いていた。揮毫を請う者がいるとすぐに書き始めた。誤字、脱字があっても、傍らに書いて、書き直すことはしなかった。律師は淡く墨を用いた。天子より拝領した墨を生涯使おうとしたので、その減るを恐れ淡く墨を用いて書いた。

豪潮は天保六年（一八三五）七月三日、八十七歳で亡くなった。終焉の地が大杉の不動院であり、こちらも豪潮寺と呼ばれている。豪潮を慕う人は多く、活き仏といわれた。

長栄寺の二代目住職は豪潮の弟子の実戒亮阿である。越後の礪波郡佐野の生まれで十八歳の年に比叡山に登った。三十歳になるまで釈迦堂の縁側に坐って修業をしたという。その後も金峯山で断食六十日という荒行をしたり、紀伊天川の岩の上に座って修行に励んだという。

豪潮の後を継ぎ、名僧として尊ばれた実戒の逸話も『葎の滴』に載っている。

明治五年（一八七二）二月、知多郡大高村海岸寺で柳原長栄寺の実戒律師の法話があった。律師が法話をしている七日間、寺の梁の上に大きな蛇がやってきて説法を聴いていた。七日間の法話が終わると蛇は、いずこともなく消えてしまった。

実戒律師の説法は蛇までもが聞きにくるというエピソードである。

なお、長栄寺は戦災にあい、山門の上部にはその時の焼跡が残されている。

八重一重咲き乱れたる……柳原御殿址 【MAP南西】

長栄寺の南の地に、江戸時代、八代藩主宗勝の第六子松平藤馬の豪壮な邸宅があった。世の人々は、この屋敷を柳原御殿と呼んでいた。広大な庭には、山あり、池あり、四季おりおりの花に彩られていた。とくに春の桜のみごとさは圧巻であった。

柳原御殿の主、藤馬が寛政十三年（一八〇一）一月二十八日に亡くなってしまった。

高力種信の『猿猴庵日記』は、その死を次のように伝えている。

　廿八日、柳原御殿、藤馬様御逝去。二月三日まで物静、音曲、鳴物等御停止。ただし、普請は不苦由。

藤馬の死を悼み、城下が喪に服してひっそりとしている様子がよくうかがえる記述である。

藤馬が亡くなった後、柳原御殿は、その兄の松平掃部頭の別荘となった。堀川で豪勢な船遊びをして「御船御行列之図」が今に残されている聖聡院《しょうそういん》が、享和三年（一八〇三）二月十三日、桜の花見に柳原御殿を訪れた時の歌が残っている。聖聡院は「やなぎはらのはな」の文字を歌の句ごとに置いて、四首の和歌を詠んだ。

八重ひとへ咲重なれる花盛　ながき春日も忘れてぞ見る
聞きしにも増る色香の庭桜　はる幾返りたち馴て見ん
らんまん（爛漫）と盛の花を吹からに　のき端の松も匂ふ春風
はる毎に斯て盛を重ねなば　名高き花の庭と成らん

聖聡院が桜の花見を楽しんだ翌年、柳原に奇妙な事件が起こった。

『猿猴庵日記』の文化元年（一八〇四）の四月十七日の記述である。

十七日、御祭礼渡る。聖惣院様、掃部頭様、御二方共、昨亥の年の通り、両所にて、御拝覧。このごろ、怪異の業にや、男女の髪を切るよし。柳原辺、去方の召遣ひ女が切られたる沙汰、慥に聞けり。男も切られたる者有、あやしき事なり。

掃部頭と聖聡院が、昨年にひき続いて、那古野まつりの華やかな行列を見ている。世は泰平で、のどかで、何事もないかのように見える。

しかし、どうにもならない鬱積した心情を髪切りという行為にかりたてた者がいる。柳原に現れた髪切り魔は、召使い女の髪を切り、男の髪も切ってしまった。猿猴庵は「あやしき事なり」と書いて、この日の日記の結びとしている。髪をどのようにして切るのか、猿猴庵ならずとも不思議な感じがする。

松平掃部頭は文化八年（一八一一）に没した。別荘は日に日に廃れてゆき、文政二年（一八一九）にはとりこわされた。その跡地に柳原御側組と御広敷組同心という藩主の警固にあたる同心の屋敷ができあがった。

柳原御殿のあったあたりは、今は人家がぎっしりと建ち並び、往時をしのぶよすがは何ひとつ残っていない。

弁天様の社……深島神社 [MAP南西]

深島神社は、もとは弁財天、あるいは深島弁財天とも呼ばれていた。

深島は、柳原の西北にある、この地の古い地名。弁財天は七福神の一として福徳賦与の神として信仰されている女神である。

江の島、宮島、竹生島、大和の天の川、宮城の金華山は五弁天と称されている。五弁天のまつられている地は、江の島、宮島、金華山は海辺、竹生島は湖、天の川は川辺である。

水のあるところにまつられているのは、弁財天が河川を神格化したものであるからだ。深島は今では「ふかじま」と読むが、昔は「ふけじま」であり、もともとは沼地であった。こんなところからも弁財天が勧請されたのであろうか。

祭神を『北区誌』は宝徳二年（一四五〇）に九州の宗像神社より勧請した田心姫命《たごりひめのみこと》としている。『名古屋市史』（旧本）は祭神は湍津姫命《たぎつひめのみこと》としている。さらに『尾張志』によれば、祭神は市杵島姫命《いちきしまひめのみこと》であるとしている。『尾張志』は市杵島姫を主神とする根拠を、次のように記している。

　深島というのは、筑前国宗像郡田島村の宗像神社の奥宮のある地である。武島は湍津姫命の御名よりとった地名である。したがって武島社は湍津姫命、深島社は市杵島姫をまつっているのである。

いずれの説が正しいかは、わからないが三神とも宗像神社にまつられている神であり、昔は神仏混淆なので宗像三女神は弁天様と同一と考えられていたから、深島弁財天とも呼ばれたのである。

深島神社には稲荷社、牛頭《ごず》天王社、荒神社、石神社の四社が合祀されている。

深島神社

稲荷社は八代藩主宗勝の第六子、松平藤馬が江戸より勧請して宝暦六年（一七五六）二月に社殿を柳原御殿内に建立した。

牛頭天王社も、宝暦十一年二月に遷宮をして御殿の中にまつった。

藤馬が亡くなった後、御殿の主人となった松平掃頭守が深島神社に二社を合祀した。

荒神社、石神社は転々と遷座してきた神社である。もともと名古屋城の内にまつってあったが、元禄七年（一六九四）藩主の命によって柳原祭場殿の側に遷座した。

柳原祭場殿は寛文四年（一六六四）、二代藩主光友が東照宮詞官吉見幸勝に命じて、反本地垂迹説を称える吉田神道の拠点である京都吉田の祭場をまねて長栄寺の南に造営したものである。天下安全と国内平穏を祈る神道の祈念場であった。

明治になるとすたれて、十一年に荒神社、石神社は深島神社に遷され、祭場殿跡は明治末頃には住宅や畑になっていた。

明治四十一年（一九〇八）田畑に変わった祭場殿の南の地に全国初の高等尼学林が誕生した。この地に移るまでは春日井市の高蔵寺に修行地があったが、不便であったので柳原に引っ越してきた。この尼僧修行の地も空襲で焼けてしまい、愛知専門尼僧堂として千種区城山町に移転した。

深島神社の西側を走る道路の下を、かつては御用水が流れていた。いつしか埋められてしまい、今はその痕跡をたずねるすべもない。

何処へつながっていた?……柳原街道 [MAP南西]

街道とは、広辞苑によれば「各都市間を結ぶ主要道路」とされている。土居下から北へと伸びる柳原商店街の道を「柳原街道」ともいうが、いったい何処へとつながっていたのだろうか。

今の地図にこの街道名は載っていない。ならばと、明治二十四年の地形図を取り出してみた。「犬山街道」「下街道」はあるが、「柳原街道」の文字はない。そもそも、道は黒川を越えると田幡の集落の中に入り、その先は西志賀や光音寺へむかう細い里道が田の中を伸びているだけである。

時代をさかのぼって、天保十二年に描かれた『田幡村絵図』を見ると、大幸川（のちの黒川）より南に「柳原海道」と書かれている。西志賀村への道は「志賀道」、光音寺村とむすぶ道は「柳海道」となっていて「柳原街道」は田幡から先へは延びていない。城下の地図を何点か調べても、この道は描かれているが名は記されていない。

土居下から北へ三三メートルほどの区間は大曽根下屋敷を建てたときに整備された「御成道《おなりみち》」の一部であり、どうやら、柳原街道は「柳原へゆく道」という意味で、本当の意味での街道ではなかったようだ。

本格的な街道はなかったが、柳原周辺にはお城に絡んだ秘密のにおいのする道があった。落城時の脱出路である。土居下に同心屋敷がおかれ、万一の時、藩主は同心たちに警護されつつ屋敷から柳原街道を通り、御成道で清水、大曽根を経て木曽をめざす手はずであったという。また、御用水に出て、用水の岸を松並木に姿を隠しながら落ち延びるルートも用意されていた。

ここには旅人でにぎわう街道はなかったが、戦に備えた武士が密やかに用意した道があった。

柳原街道（明治22年）

藩主を護る秘境の同心……

御土居下同心屋敷址

［MAP南西］

夕ぐれの深島神社の境内に立っている。静寂な境内に竹箒《ほうき》で落葉を掃除する音だけがひびきわたる。ひとりで黙々と掃除をしているのは氏子の方だ。

「私は、この地に越してきたのは戦後ですから土居下のことはあまり知りませんね。なんでも忍者のような人たちが住んでいたという話です」

土居下同心のことをたずねた時の返事だ。

近くに住んでいる人たちにも、土居下同心のことは、忘れ去られた存在になっているようだ。

名古屋市の説明板

深島神社から南にむかって歩いてゆく。市営住宅を右手に見ながらまっすぐ歩いてゆくと公務員住宅に突き当たる。住宅のコンクリート塀の前に、名古屋市教育委員会の「御土居下同心屋敷址」の標札が立っている。土地の古老は、同心屋敷址は、この標札が立っているところとは違っているとおっしゃる。

「名古屋医療センターから坂が土居下におりています。この坂をおりて、柳原街道に右に抜ける道があります。その狭い一画が土居下同心屋敷址です。子孫の方が住んでいらっしゃいましたが、みなこの土地を離れて、今ここには誰もいらっしゃいません」

いっしょに歩きながら熱心に説明をしてくださる。

土居とは、城の周囲にめぐらされた土塀のことだ。土居に御をつけて御土居と呼ぶのは、藩主の住居である城に敬意を表したためだ。

同心とは与力の下にあって庶務や警察のことをつかさどった下級の役人のことだ。御土居の下には、十八人の同心が住居を構えていた。御土居下に住む同心は、ほかの同心と違い特殊な任務を帯びていた。城に不慮のできごとが起こった場合、あるいは、敵が城に攻め込んできた場合、藩主が城をぬけ出し、土居下に出て、大曽根、勝川を通り木曽に落ちのびてゆく。その時、藩主を身命を賭して守る役目が御土居下同心だ。

藩主の脱出口は、本丸と二の丸のあいだの空堀だ。そこに石段を伝っておりる。舟で堀を渡って対岸の高麗門に出る。高麗門のところから御土居下同心が警固をして、藩主を落ちのびさせるという脱出方法が考えられていた。

御土居下同心は、平常は御深井の庭、二の丸御殿の警備、東矢来、清水御門の警備にたずさわっていた。しかし、一旦緩急あれば、藩主を落ちのびさせる秘密の使命を帯びていた。秘密の使命は、藩主と十八人の同心以外は誰ひとりとして知るものはなかった。

秘密の使命は同心の子弟に代々ひきつがれていった。

御土居下同心の組織が作られたのは、宝暦七年（一七五七）のことだ。明治維新とともに組織は消滅したが、同心たちは土居下の地を離れることなく生活していた。

明治三十九年（一九〇六）同心屋敷が練兵場の邪魔になるというので陸軍から立退きを命じられた。多くの同心の子孫が、この地から去っていったという。

「新しいものを作れば、古いものは消えてゆく。それでよいでしょうか。土居下の名前も、今はバス停留所となって残っているだけです」と古老は慨嘆しながらおっしゃった。

盆の月夜の酒盛り……安土址［MAP南西］

弓を射る的の背後に土を山形に築いたところを安土という。柳原街道の坂をおりきった、土居下の南に、こんもりと茂った森がみえる。ここが安土と呼ばれているところだ。安土は、雑木が生い茂るがままになっている。手つかずの自然が都心にそのままのかたちで残っている。安土は那古野台地の北端の崖に沿って作られた土居（城壁）である。柳原街道の西側は瀬戸電の走っていた御堀だ。御堀の西側は三の丸だ。三の丸の東北隅にある安土は、高さ約十五メートルの崖の上に築かれたものである。

名古屋城の安土に、弓の試射場ならぬ陸軍の鉄砲の射撃場ができたのは明治時代のことであった。岡本柳英『名古屋城三の丸　土居下考説』には、陸軍射撃場について、次のように記してある。

東部の御土居はいわゆる安土であって、これを切り崩した東北隅の部分はほかの土居に比べ非常に巨大であって厚く、高さも約三十三メートルといわれた。

明治時代になり、この東北隅の内側が陸軍射撃場となってからは、この土居の上にさらに約七メートルの土を盛りあげたのである。これは実弾が射撃場をそれるのを防ぐためであった。それにも拘らず流れ弾は時々土居下屋敷や北部の柳原の人家まで落下した。

柳原では麦を干していた老婆がこの流れ弾にあたり落命した。実弾実施の当日には土居の上に赤旗を掲げたが御土居の人々はこの赤旗を見て戦々恐々としたのであった。後年実弾射撃場が小幡ケ原に移転して御土居の人々は安堵したのであった。実弾射撃場は、幅は約百二十メートルあり、御土居下の約四分の一はこの高さ約三十三

安土址

メートルの土居によっておおわれていたのである。

名古屋城の築城は難工事であった。幾多の犠牲者が出た。石を運ぶために、堀を作るために多くの人夫がかり出された。工事の犠牲となって、妻子の待つ郷里にふたたび帰ることのできない人夫も多くいた。とくに安土の堀切（地を掘って切り通した堀）は難工事であった。土砂崩れが起きて、何人もの死者が出た。いつしか安土の土砂崩れで、犠牲者になった人たちにまつわる伝説が生まれた。

盆の月夜に酒盛りをしているにぎやかな声が聞こえてくるというのだ。

生前、苦しい堀切の工事の後に、仲間たちと飲みかわしたと同じように、盆の夜に、月光をあびて犠牲者たちが酒盛りを始めるという伝説だ。

盆が終わると酒宴のざわめきは安土から消えてなくなるという。盆には犠牲者たちが、冥界から、それぞれこの世に帰ってきて、久しぶりに逢って酒宴を開いて騒ぐというのだ。

この世に尽きせぬ未練を残して亡くなった犠牲者たちが、盆に帰ってきて安土の上で酒宴を開くという伝説は、面白くも、また悲しい話だ。

仲秋の名月の日に、堀切の犠牲者が盆の月夜に酒盛りをするという伝説の安土に出かけた。

星はひとつも見えない。しかし、大きな月だけは出ている。安土の森を明るく浮きあがらせるかのように月が出ている。虫の声が、静寂を破って聞こえてくる。

名月を見ながら酒盛りをするために、あの世から人々が帰ってこられるのは盆の夜だけだ。つかのまの酒盛りは、さぞかしにぎやかなことであったろうと盆の月夜の安土にまつわる伝説を考えながら、あきることなく満月をながめていた。

夏草やつはものどもの夢の跡……枳殻坂 【MAP南西】

夏草が一面に生い茂った御堀が眼下に広がっている。瀬戸電の東大手の駅の横にある駐車場に立って御堀を見ている。おそらくこの御堀の下には、何十年ものあいだ、誰ひとりとして足を踏み入れたことはないであろう。かつては、のんびりと瀬戸電が、この御堀の中を走っていた。

瀬戸電が栄に乗り入れられるとともに、東大手駅が地下に作られた。お堀の中の鉄路は取り払われて、今は夏草の生い茂るままになっている。

瀬戸電が走っていた三の丸の外堀の際には、江戸時代は、枳殻《きこく》が植えられていた。枳殻とは白い花の咲くからたちのことだ。清楚な純白の花を咲かせるからたちには鋭い刺がある。盗人の侵入を防ぐためにからたちを植えて垣根とした家もある。

柳原の商店街に下る坂道の東側には、成瀬家の中屋敷と呼ばれた控地（万一の時に使用するため、あらかじめ備えておく土地）があった。中屋敷の垣根にもからたちが植えられていた。

坂道は、東側からも西側からもからたちにはさまれている。からたちの中の坂道は、枳殻坂《きこくざか》と呼ばれていた。

清楚な甘い香りが漂う花の中の坂道が枳殻坂だ。そんなロマンチックなイメージとは、かけ離れた使命を江戸時代の枳殻坂は帯びていた。

枳殻坂

瀬戸電東大手駅の「東大手」とは、名古屋城の東大手門をさす。東大手門は、東門とも呼ばれ、三の丸から東方に出る門であった。東大手門から坂道をくだった地に、かつては瀬戸電の土居下駅があった。

土居下駅の地には、江戸時代から明治の中ごろまで馬冷所があった。馬冷所とは、冷たい泉のわき出ている池に、馬を入れて休ませるところだ。

馬冷所の近くには、東矢来木戸があった。この木戸は、いつも固く閉ざされていた。万一の時に藩主が城をぬけ出し、木曽路に落ちのびてゆくための非常口の木戸であるからだ。非常口を守っていたのが御土居下屋敷の同心たちだ。枳殻坂は、東大手門から土居下にくだる坂だ。坂道の両側に植えられている枳殻は、何か尾張藩に重大な事件が起きた時には、柳原街道を防ぐバリケードになった。からたちで坂道をふさげば、道をあがることもさがることもできない。からたちを坂道の両側に植えて防備柵としたのは、藩祖義直のときであったという。

『生きている名古屋の坂道』(岡本柳英・泰文堂刊)は、枳殻坂について次のように記している。

柳原街道は、名古屋城を守る重要な街道であった。この枳殻坂を実際に使用してみようとした事件が、尾張藩に二度ある。尾張藩の正史には記されていないことではあるが、尾張藩の秘話といえよう。その一つは、六代藩主継友が江戸で急死したときと、今一つは幕末に起こった青松葉事件のときであって、いずれも血気の青年藩士たちが、枳殻坂に「からたち」のバリケードをはりめぐらして、事件の起こるのに備えたが、上司から強く叱責されたというめずらしい話が伝えられている。

たそがれ色になづむ坂道を柳原にくだってゆく。公孫樹並木が風にそよいでいる。坂道の下に広がる夕陽にそまる町は、そんな歴史の秘話とは無関係に静かなたたずまいだ。

夏草やつはものどもが夢のあと

御堀の中から聞こえる鳥のさえずりを聞いていて、そんな感慨におそわれた。

亀の背に乗る天神さん……七尾天満宮【MAP南西】

『金鱗《こんりん》九十九《つくも》之《の》塵《ちり》』は、七尾天満宮の縁起について、次のように記している。

昔、文亀年中（一五〇一～一五〇四）、この辺は、一面山林であった。そのころ、俗世を避けて、ひとり、この山中に隠れ住む僧がいた。小さな庵を結び十一面観世音の秘法を修行していた。

ある時、この僧が修行を終え、山林を巡り歩いていた。尾が七つある亀が菅公の木像を背負ってやってきた。亀は木の下の石の上に菅公の木像を置いて、七度、石のまわりを回って、麓の池に帰っていった。不思議に思って、しばらくのあいだ見ていた。

これは十一面観世音が、威応してくださったのかと尊像を庵に持ち帰り崇め奉った。亀を刻んで神座とし、亀尾の天満宮と称した。

水をかけて祈願する七尾の亀

永正年間（一五〇四～一五二一）には、この地に真言宗の長久寺の末寺、永正寺を海雅法印が開山した。永正年間の開基であるので亀尾山永正寺と号した。

明治元年（一八六八）、神仏分離令が出され、その余波で永正寺は毀されてしまった。

俳人井上士朗は、

天満る神ありありとうめの花

の句を、この神社で詠んでいる。

「天満る」には、「天満宮」の意と「菅公の霊威が満ちわたっている」の意がかけてある。句のように境内には、何本もの梅の木が植えられている。梅の木には、おみくじの札が結ばれている。梅の木の傍には絵馬がかけてある。さまざまな願いごとが絵馬には書かれているが、学問の神様、天満宮らしく合格祈願がもっとも多い。

七尾天満宮の西隣に、明和高校がある。明和高校の地には、成瀬隼人正の中屋敷があった。隼人正は中屋敷に住んでいたので、世間では中屋敷殿と呼んでいた。東大手門は屋敷の西むかいにあり、その前には番所があった。南側の塀の外には馬場があった。


明和高校の生徒が、クラブ活動であろうか、校舎のまわりを走っているのが見える。

絵馬を一枚、一枚見てみる。西隣にある明和高校の合格を祈願しにくる中学生も多いようだ。

御手洗所に、神社の縁起にちなみ、亀の像が置いてある。七回亀の背に水をかけて、そのあいだに願いごとをとなえればかなうという立て札がある。


今は、建物にさえぎられて、何も見ることはできないが、かつては、坂の上のこの地は、名陽五景の一に数えられていた。眼下には、のどかな柳原の田園地帯、その中を流れる御用水が見える。田幡の森のむこうには志賀の里が続いている。御岳、白山の遠望も楽しめる勝景であった。

藩主の庭園から練兵場に……名城公園【MAP南西】

名城公園は、名古屋城をはじめ、二の丸（愛知県体育館など）、三の丸（官庁街）、北園を含む、総面積七十六ヘクタールの広大な公園であり、名古屋の歴史的・文化的な顔ともいうべき総合公園だ。春には二千八百本の桜が咲き誇り、六百六十メートルの藤の回廊が散策する人々の目を、そのスケールの大きさとともに楽しませてくれる。

一般に名城公園と呼ばれている北園から城北住宅のあたりは、かつては名古屋台地が北側にむかって切れ落ちた沼沢地で、広い北の水堀をへだてて、御深井《おふけ》丸及び二の丸の北に広がる、城内よりはるかに低い土地であった。

慶長十五年（一六一〇）に名古屋城が築かれると、この沼沢地は北の守りの役目を果たすとともに、一部を開いて「御深井《おふけ》の庭」あるいは「下御庭」と呼ばれる庭園が造られた。庭園の中央には東西四町（四三六m）、南北三町（三二七m）といわれた大きな蓮池があり、紅白の蓮が植えられ、ジュンサイが繁茂していた。ここの蓮根やジュンサイは非常においしく、将軍に献上されたこともあったという。池の北には、小高く土盛りし松が生い茂る広い松山や竹林が造られ、庭内の所々に御茶屋が設けられ、田や薬圃などもあった。

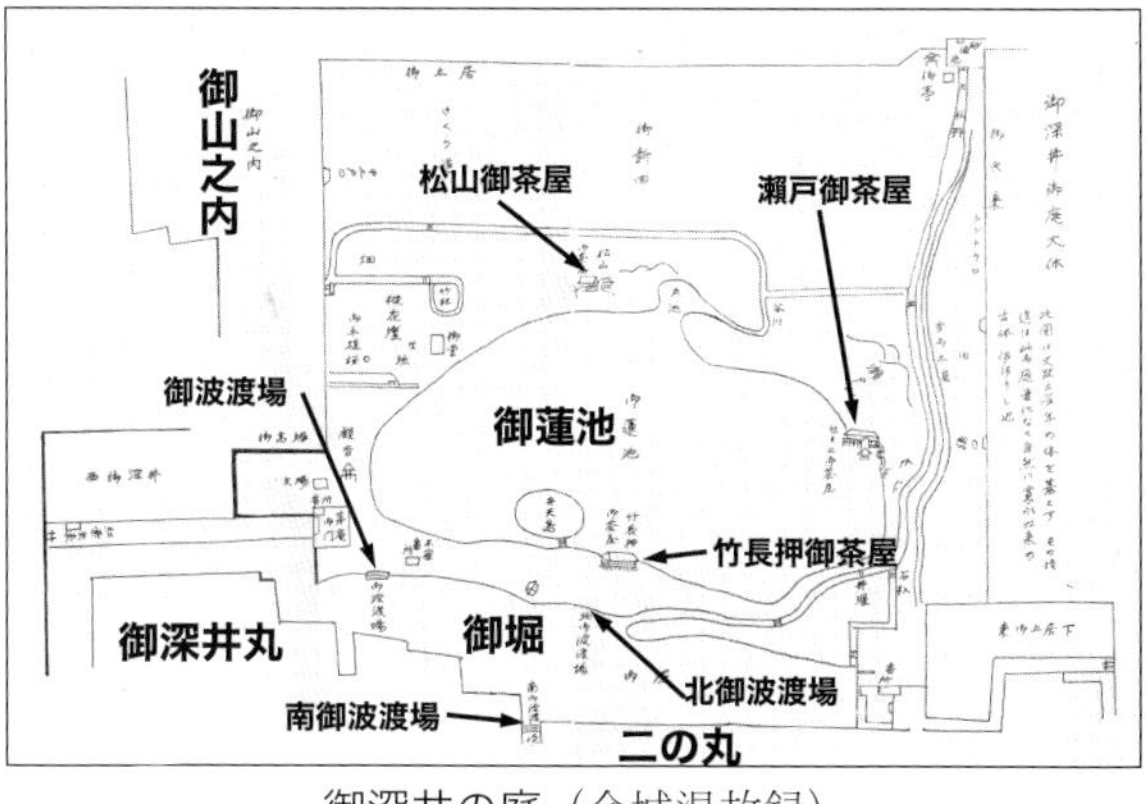

御深井の庭（金城温故録）

御深井の庭では、尾張徳川家の御庭焼といわれた御深井焼が作られていた。ここで陶器が作られるようになったのは、名古屋築城から間もない元和二年（一六一六）からである。藩祖、徳川義直が領内の産業奨励のため、蓮池の東北、瀬戸山と呼ぶ小山の下に窯を築かせて、瀬戸から工人を招いて陶器を焼かせたのが始まりである。御深井釉といわれる独特の品があるものが生産され、瀬戸や美濃の陶器産業にも影響を与えるようになった。

製品は、茶道具をはじめ多種多様である。それらは一般には販売せず、献上品や贈答品、家臣や有力町人への下賜品に用いられ、「御深井製」「賞賜」と記されたものもあって、御深井焼のもつ特別なステータスを感じさせる。

寛永十五年（一六三八）ころ、明の帰化人である陳元贇《ちんげんぴん》（一五八七〜一六七一）が尾張徳川家に仕えた。彼は初期の御深井焼にも関与したようで、特有の作風から「元贇焼」と呼ばれ、「陳芝山造之」銘の作品が伝わっている。

その後、御深井焼は一時中断したが、十代藩主斉朝の治世に再興され、以後廃藩まで続いていた。この地方の古くからの陶器製造の広がりを背景にした、尾張藩ならではのものといえるだろう。

明治維新により名古屋城は大きく変貌した。明治五年（一八七二）から七年にかけて、本丸・二の丸・三の丸は陸軍省に引き渡され、東京鎮台第三分営（後の名古屋鎮台、第三師団）が置かれた。御深井の庭はお城本体ではないので、徳川家の所有のまま残されることになった。

しかし、明治二十二年になると軍用地拡張のため、この土地と小牧山の交換がおこなわれた。陸軍省に引き渡されたこの庭園は「北練兵場」に姿を変えた。練兵場とは兵の訓練をする場所である。富国強兵の国家政策のもと、強力な軍事力を保持できるように、徴兵されたふつうの若者を強い兵隊に変えるためのきびしい訓練が日夜行われていた。日々の訓練のほか、観閲式もこの広い北練兵場で行われ、毎年五月に行われる招魂祭では、花火の打ち上げや民間人による競馬が人気を博し、露天も出てたいへんなにぎわいになったという。

太平洋戦争が終わると軍はなくなり、再び平和な時代を迎えた。かつて若者たちが上官の怒声の下、汗と涙をぬぐった北練兵場は公園になり、子どもや若者、お年寄りたちの憩いの場所になっている（カラー口絵参照）。

名城公園は、今では古いものは残っていないが、歴史を探索する人々にとっても興味のつきないところである。

下飯田界隈

……地下鉄志賀本通駅↓下飯田町

「彩紅紅雲」清流に花ともみじ……大幸川

【MAP南東】

今では姿を消した川、大幸川。かつて北区の用水や排水につかわれ、今の黒川（堀川）の一部にもなった川である。

はるか昔、庄内川や矢田川は上流から土砂を運んできて下流部で堆積し、海であった所が少しずつ陸地になっていった。川岸には自然堤防ができたが、土砂の堆積により川底のほうが周辺の土地よりも高い天井川になってゆく。大雨で堤防が破れると、より低い場所に新たな川が生まれ、同じ活動を繰り返していった。名古屋台地の北や西に広がる土地は、こうして生まれたのである。

洪水のあとで、以前の川は小さな川として残ることがあった。台地の周辺を流れていた大幸川、江川、笈瀬川などは、かつての庄内川や矢田川の跡である。

大幸川は明治二十四年の地図によると、今の千種区竹越付近と名古屋市立大学付近から流れだし、二つの流れは今の大曽根四丁目で合流している。沿川の地域は天井川であった矢田川の影響で地下水位が高く、五十センチメートルも吹きあげる自噴泉や地面から水が湧き出す「川田」と呼ばれる田があり、大幸川はこれらの湧水や田の余り水が水源になり、当初は西に流れて笈瀬川にそそいでいた。

大幸川猿投橋付近

明和四年（一七六七）七月十二日の大水害では矢田川が破堤し、大幸川に沿って名古屋城の巾下門まで水が一気に押し寄せた。付近一帯は海のようになり、数日間は舟で人々が行き来する惨状であった。大幸川が流入している笈瀬川では十分な排水ができなかったことから、天明四年（一七八四）に御用水より下流の大幸川を掘り変えて堀川に接続する工事が行われた。これにより大幸川の水はけが良くなり、沿川が水につかることはなくなった。切り離された旧大幸川の下流部は、「大幸古川」「古川」と呼ばれ、流量は少ないものの昭和初期まで沿川の用水として永く利用され、従来の川幅が必要でなくなったので流路の変更や農地への転用が行われ、流入先も江川へと変わっていた。

その後、明治十年（一八七七）に、名古屋と犬山の舟運と庄内用水などの水量確保を目的に黒川（堀川上流部）が開削された。庄内川の水分橋のたもとで取水し、矢田川の下を伏越でくぐった水は、御用水に沿って新たに開削された水路を流れ、今の猿投橋の付近で従来の大幸川に流入した。この川は開削した技師の名前から「黒川」と名づけられ、大幸川の名は黒川へ流入する地点より上流のみ残された。

大正になると、名古屋に近いこの地域は、都市化をめざした耕地整理や土地区画整理が盛んに行われるようになった。入り組んだ耕地を整理統合し、大八車がやっと通れる狭い里道を自動車が通れるような広く直線的な道路にして利用価値を高める事業である。このなかで、大幸川も整備され直線的な流れに変えられた。今の猿投橋から大曽根に向かう道路がその川筋である。将来は清流に花と紅葉が映える名所となるよう、川岸には桜と楓が植えられた。橋も架け替えられ、上飯田と森下駅を結ぶメインストリートにかかる橋は、中国の詩にある「彩紅紅雲」という一節から「彩紅橋」と名づけられた。今も「彩紅橋通」「紅雲町」の町名にそのなごりをとどめている。

名古屋では明治末期から市街地で下水道の整備が始められ、順次周辺地区に拡張していった。

昭和初期はたいへんな不況で、失業対策の面からも積極的に整備が進められ、大幸川も暗渠化されて「大幸幹線」と呼ばれる下水道になり姿を消した。橋も撤去され、彩紅橋の親柱は下飯田町一丁目の六所社西にある城東耕地整理組合の完成記念碑の脇に保存されている。猿投橋の下流左岸には、大雨のときに大幸幹線から黒川へ排水する口があり、かつて大幸川があったことを示している。

お堀や巾下水道へ水を……御用水跡街園【MAP南東】

堀川（黒川）に沿って夫婦橋から猿投橋まで、御用水跡街園が続いている。

このあたりの堀川は、市内ではめずらしい草生えの土手が残り、小魚をねらってコサギなどの鳥が集まり、時には「清流の宝石」カワセミの姿も見かける。さながらふるさとの川といった風情である。

御用水跡街園は、以前は御用水と呼ばれていた。

名古屋城は慶長十五年（一六一〇）に造られ、当初はお堀に水を引く水路はなく自然の湧き水などで満たされていた。しかし、半世紀を経過すると、名古屋台地が市街地になりだんだん湧水も減ってきた。また、人家が増えてきた巾下（西区）方面は、海水の干満で井戸の釣瓶《つるべ》が上下したと記録されるような低湿地で水質が悪く、良質な飲料水を確保する必要もあった。

このため、寛文三年（一六六三）に御用水が開削された。

龍泉寺近くの川村（守山区）で庄内川から取水した水を矢田川に流入させ、対岸の辻村（北区辻町）で矢田川の水とともにお堀に取り入れた。こうして、お堀に常時きれいな水が流れ込むようになり、よぶんな水は堀の南西に造られた辰の口（排水口）から堀川へ流され水位が一定に保たれた。

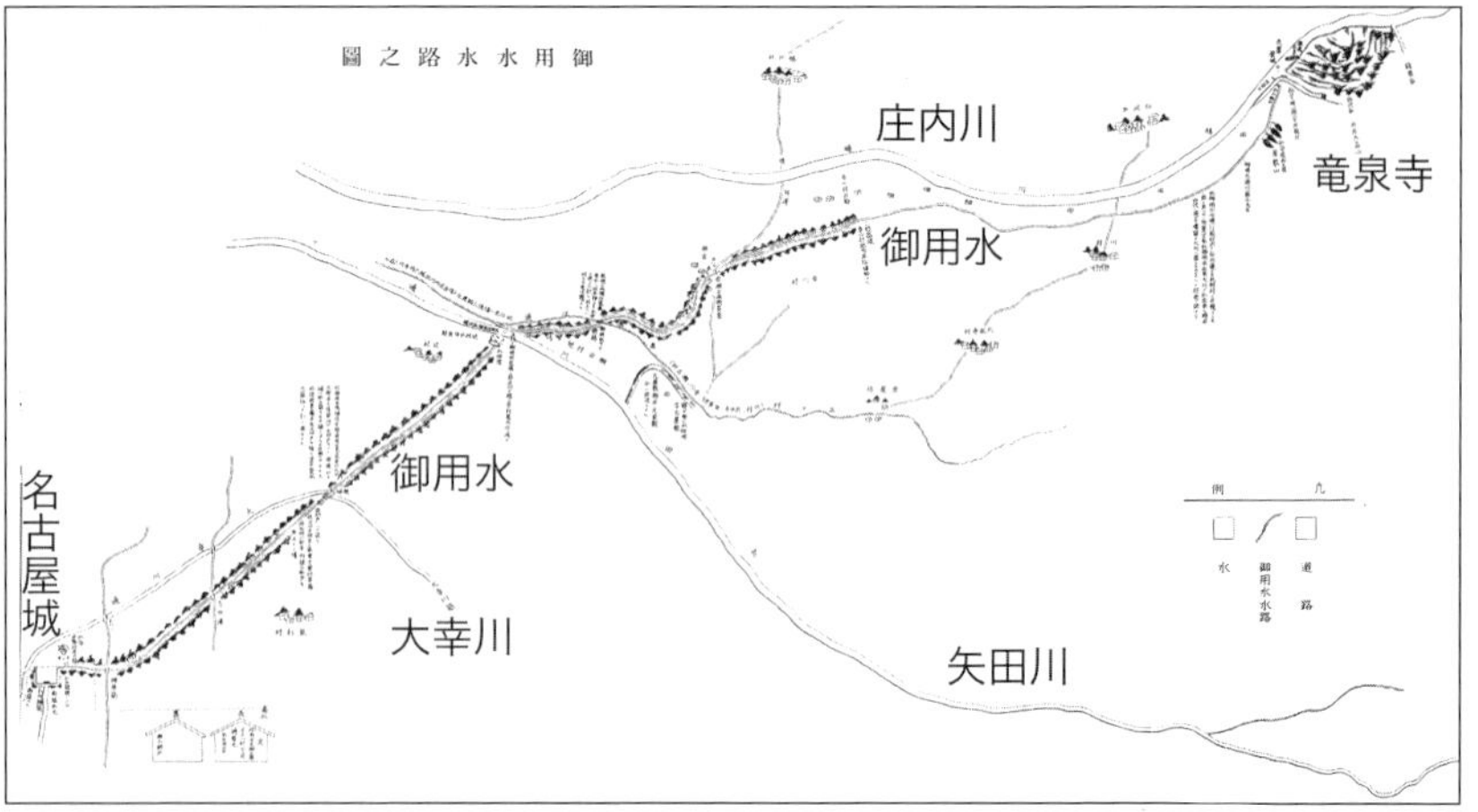

御用水路之図（名古屋市史）

さらに、御用水の水は水道にも使われていた。堀の西端から取水し、西水主町（中村区）まで給水していた巾下水道がそれである。水道は地中に埋めた木や竹の筒で配水され、分岐するところには枡が設けられていた。江戸の神田上水〔天正十八年（一五九〇）〕や玉川上水〔承応三年（一六五四）〕は全国的に有名であるが、名古屋でもすでに江戸時代の初期には水道が引かれていた。「水道の水で産湯を使った」と自慢するのは江戸っ子の特権ではなかったのである。

最初は庄内川の水を矢田川に流し入れ、両者の水をいっしょに取水し流していたが、矢田川の流砂が用水路に堆積し流れが悪くなってきた。水路を掘り替えたりしたものの維持管理が難しく、延宝四年（一六七六）に矢田川の下をくぐる伏越（水路トンネル）が造られ、庄内川の水だけを流すように改良されている。

用水の両岸には松が植えられていた。これは、日陰をつくり飲料水にも使用する水の温度があがらないようにするためと表向きにはいわれていた。また、この土手は名古屋城が落城した時、定光寺にむかう抜け道で、目立たないように松並木にしたともいう。江戸時代には、用水の土手に登ったり通行することを禁止する高札が建てられていた。松並木は戦前まで残っていたが、戦争末期に飛行機の燃料となる松根油《しょうこんゆ》をとるために伐採され、今は夫婦橋の近くに数本残る老松が、わずかにそのなごりをとどめている。

明治になり、北区では染色業が発展した。染色にはきれいな水がたくさん必要であるが、御用水の水を工場に引き込み名古屋友禅などのみごとな染物が行われていた。

昭和三十年（一九五五）代になると、水源である庄内川の水質も悪化し、しだいに用水もどぶのようになってきた。昭和四十七年に、夫婦橋から猿投橋までの約一・七キロメートルをうめて黒川（堀川）沿いの散歩道にする工事が始まり、昭和四十九年に完成している。当時、市内各地で廃線になっていった市電の敷石を散策路に敷き、再利用している。今では木々も大きく成長して、かつての松並木の風景は春には桜のトンネルとなり、緑豊かな水辺の散策路として多くの人が利用している。

御用水・黒川を錦に彩る……染色工業地帯【MAP南東】

名古屋は全国有数の繊維産業が盛んな地域であり、とりわけ北区には多くの紡績・織物工場があった。織物にはさまざまな色や模様をつける。染めた糸を織ったり、織りあがった布を染めたりして色や模様をつくりだす。染色は実用品としての布を、使う人の個性を主張する布へと変身させる、重要な工程である。

染色の多くは水に溶かした染料を布に染み込ませて定着させ、水洗いをして完成する。染色には大量の軟水が必要であり、染色業は良い水が得られるところで発達した。明治の終わりごろまでは、水が得やすく旧武家屋敷の広い土地があった堀川の西や江川周辺で染色業が発達した。堀川の朝日橋あたりでも染物をすすぐ風景が見られたという。

黒川で催される友禅流しのイベント

明治も終わりに近づくと、染色工場の増加や人家の密集により水質が悪化し、きれいな水を求めて堀川上流（黒川）や御用水沿川に工場が立地するようになってきた。第一次世界大戦をきっかけに繊維産業が大きく発展するとともに、この地域の工場も増え染色工業地帯になっていった。

御用水や黒川の近くには、京染屋とよばれる多色染めの工場が建ち並んでいた。川の流れに膝までつかって、染めあげた長い布をすすいで糊をおとし、なかには御用水の水を工場の中に引き込んでいる大規模な工場もあった。工場には染めあげた長い反物を乾かすための高い干場があり、風にひるがえる鮮やかな色がいたるところで見られた。

かつては四十軒以上の染色工場が建ち並んでいたが、繊維産業の衰退や水質の悪化で、今では伝統的工芸品に指定されている名古屋友禅は北区内には二軒だけになってしまった。わずかに、桜まつりなどのイベントとして、名古屋友禅の水洗いが行われ、過ぎし日の風景をしのばせている（カラー口絵参照）。

瑠璃光薬師如来……成福寺〔MAP南東〕

御用水跡街園の横を流れる黒川（堀川）に瑠璃光橋が架かっている。長さは十三・五メートルの短い橋であるが、幅は十七メートルもある。御用水跡街園の中では、一番大きな橋だ。今では車が何台もゆき交うなんでもない橋になっているが、かつては、瑠璃光町と辻町とをつなぐだいじな橋であったことが、橋幅によってもわかる。

橋は異質な世界をつなぐものだ。辻町の人が瑠璃光橋を渡り、紡績工場の建ち並ぶ下飯田の町をながめた時には、その想いを強く感じたであろう。

瑠璃光橋の名前の由来は、瑠璃光町にある成福寺の瑠璃光薬師如来による。瑠璃光薬師如来は、三河の国、鳳来寺で利修仙人が刻んだものと伝えられている。どんな病気にも霊験があるとして古くから「おやくっさま」と呼ばれて崇められている。

地蔵尊と無縁仏

成福寺は熱田にある法持寺の末寺として、月峰慶呑和尚が開山した。天保四年（一八三三）の大火で炎上し、記録が焼失して、それ以前のことは不明である。

成福寺の境内に、無数の無縁仏の墓が林立している。その中に地蔵尊が立っている。

かつて成福寺の南に「いぞの山」と呼ばれた墓地があった。その墓地を守るかのように見おろしている小山があった。小山は地蔵山と呼ばれていた。地蔵山の頂上に立っていたのが、今、境内の無縁仏の墓に囲まれるようにして立っている地蔵尊である。

石橋に昔日をしのぶ……六所社 【MAP南東】

今でこそ住宅地となっている下飯田の地であるが、昔はのどかな田園地帯であった。春にはあげひばりが舞い飛び、秋には水鶏《くいな》の鳴き声が聞こえてきた。

下飯田の村の中を御用水、黒川、大幸川、前の川が流れていた。しかし、御用水は遊歩道となり、大幸川、前の川は暗渠と変わりはててしまった。暗渠となった川の上を今日も何台もの車が通りすぎていく。

川にかかっていた古経《ふるみち》橋、遺址《いし》橋、姥《うば》の橋の名前を刻んだ親柱は、六所社に集められ、掲示板の台座となって残っている。年号を刻んだ親柱もある。いずれも昭和三年だ。

境内西の有終館には城東耕地整理組合の竣功を記念した碑が建てられ、やはり移設された親柱がある。大きいのは彩紅橋で昭和二年、小さいのは天満《てんまん》橋で昭和四年だ。彩紅橋は今も「彩紅橋通」の町名に名残を残している。これらの橋はこの頃に行われた耕地整理組合の事業で川筋が付け替えられた時に新調したのであろう。

昭和四年に世界大恐慌がおき、名古屋でも失業者が大量に発生して失業救済事業が始まった。昭和五年から八年にかけて第七次失業救済事業が行われ、そのなかで大幸川は下水の大幸幹線として暗渠化され、橋は不用となってこの地へ親柱が移設されたのであろう。

本殿へ向かう左手にある手水鉢の正面には「征露戦捷祈願」、側面には「明治三十七年辰九月」と刻まれている。日露戦争が始まったのは三十七年の二月八日だ。この手水鉢が奉納された頃、八月には黄海海戦と第一回の旅順総攻撃があり、八月から九月にかけて日露両軍が総力を挙げそれぞれ二万人以上の死傷兵をだした遼陽会戦があった。日本が初めて経験する強大国との戦争。村々には出征した兵士の訃報が届く。たくさんの犠牲者を出しながらいっこう

掲示板の台座は橋の親柱

に勝てる気配が無い。日本はいったいどうなるのであろう……。人々の不安は増してゆく。何とか勝ちたい、村人が神にすがる思いがこの手水鉢の寄進になったのであろう。それから一年のちの三十八年九月にポーツマス条約が締結され日本は辛勝した。あちこちの神社で「戦勝記念」の奉納物は見かけるが、「祈願」のものは珍しい。村人の切迫した想いが伝わってくる手水鉢である。

本殿右手にある塔の基部には陸軍の象徴である星のマークと銘板がはめられている。「支那事変一周年ヲ紀念シ、愈々《いよいよ》国威ノ発揚ニ努メンカ為」昭和十三年に在郷軍人会が奉納した物だ。太平洋戦争後の七十年近く日本は戦争をしていないが、それまでは戦争の連続であった。六所社には軍神《いくさ》の八幡社がある。神前で祈願し元気に出生した村の若者が一片の骨となって帰ってくる……。人々がごく普通に経験したことであった。

六所社には、イザナギ、イザナミ、天照大神、スサノオ、ツキヨミ、蛭子がまつられている。もともとは八幡宮であったが、そこに六所社が後から併社されたと伝えられている。六所社の社殿の西側の地には山之神社、八代龍王社、熊野社、弁天社、神明社、金比羅社がまつられている。東側には学問の神さま、菅原道真をまつった天神社があり、その前には人々に撫でられて鼻筋が艶やかな牛が鎮座している。他にも鳥居左手には御嶽社、尾張大国霊神社（国府宮神社）もあり、神様のオンパレードだ。御嶽社の石積みには記号が刻まれていて、築城の時の落とし石と思われる。

明治の終わりから大正のはじめにかけて下飯田の地は、田園地帯から工場地帯へと大きく変貌していった。下飯田の姥の橋近くにあった天照大神をまつった神明社、遺址社の南、森の中にまつられていた天神社。天神社はいうまでもなく学問の神さま、菅原道真をまつった社である。

清蓮寺の南五十メートルの地には「おくまんさま」と呼ばれて、信仰を集めていた熊野社がまつられていた。清蓮寺の南東には、金比羅社がまつられていた。熊野社も、金比羅社も水運の神様である。下飯田の地が水郷の地であったことが二つの社によっても知ることができる。そして寺の前には八龍社があった。祭神の八龍権現は雨の神で「ちりゅうさま」と呼ばれていた。六所社の裏の田んぼの中には、山の神がまつられていた。

下飯田の村人とかかわりの深い六つの社は、工場が建てられるとともに大正三年六所社に集められてしまった。

行基の刻んだ子安観音……観音寺【MAP南東】

いかにも下町といった風情のただよう下飯田の町の中に、ひっそりとたたずんで建っている観音寺の歴史は古い。

『北区誌』（昭和三十九年刊）には、「むかしは安国寺といって、聖武天皇が国家安穏、諸民の安福祈願のために建てられた安国寺の一つであるといわれている」と記されている。

後醍醐天皇の時代には、勅命によって国家鎮護、玉体安穏を祈願させる勅願寺となって壮大な伽藍を誇った。後醍醐天皇と対峙した足利尊氏・直義も国家鎮護のための安国寺を日本六十余州の国ごとに建てさせた。聖武天皇が勅願によって建立された国分寺のひそみにならったものだ。

安国寺と呼ばれていた観音寺の境内に立つとき、その歴史とかかわりの深い聖武天皇、後醍醐天皇の不安と動揺が伝わってくるような感じにおそわれる。南北朝時代より数度の火災によって、さしも壮大な伽藍も、しだいに衰微していった。江戸時代には、徳川家康の法名が「東照大権現安国院殿徳蓮社崇誉道和大居士」であるため、観音寺と寺名が改められた。本尊の子安観世音は、行基が熱田の宮で刻んだ三体の一つと伝えられている。

この寺には、下飯田出身の数学者、大脇鉄蔵の門人が慶応年間に学んだ算額が奉納されている。

観音寺の水鉢

境内の東側に水鉢が置かれている。ふつうの水鉢と異なっているのは、観音寺の水鉢には、小さな穴がいくつもあいていることだ。むかし、村の子どもたちが、よもぎなどの草を摘んできて、この小さな穴に入れて石でたたき、草もちを作ったという。また多くの石仏があり、風化が進み顔の判別できないものもある。この寺と地域がもつ古代からの歴史と、村の人々の生活の中に入っている寺であることを、うかがい知ることができる。

流行病から人々を護る……天王社【MAP南東】

観音寺の門前に小さな社がまつられている。愛知県の各地に見られる、津島神社から勧請した牛頭《ごず》天王をまつる社だ。流行病《はやりやまい》にかかったら一家全滅、村中全滅となってしまう。牛頭天王は流行病から人々を護る神として崇拝をうけた。

村を病気から護ってくれる天王社がもっともにぎわうのは、七月十八日の天王まつりだ。

観音寺の前には、わき出る水で一つの池ができていた。その池の中には、櫓が組まれている。櫓の上には提灯がいくつも揚げて飾られている。

地には橋が架けられ、櫓に建てられた提灯山の下にゆくことができるようになっている。

子どもたちにとっても、天王まつりは楽しみな行事だ。

> 麦の収穫が終わっており、新しい麦藁に赤、紺、黄、青、白の紙を細く切って作った馬簾《ばれん》（厚紙を細長く裁ち、まといの飾りとして周囲にたれさげたもの）を差して前後左右の四人で担ぎ、棒に綱をつけて引くのです。先頭に提灯を持った子供が先導し、次いで馬簾、その後に村の子供が鉢巻きをして後に続くというにぎやかで勇ましい隊列がくるとイタチやタヌキ、キツネも息を潜めます。（谷口宰『古里下飯田』）

子どもたちが村の中を練って歩いている様子がよくうかがえる文章だ。

天王社と観音寺

黒塀の続く路地……清蓮寺 【MAP南東】

一本の道を隔てて、下飯田の町は様相を一変させる。道路の北側には高層建築がそびえている。南側には自動車が通ることができないような路地をはさんで、昔ながらの家並みが続いている。

道の北側の地には、大正から昭和初期になると田園地帯を埋めたてて建てられた紡績工場が並んでいた。紡績工場が下飯田の地から姿を消すとともに、その跡地に高層住宅が建てられた。

新しい都市空間の北側の地に比して、通りの南側は、昔ながらの仕舞屋《しもたや》が並ぶ。いかにも下町といったたたずまいの家並みが立ち並んでいる。

狭い路地の両側に並ぶ黒塀、塀越しにみえる土蔵。路地を歩くことによって、むかしの下飯田のくらしが浮かんでくる。

清蓮寺は、そんな下飯田の昔のくらしがうかがえる地の一画にそびえている寺だ。

清蓮寺は、永禄二年（一五五九）捜誉久玄大徳和尚によって創建された。延宝四年（一六七六）には、霊源和尚（黄檗宗第九代管長）によって浄土宗より黄檗宗に転宗した。

山門を入ると延命地蔵をまつった小堂がある。境内に入ると北側に、本尊の恵心僧都の作といわれる阿弥陀如来をまつった本堂がある。

西側には千手観音菩薩、烏芻沙摩《うすさま》明王をまつった西堂がある。

下飯田黒塀

杉村界隈

……地下鉄志賀本通駅↓杉村

古い家並みの残る……城東町一帯 【MAP南東】

城東町から長田町にかけて古い家並みが残っている。戦災とその後の復興事業で昔の町の姿がほとんど失われた名古屋では貴重な風景である。

城東町の古い家並み

このあたりは明治まで農村地帯であったが、大正元年（一九一二）から城東耕地整理組合によって耕地整理が始まった。北区内で最初の耕地整理で一番規模が大きく、杉村・金城村大字東志賀・萩野村大字辻・東山村大字鍋屋上野・猪高村大字猪子石という広大な範囲であった。当初は農業がしやすい環境にするための整理であったが、名古屋市の産業が活発になり大曽根などが発展し、十年に施工区域の大半が名古屋市へ編入され急速に都市化してきた。このため、市街地としての街づくりに方針を変え、十二年に認可された都市計画に合うよう街区割りが進められた。曲がりくねった道や川を直線にし、新しい道路で区画割りを行い、住宅地や工業用地として使いやすい街づくりが行われ、昭和六年（一九三一）にほぼ完了した。

整備が進むとともに、名古屋の工業地帯は西部・南部だけであったのが、三菱電機を始め多くの工場がこの地域に造られるようになった。

東区の片山八幡神社に竣功の碑が、下飯田の六所社に第七工区の竣功の碑が建てられている。

この地域は幸い第二次世界大戦で焼け残ったが、そのため戦災復興事業の区域に含まれず、かつての家並みがそのまま残されてきた。

耕地整理をしているので碁盤割りの直線的な道になってはいるが、大正初期の時代を反映して南北の道は自動車も入れないような細い道である。戦災復興では最低でも六m以上の道幅を確保している。そのような道を見なれた目には異様な狭さに見えるが、江戸時代に藩主がお城と大曽根を行き来するために造らせた御成道でさえ、九尺（二・七m）しかなく、自動車が普及するまではこのような狭い道が普通の道であった。

整備された時代を感じさせる道である。沿道には、今では数少なくなった長屋造りの古い家があちらこちらに見られる。年月をへて古びてはいるが、落ち着いたたたずまいである。伝統的な木造軸組み構造で土壁を塗った家はずいぶん長持ちする。二十〜三十年で建て替えられる新建材を使った最近の家と違い、年とともに味と風格が出てくるものだ。庶民が長年積み重ねた生活がしっかり染み込んだ建物と家並みである。

かつて、この付近には、城東園と呼ばれる特殊飲食街があった。もとは瀬戸線の森下から大曽根にかけての線路際に密集して、多い時には百戸余りの店があり五百人が働いていた。それがこの地へ移転して昭和十年（一九三五）二月に開業したものである。その頃は周辺が田圃で、その中に突如街が現れるという状態だったという。西の中村遊郭に対し東の遊郭ともよばれ一時期はずいぶん賑わったというが、今では普通の静かな街になっている。

名古屋の多くの街は戦災で一時に変わったが、この地域は昔の姿を残しながら少しずつ変わってきている。古い家も徐々に建て替えがすすみ、街並みも姿を変えつつある。これからどのような街になってゆくのであろうか。

西行橋……杉ノ宮神社【MAP南西】

ふりつもる雪の小夜風寒くして人も音せぬ宮の松ケ枝

杉村八景の一つ、八幡暮雪の大日の森を詠んだ歌である。杉村の里、欝蒼と茂る大日の森の中に八幡社が鎮座していた。現在の清水小学校の地にあった八幡社が、寛永七年（一六三〇）の創建と伝えられる神明社と合祀したのは明治三十九年（一九〇六）のことである。翌年、清水小学校がその跡地に移転してきた。

神社の門柱は大正九年に建立されたもので、裏に建立した人の名が書いてあるが「農業組合」の文字が入っている。城北地域は大正になって区画整理が行われ市街地へと変わってきた。今では農村だったことをうかがわせる景観はまったくないが、わずかに門柱がその痕跡を伝えているのだ。

社殿はみごとな木造建築だ。壁上部の柵で覆われた中を見ると、手の込んだ木彫が施されている。東壁から順に十二支が刻まれており、正面が龍でとりわけ大きく立派だ。西の壁には午・羊・猿があるが、北面には彫刻が見当たらず、酉・戌・亥はないようだ。これだけの彫刻が施された神社は市内にあまりないのではなかろうか。

杉の宮の境内を歩いていて、一つの石碑を見つけた。この近くにあった西行橋の石材を利用して碑にしたものである。西行橋について『金鱗九十九之塵』は、次のように記している。

西行橋、一名捨橋という。町はずれの石橋である。川の中にある西行法師の石像は、竹腰家の家来江口庄右ヱ門が建てたものである。ある人が、この橋の名前は西行橋ではないといった。それは、昔、御城御普請の時、この

捨橋　一名西行橋（尾張名陽図会）

場所で人足人夫の裁許をしたので裁許橋というのだという。子どもを、この橋の上に捨てるとその子は長生きができるという伝説がある。また、この橋の上で祈願をして、その願いが成就した時に、西行法師の土人形を、この流れに捨てるという風習がある。その風習のために捨橋というのであろうか。西行橋という名前がなぜついたのか、くわしくはわからない。考えてみると、ここは西行法師が東下りをした時の道筋であろうか。ここの北、上原村に西行堂という土橋がある。また、小牧山などでも西行法師が歌を詠んでいる。

西行橋で、子どもを捨てると長生きができるという風習は広く伝わっていたようだ。『尾張名陽図会』も、その風習を伝えている。「子どもを、この橋の上に置いて、しばらく親が脇に隠れて、また橋にやってきてその子どもを連れて帰ることがある。これは、子どもをこの橋の上に捨てる真似をするのである。ここに一度捨てた子どもは寿命が長く、無病であることが昔より言い伝えられている。それゆえに、この橋を捨橋と呼んでいる」という内容だ。子どもを橋に捨てるという風習だけではない。『松涛棹筆』は、次のような風習を伝えている。

志水町の町はずれに小さな溝川があった。この橋を西行橋という。この川の水を子どもに飲ませると疱瘡（天然痘）にかかっても軽くてすむという。またほかの病気にも、この川の水を飲ませるとかからないという。この川は西行川ともいう。最近、橋の西側に棚を造り、そこに西行の像を置いた。西行の像に願いごとを祈り、願がかなった時には、土細工の西行の一文人形をお礼に納めた。小さな壺に酒を入れて、お礼に供えた。

西行川は、現在の清水小学校の北側を流れていた。稲置街道に架かる橋が西行橋であり、橋の傍に西行堂があった。境内を出て、西行橋のあったあたりを探して歩く。煙突が空高くそびえている。この地に古くからある銭湯の煙突だ。銭湯の煙突ほど人々のくらしを感じさせる風景はない。煙突の見える風景は、しだいに町から消えてなくなってゆく。煙突が風景になじんでいる杉ノ宮界隈は、何かノスタルジアを感じさせる町だ。

かれは是れ吾れにあらず……普光寺［MAP南西］

明暮れにうつ鐘の音も聞ずして又も日暮るる浮世なりけり

杉村八景の一つ、普光の晩鐘を詠んだ歌である。普光寺の晩鐘の音色のすばらしさは、古くから知られていた。その普光寺の鐘を鋳る時に、ある人が、

ふめたたらやれふめたたらふめたたら　せいさへ出せば金ハわくわく

という歌を詠んだ。おりから説法で常滑からきていた青洲という和尚が「やれふめたたら」の箇所を「ふめふめたたら」と直した。直すことで、鐘を鋳る時の調子のよさが五・七・五の頭韻の「ふ」によってよく表れてくる。

普光寺は御器所の竜興寺の僧、儀存和尚が天正五年（一五七七）に開基した寺である。塩釜様とも呼ばれていたが、これは嘉永五年（一八五二）に、仙台より金綱天猊和尚が塩釜明神を招請したからである。本尊は織田信長の持仏、快慶作の阿弥陀三尊仏で秘仏になっている。

山門を入ると、老僧と若い僧とが問答している大きな石像が目に入る。若い僧は道元禅師、老僧は中国、天童山の用典座《ゆうてんぞ》。典座とは、禅の修行道場における食事をつかさどる役のことだ。道元が天童山にはじめて登ったのは、貞応二年（一二二三）二十四歳の時であった。石像は、嘉禎《かてい》三年（一二三七）に道元が撰述した『典座教訓』のなかの一場面である。『典座教訓　赴粥飯法《ふしゅくはんぽう》』（中村璋八ほか全訳注、講談社学術文庫）より、この場面の訳文を紹介する。

『典座教訓』の一場面を描く石像

私が中国に留学して、天童山で修行していた折、地元の寧波《ニンポー》府出身の用という方が典座の職に任じられていた。

私は、昼食が終わったので、東の廊下を通って超然斎という部屋へゆこうとしていた途中、用典座は仏殿の前で

海藻を干していた。その様子は、手には竹の杖をつき、頭笠さえかぶっていなかった。太陽はかっかっと照りつけ、敷き瓦も焼けつくように熱くなっていたが、その中で盛んに汗を流しながら歩きまわり、一心不乱に海藻を干しており、苦しそうである。背骨は弓のように曲がり、大きな眉はまるで鶴のように真っ白である。私はそばに寄って典座の年を尋ねた。すると典座はいう。「六十八歳である」。私はさらに尋ねていう。「どうしてそんなお年で、典座の下役や雇い人を使ってやらせないのですか」。典座はいう。「他人がしたことは、私がしたことにはならない」。私は尋ねていう。「御老僧よ、確かにあなたのおっしゃる通りです。しかし、太陽がこんなに暑いのに、なぜ強いてこのようなことをなさるのですか」。典座はいう。「（海藻を干すのに、今のこの時間が最適である）この時間帯をはずしていつやろうというのか」。これを聞いて、私はもう質問することができなかった。私は廊下を歩きながら、心のなかで、典座職がいかに大切な仕事であるかということを肝に銘じた。

道元が「如何んぞ行者、人工《にんく》を使わざる」と尋ねる。典座は「他《かれ》は是れ吾れにあらず」と答える。他人のしたことは、自分のしたことにはならない。自分が心をこめて仕事をする、それが典座の仕事だという意だ。

境内には弘法地蔵菩薩が建っている。大曽根の坂下にあった弘法の井戸のかたわらに建つ像が城東町に移り、さらに昭和六十三年、普光寺に遷座した。眼病に効験があるという。弘法地蔵菩薩の前には香煙がたちこめ、眼のあたりは黒ずんでいる。眼をなで、一日も早く快癒することを願う人が多いからであろう。

むかし弘法大師が熱田から小幡の龍泉寺へ参詣の途中、大曽根に壇をかまえて修行をした。その閼伽《あか》（仏への供えもの）の水を汲んだことから弘法の井戸と呼ばれるようになった。『尾張名陽図会』は、「（弘法大師の）

弘法大師行場（尾張名陽図会）

旧跡が今も残っていてすべり山という。その地には草が生えないという。この時に阿伽の水を汲みなさったところを閼伽塚という。今の赤塚町がこれである」と赤塚の町名由来を記している。

本堂左手に、立派な大仏様も鎮座している。ここの大仏は平成十五年生まれで「北大仏」という。多くの衆生を救済して、何百年か後には奈良の大仏のような老成した風格になることであろう。

大衆演劇の殿堂……鈴蘭南座【MAP南東】

「座長！」「一平ちゃん！」。威勢の良い声がかかる。涙をぬぐっているお婆さんが何人もいる。舞台は、股旅物の人情劇、子別れのシーンだ。役者も観客もここぞとばかり力が入る。

鈴蘭南座は大衆演劇専門の劇場だ。常打ち小屋は名古屋ではここ一か所、全国でも浅草の木馬館大衆劇場など数えるほどしかないという。テレビが普及するまでの楽しみは、映画と演劇。ちょっとした盛り場には必ず映画館や劇場があった。

鈴蘭南座ができたのは昭和二十九年（一九五四）。かつて大曽根には劇場や映画館があったが、今はここだけになってしまった。南座も、バンドの演奏や一般劇に貸していた時代もあったが、今では大衆演劇専門の劇場として復活している。

入口を入ると小さなロビーがある。なじみ客が数人集まってひいきの役者や芝居の批評をしている。

「○○ちゃんは、さいきん一皮むけていい芝居をするようになった」

「○○ちゃんの女形は色気があってすばらしい」

「○○ちゃんもいいが、先月の□□一座の○○ちゃんのほうが芝居もうまいし、道であっても気さくに挨拶してくれる」

出演する劇団は全国を巡業する旅の一座。公演中は楽屋に泊まりこみ、近所の人たちとは顔なじみなのだ。

客席は、今ではほとんど見られなくなった畳敷きになっている。お客さんは入口で座布団を借りて、おもいおもいの場所に座っている。大劇場のように取り澄ましたところがない。観客は自分で持ってきたおにぎりやみかんを食べ

鈴蘭南座

たり、売店のおでんとビールで一杯やっている。芸術を鑑賞するなどといった堅ぐるしいものではなく、芝居と歌と踊りを楽しむためにきているのだ。六十畳くらいの客席が八割ほど埋まり、壁には「盛況御礼」の札がかかっている。年配の客が多いが、三十代とおぼしき人も数人混じっている。

幕があくと、歌と踊りのミニショーが始まる。舞台は目の前、オペラグラスなどなくても、役者の目の動き指の動きまでしっかりと見える。小休憩をはさんでお芝居。狭い舞台を大きく使って芝居の世界に観客を引き込んでいく。一座の子どもだろうか、幼稚園ぐらいの子も出演している。かわいくリアルな演技は客を引き寄せ「かわいい」の声がとび、おとなの役者が食われている。アドリブも交えて目の前でおこなわれる芝居は、大劇場では味わえない役者と客が一体になった独特の世界である。最後は歌謡・舞踊ショーが華やかにくり広げられ、何人かの客がひいきの役者にご祝儀を渡している。

公演が終わると、戸口で座員全員が並んで見送る「送り出し」のなか、客は帰ってゆく。役者と客はここでも声をかけ話しをしている。なかには、毎日のようにくる客もいるという。大劇場と違い演目は日替わりだ。とことん、客を楽しませる趣向である。

大衆演劇がテレビで放映されることはない。役者と客が一体になって創りあげる世界は、テレビでは伝えきれない濃密なものだからであろう。

かつては村々を旅役者が回って歩いたという。名古屋でも常設の芝居小屋や神社などに作られた仮小屋で芝居興行が行われていた。時代とともに公演の内容は変わっても、役者と客が一体になって創りだし楽しむ大衆芸能の本質は変わっていない。日本の伝統芸能として高尚な舞台芸術になっている歌舞伎も、出雲の阿国が鴨川で始めたころは大衆芸能であった。鈴蘭南座には芸能の原点が今も息づいている。大劇場とともに大衆演劇が興行される劇場があることは、名古屋文化の裾野の広さを表している。まさに「名古屋は芸どころ」である（カラー口絵参照）。

祖父薬師……円満寺【MAP南東】

円満寺は国道一九号を春日井の方にむかい長い坂をくだり、瀬戸電を通り越した左側にある。車で走ってゆくと、寺は中京銀行の陰に隠れ、屋根がかすかに見えるにすぎない。

この寺の近くで育った幼なじみの二人が心中をするという『たったひとつのゆめ　大曽根の町』（水野夢次郎著）という私家本の小説がある。小説の中に、遠きよき日の円満寺が次のように書かれている。

円満寺

四ツ家の町並で、オギャア、オギャアと、うぶ声をあげた人々の中には、子どものとき遊び場として、今なお忘れることができないのは円満寺の庭である。

本堂向って左裏には、弁財天をまつった小さな祠があり、廻りは池、はすの花開くころともなれば、花開く音に、池の亀も目を覚し、鯉も驚いてか水面に飛び、小さな波紋をつくり、だんだん波紋の円く大きく広がって、いつしか姿も消え、またもとの静けさ、遠くから聞えてくるのは、隣りの米屋で米つく音、松のテッペンで鳴く油蝉の声、ときたま流れては、また止む。

寺の境内が子どもたちの遊び場であったころの話である。

円満寺の名は慶長検地帳に見えているので、創建は桃山時代、さらには室町時代にまでさかのぼるかもしれない。『金鱗九十九之塵《こんりんつくものちり》』には、円満寺は明暦三年（一六五七）六月、光誉存西《こうよそんさい》の開基で、鍋屋町裏遍照院の末寺であり、天明年間（一七八一～八九）に志道和尚が寺格を法地（寺院の等級）にしていただきたいと京都鹿ケ谷の法然院へ願い出て、この時満徳山阿弥陀院と改号したと記している。

そのころ、寺の中には大きな松がそびえていた。名古屋城ができたころに植えられた松であったという。本尊の薬師如来は、大曽根村の東、田の中にあったので田中薬師と呼んでいた。また祖母《ばば》薬師に対して祖父《じじい》薬師ともいった。開基の光誉存西が、薬師堂をここに建てて祖父薬師を遷した。

祖母薬師の伝説は『尾張名陽図会』に次のように紹介されている。

元和年間（一六一五〜二四）、源左衛門という百姓の後家が、屋敷の畑で石仏を掘り出した。古くなっていて顔つきがはっきりしない。小仏であるので大黒と思って安置していた。ある夜、後家の娘の夢の中に「我は薬師である」というお告げがあった。お堂を建立して本尊とした。開帳して人々に拝ませた。霊験あらたかで参拝する人がひきもきらなかった。寺院の号がなかったので、石仏を掘り出した後家が老齢だったから祖母薬師と呼んだ。

祖母薬師は瑞忍寺にまつられているという。祖母薬師に対し、祖父薬師の伝説は古書中に見つけられなかった。

明治五年の学制発布にともない、明治六年二月に大壮義校《たいそうぎこう》（のちの六郷小学校）が円満寺の境内に建てられた。義校の設立には、旧藩士佐藤友政、森下に住む書家大島可進の努力があった。二人は二十数年にわたり義校の教師を勤めた。

くらひ山のほるゆくゐやてらすらん学ひのまとの夜はともし火　　佐藤友政
ものならぬ松の落葉もうれしきは君が千とせの数にこそ入れ　　大島可進

二人の信頼関係がよくうかがえる歌だ。義校の主席教師の佐藤と次席の大島とが協力をし、子どもたちの教育にあたっている情景が浮かんでくるようだ。

円満寺の境内に入ってゆく。熱心に祈っている女性がいた。三十歳ぐらいであろうか。美しいひとだ。「檀家の方ですか」と声をかけた。「いや、ちがいます。私の気持ちのよりどころとして、お参りにきています」といわれた。女性は、にこやかな笑顔を残し、自転車に乗って、町の中に消えていった。

世界を魅了した職人芸……上絵付 【MAP南東】

日本には昔からの陶器産地が多い。伊万里、唐津、薩摩、備前、九谷……日本各地に窯が築かれ、いろいろな生活の器を作ってきた。しかし、近代産業に成長し世界を市場としたのは、瀬戸・多治見・土岐など「瀬戸物」と呼ばれる製品を送り出したこの地方だけである。瀬戸物の世界への雄飛には、名古屋の北区や東区を中心に発達した上絵付《うわえつけ》が大きく貢献していた。

瀬戸や東濃地方では古代から陶器が焼かれ、安土桃山時代になると志野・織部などのすばらしい作品が生まれ、江戸後期には磁器の生産も始まっている。

明治になり殖産興業をはかる政府と新たなビジネスチャンスを狙う実業界は、いろいろな製品を積極的に万国博覧会に出品している。注目を浴びたものに陶磁器がある。とりわけ、金・銀・赤・青などさまざまな彩色による華麗な上絵付の薩摩焼や九谷焼が外国人の趣味に合い、高い評価を得た。

上絵付とは、釉薬をかけて本焼きした陶磁器の上に絵を描き、もう一度焼いて絵の具を定着させる技法である。下絵付は本焼きの焼成温度が高いので使える色が限られており、きらびやかな焼き物を作るには上絵付が向いている。

上絵付をほどこした陶磁器の需要が高まると、東京・横浜・名古屋などで絵付業が盛んになった。名古屋では、鍋屋町（東区泉二）を中心に旧武家屋敷の広い敷地を活用し、瀬戸などから運ばれた素地に絵付をする人がたくさんできた。

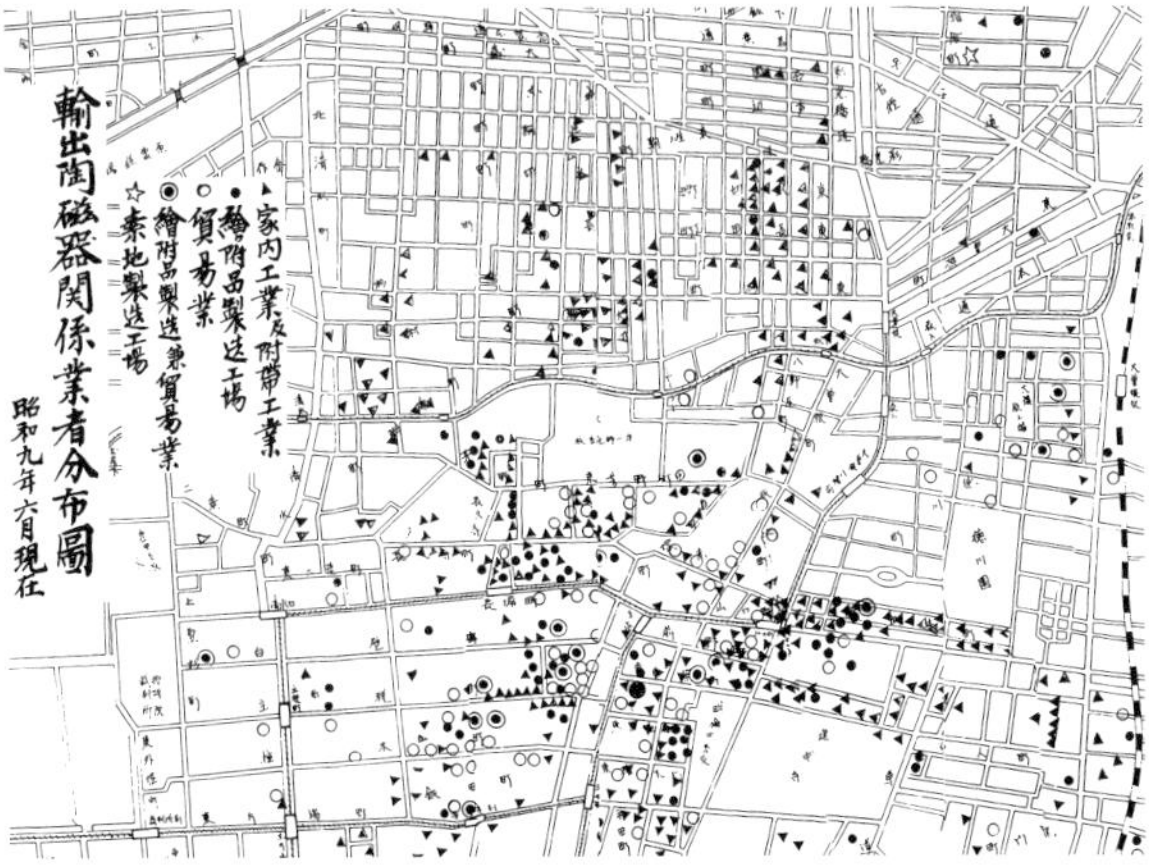

輸出陶磁器関係業者分布図（名古屋陶業の百年）

この工場が規模を拡大するため、安くて広い土地と瀬戸などへの交通の便にひかれて移転することで、北区の絵付業が始まったのである。絵付業は零細企業が多いが、明治後半には「杉村画付工場」など五十人を超える職人を雇っているところもあった。

名古屋での近代的な陶磁器生産も始まった。明治二十八年（一八九五）の松村陶器工場をはじめとして、三十七年の日本陶器合名会社（現在の㈱ノリタケカンパニー）など、つぎつぎに会社が設立された。第一次世界大戦によりヨーロッパ製品の供給が止まった大正時代になると、輸出が急速に増加した。製品もノベルティと呼ばれる置物から洋食器へと比重が移り、名古屋港は全国一の陶磁器輸出港となっていった。

繊維・木材産業とともに陶磁器が名古屋の経済を牽引しており、北区内には多くの陶磁器関連の工場があった。昭和九年（一九三四）の資料を見ると、瀬戸電より北の地域だけでも東原製陶や佐治製陶など素地製造工場が四か所、絵付工場が十一か所、家内工業・付帯工業が一〇九か所、貿易業が五か所もあった。とりわけ、現在の大杉三丁目から杉村一丁目、東長田町にかけて上絵付などの家内工業が集中していた。民家の軒先に素地や絵付け後の陶磁器をつめた木箱が山積みにされている光景が、あちこちで見られたという。

この陶磁器を求めるために世界中からバイヤーが名古屋を訪れた。瀬戸などの素地生産者と北区・東区を中心に集まる上絵付職人の優秀な技術がタイアップすることで、バイヤーの需要を的確に反映した優れた製品を生み出し、名古屋港から世界へと送り出されたのである。昭和六十年代からの円高により、国際競争力が低下し絵付業も大幅に減ったが、今でもこの地方は世界有数の陶磁器生産地である。東区の「名古屋陶磁器会館」や西区の「ノリタケの森」では、さまざまな陶磁器とともにこのころに作られた製品を見ることができる。

下街道・南

……地下鉄大曽根駅↓赤塚町

庶民のみち……下街道 【MAP南東】

北区の東南部を国道一九号が通っている。名古屋と長野を結ぶこの道は、多くの車がゆき交う市内でも有数の幹線道路だ。国道一号の前身は東海道ということは、誰でも知っているが「国道一九号の前身は?」と問われて、答えられる人は少ないであろう。人々の記憶の淵からぬぐい去られてしまったが、「下《した》街道」は名古屋と中山道を結び、城下東北の玄関として大曽根に繁栄をもたらし、今の国道一九号の前身であった道である。

「下街道」とは変わった名前だが、清水口から北へ伸びる「稲置街道」(木曽街道)が尾張藩の公式街道で別名「上街道」と呼ばれたのに対し、庶民が使う非公式の街道だったことからこのように呼ばれた。また、長野の善光寺へ参拝する人の通行も多かったことから「善光寺街道」、内津《うつつ》峠を越えることから「内津街道」、伊勢参りのため名古屋にむかう人も多く「伊勢街道」とも呼ばれた。

内津峠に日本武尊《やまとたけるのみこと》の伝承が残っているように、このあたりは古代より東濃と尾張を結ぶ交通路として使われてきた道筋である。江戸時代のはじめ、名古屋に町が造られるとともにこの街道は本格的に発展していった。

下街道は、名古屋の伝馬町(中区錦二丁目)から始まり、北へ進んで京町筋(外堀通の一本南)で折れて東へむかい、今の国道十九号のところで北に折れ大曽根村、山田村をとおり、矢田川・庄内川を越える。矢田川は「山田の渡し」、庄内川は「勝川の渡し」と呼ばれる民営の渡船があった。「勝川の渡し」は船頭四人がいて、船賃は荷を積んだ馬が十文、人が六文であり、渇水期の冬は仮橋がかけられていた。勝川からほぼ今の国道一九号のルートで北東へつづき、大井宿手前の槙ケ根(恵那市)で中山道に合流していた。延長十四里半(五八km)の道である。

大曽根煮売屋(尾張名陽図会)

このころの大曽根にタイムスリップしてみよう。

名古屋城下への主な出入口は五か所あり五口と呼ばれている。そのうち大曽根口（下街道・瀬戸街道）、熱田口（熱田街道）、枇杷島口（美濃街道）の三か所には、外部からの侵入に備えて頑丈な大木戸がある。大曽根の大木戸は今の赤塚交差点の近くにあった。大木戸のかたわらには番小屋があり、常時二〜三人の役人が不審な通行人がいないか見張っている。夕方六時に大門を閉め、夜十時には小門も閉鎖して通行禁止になる。

城下への入口なので、いざという時には軍の拠点に使えるように、まわりには広い敷地を持つ相應寺（千種区城山町一丁目に移転）や善行寺・本覚寺・関貞寺などの多くの寺院が配置されている。

ここから坂をくだって下街道が伸びてゆく。幅三間（五・五m）の道の両側には、商店や茶屋が軒をつらねている。近在からきた真っ黒に日焼けした農夫が肥料の干鰯《ほしか》を大八車に積み込んでいる。油徳利をぶらさげて行灯の油を買いにきたお使いの子どもがいる。大曽根までくれば、村の「よろずや」（雑貨屋）にはない物が手に入る。下街道を信州からの荷を積んできたのであろうか、「煮売り屋」の店先では重い荷を積んだ馬の口を引いた中馬が、手ぬぐいで汗を拭きながら昼食を買っている。

坂の途中、本覚寺の少し手前の東側に高札場がある。柵で囲まれた中に、家族の和合やキリシタンの禁止など人々に周知させることを書いた高札が建っている。

坂をくだったところは「坂下町」。ここでは、名古屋城北東の土居下から続く御成道が左から合流してくる。今の大曽根南交差点の場所だ。この付近は台地の下端なのできれいな水が湧く。道端には「弘法の井」がある。弘法大師が仏前に供える閼伽《あか》の水を汲んだと言い伝えられている。誰でも利用できる道端にあり、通りすがりの人々の喉をうるおす甘露の水である。この井戸は戦前まで水が湧き出していたが、今では国道一九号の下になっている。東側にある商家の裏には、二代藩主光友が清く冷たい水を誉めて名づけたという「清柳水《きよやなぎのみず》」と呼ぶ井戸がある。

街道はこのすぐ北で円満寺にぶつかり東に折れている。円満寺の境内には芝居の定小屋があり、娯楽の少ない時代なので近くはもちろんのこと、勝川などからも見物にきた人々でにぎわっている。

さらに少し進むと街並みは終わり、道の両側に土盛りをして榎を植えた一里塚がある。名古屋の伝馬町（中区錦二から一里（四km）の場所だ。今のオズモールの中央あたりである。昭和十六年発行の『東大曽根町誌』には、「近年まで面影が残っていたが、今では都市化が進み完全になくなった」と書かれているものだ。

その先で大幸川の支流を渡る。このあたりの川幅は二間（三・六ｍ）程度で石橋がかかっていて、大きな杁がある。道の北側で水車がコトコト回っている。田畑の中をゆくのどかな風景のなか、村はずれ近くまで進むと、追分になる。石の道標が建っていて、「右　いゐたみち」「左　江戸みち　せんくゎ《わ》うしみち」と刻まれている。延享元年（一七四四）に念仏講の人たちが建てたものだ。右に進めば瀬戸を通って飯田にゆく瀬戸街道、左にゆけば中山道につながる下街道だ。「せんくゎうしみち」と彫ってあるのは、信濃の善光寺参りの人がたくさん通るからだ。先達に率いられた白装束の御嶽参りの一行もよく見かける。今の大曽根駅西口前あたりの光景である。

この街道は官道ではないので正式に定められた宿駅はなかったが賑わっていた。稲置街道を通るより六里（二十四km）ほど近かったことと、高低差が少なく歩きやすかったためである。そのため、自然に通行が増え、街道筋には宿や茶屋、運送業が発達していった。この結果、藩営の稲置街道がさびれ、沿道の小牧村などから「伝馬制度の維持にも支障をきたすようになった」として、寛永元年（一六二四）に藩に訴えがなされた。藩は下街道に対して「駅継《えきつぎ》による荷物の輸送は禁止、持ち馬での輸送のみ黙認する」などの規制を加えたが、利便性にまさる下街道の利用は衰えず、両街道の争いは続いた。寛政七年（一七九五）には藩士が江戸との行き来の時に下街道を通ることを禁止するお触れまでだしている。

永く続いたこの争いは、明治四年（一八七一）に下街道の規制が解除されて自由競争になることで終わった。その後、利点の多い下街道のルートで国道一九号や中央線が整備されて現在に至っている。

名古屋の発展とともにかつての街道の面影は失われ、わずかに二本の道標が残された。東区泉三丁目の「佐野屋の辻」と呼ばれたところに「善光寺道」「京大坂道」と刻まれた道標が残り、北区大曽根三丁目のかつての追分に近い地下通路入口には追分の道標が移設されて、昔は街道筋であったことを今に伝えている（カラー口絵参照）。

水戸天狗党と戦いが始まる?……大曽根【MAP南東】

元治元年（一八六四）十一月、尊王攘夷の旗の下に決起した水戸天狗党の志士たちが、大砲をたずさえ大挙して中山道を京都にむかっているとの報が名古屋に届いた。下街道の入口、大曽根は戦争の準備でたいへんな騒ぎになった。

幕末の動乱期、水戸藩も尊皇派と左幕派に藩論が二分していたが、尊皇攘夷をとなえる天狗党は、藩内での抗争に破れ、ついに元治元年三月筑波山（茨城県）で挙兵し、京都にいた水戸藩主、一橋慶喜《よしのぶ》（のちの十五代将軍）に会い、直接自分たちの考えを訴えようとした。元家老の武田耕雲斎を総大将にして千名もの志士達が二百頭の騎馬と一五門の大砲を携え、「奉勅」「大和魂」「報国」などと書かれた幟をなびかせつつ十一月一日常陸大子（茨城県大子《だいご》町）を発ち中山道を京都にむかった。

沿道の各藩は幕府から追討の命令を受けており、天狗党の上京を阻止するべく戦闘が始まった。十一月十六日には追撃してきた高崎藩兵と下仁田（群馬県下仁田町）で激しい戦いになり、天狗党は四名の戦死者を出したものの、高崎藩兵三十六名を討ち取った。さらに西に進み、二十日には和田峠（長野県長和町）で待ち受ける松本藩・高島藩と交戦し敗走させた。

その後、天狗党は伊那街道を飯田にむかい、清内路峠（長野県阿智村）を越えて二十六日には木曽の馬籠（中津川市）まで進んできた。沿道の藩は、高崎藩や松本藩などの敗北を知っていたので、抵抗することなく一行を通過させた。

こうした情勢に、名古屋城下でも、天狗党が伊那街道を南下している二十日過ぎからうわさが広がりはじめた。

尾張藩は、御三家筆頭で全国でも有数の大藩である。天狗党が城下を通行するのを黙認したり、戦って敗れること

があっては、面目は丸つぶれとなる。二十七日から城下の出入口である、大曽根・出来町・清水・末森など九か所に兵を配置し警備を固めた。大曽根口では善行寺（東区徳川二丁目）に本陣（戦争の指揮をとる所）をおき、野呂瀬半兵衛が隊長で防備を固めた。付近の寺はもちろん、広い民家も宿舎にあてられた。しかし、集まった藩士は、鎧・兜に身を固めた者、籠手《こて》や脛当《すねあて》など小具足姿の者、陣羽織や火事羽織の者など、太平の世に慣れた武士があわただしく参集したことが感じられる情景であった。

大曽根周辺の住民たちは女性や子どもを避難させたり、貴重な家財を運び出したり、たいへんな混雑になった。

この間、天狗党は中山道を南下し、二十八日には大井宿(恵那市)で宿泊。翌二十九日はとうとう槙ケ根の追分にきた。右に進めば中山道、左に進めば大曽根に続く下街道である。遠見の者(偵察)も、息をのんで見つめている。

天狗党はそのまま中山道を進み、この日は御嵩《みたけ》宿（御嵩町）で宿泊した。翌三十日は名古屋に続く稲置街道（木曽街道）が分岐している伏見宿（御嵩町）に達したが、ここも中山道を西に、名古屋を迂回して十二月一日には揖斐（岐阜県揖斐郡）に到着した。その先には、中山道沿いに大垣・彦根・桑名藩が布陣しているので北へ転進し、根尾村（本巣市）から蝿帽子峠（現在、廃道）を越え十二月四日には越前大野（福井県大野市）へ入った。

その後、木の芽峠（福井県南越前町）を越え新保（敦賀市）に到着したが、そこには、加賀藩をはじめとする諸藩の一万を超える大軍が布陣していた。しかもあろうことか、それを指揮していたのは天狗党が希望のともしびとしてきた慶喜であった。ついに万策尽きた天狗党は、十二月十七日、近くで対峙していた加賀藩に降伏を申し出た。

尊王攘夷の理想に燃え、常陸から敦賀までの長い道のりを、迎撃・追撃の諸藩と戦いながら、いくつもの険しい雪の峠を越え、京都をめざして突き進んできた志士たちの夢はここに消え、翌年二月には投降した八百余名のうち三百五十三名が斬首刑となった。

それから四年後の慶応四年（一八六八）、尾張藩でも尊王派の金鉄党と佐幕派のふいご党の対立が激化し、渡辺新左衛門在綱をはじめとする重臣三名を含む佐幕派十四名が一月二十日から二十五日に斬首された。これを青松葉事件といい、以後尾張藩は尊王派で統一された。

天井で読経する尊像……本覚寺【MAP南東】

本覚寺《ほんがくじ》は、日蓮宗京都妙伝寺の末寺。もとは清須にあって、寛永年間（一六二四〜四四）に清須越しで大曽根坂上に移り、名を本法寺と変えた。正保五年（一六四八）に現在の地に移り、恵性院日相が本尊をこの寺にうつし本覚寺と名を改めた。

寺宝に日蓮上人木像がある。『尾張名陽図会』は、日蓮上人の像にまつわる次のような話を紹介している。

野州（下野国＝栃木県）藤原の里の星野治郎助は、日蓮上人に深く帰依し、師弟のちぎりを結んでいた。日蓮は諸国に布教するために、治郎助と別れて出発しようとされた。治郎助が、あまりに深く嘆き悲しむので、日蓮は弟子の日法が刻み自らが点眼した尊像を与えた。その後、大洪水が起こって尊像は流失してしまった。

文永三年（一二六六）日法上人が宇都宮の片山洞のあたりを通りすぎた時、洞の中から法華経をとなえる声が聞こえてきた。不思議に思って洞穴の中をのぞいて見ると尊像が読経しているのであった。鎌倉に持ち帰って、だいじに安置していた。文永八年の日蓮上人の法難の時、尊像もいず方ともなく消え失せてしまった。

時は移り、承応元年（一六五二）尾張の国萱津村の妙勝寺日恵上人が馬嶋村を通った時に、大智坊の家から法華経をよむ声が聞こえてきた。不思議なことだと大智坊の家の中を探ってみると日蓮上人の尊像が天井の上で読経されていた。日恵上人は、この尊像は日法上人が作った像にまちがいないと思われた。

日恵上人は寺の名を本法寺から本覚寺と改め、尊像を安置した、尊像は読経の祖師大師と呼ばれた。

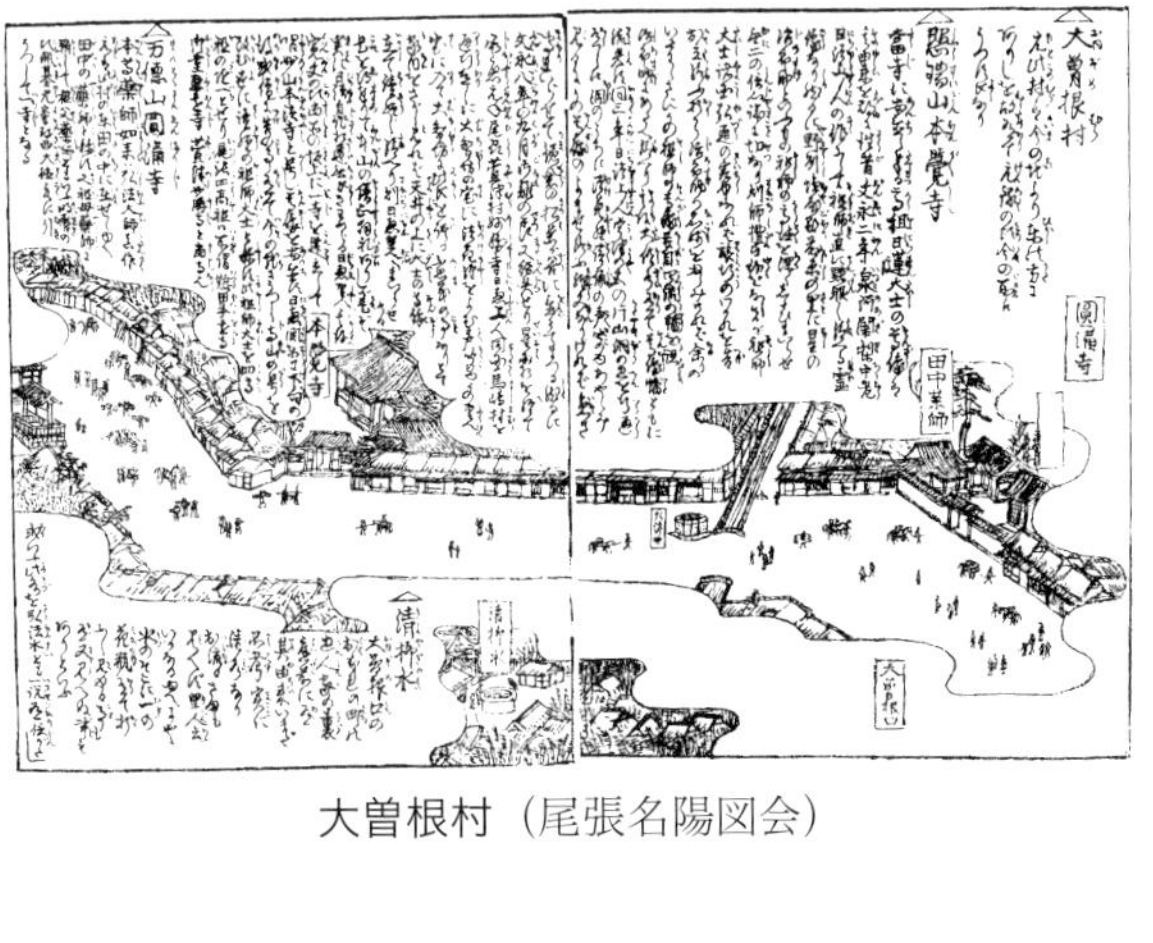

大曽根村（尾張名陽図会）

式内社めぐる争い……片山八幡神社【MAP南東】

東区には、国道一九号を隔てて片山神社が芳野二丁目に、片山八幡神社が徳川二丁目にある。二つの片山神社は、式内社の地位をめぐり、明治時代まで争いを何百年間もくりかえしていた。

津田正生の『尾張地名考』はそのいきさつを「瀧川氏蔵王の神主が片山の名を奪ひしとのみ心得て常に不快に思はれて強ひて大曽根を片山にせられしなるべし。片山神社は七尾永正寺の天神ならんもしるべからず」と記している。

『尾張地名考』によれば、瀧川弘美が、芳野町の片山神社の神主が片山という名を奪って名づけたのを不快に思って、むりやり大曽根の八幡社を片山神社としたのであろうとしている。

瀧川弘美の考えは、「延喜式の山田郡片山神社は、大曽根八幡之社是也。其後杉村之蔵王社人片山の社号を拾ひて式内の神社とせるものは末世の人情憎むべし」という説である。

大曽根八幡宮（尾張名陽図会）

式内社（延喜式の神名帳に記載されている神社）は、大曽根の八幡社で、杉村の蔵王社が片山と名づけたのは憎らしいことであるとしている。

『尾張志』は、客観的に「此社を近き年ごろ神名式に見へたる山田郡片山神社なりといふ説あるにつきて此社伝地理などよく聞き見明たるに然いふばかりの故縁なきにしもあらねど的証なければいかかあらんされど地理は片山といふべき形勢ありて古社ともおぼしき」と述べている。

地勢が片山（一方にだけ傾斜のある山）で、片山神社と呼ばれる理由がないわけでもないが、たしかな証拠もないので断定することはできないとしている。

片山八幡宮は、徳川時代には三千百二十坪を有する広大な神社であったが、大正時代に入り、電車軌道が境内を貫通したため境内地が狭められてしまった。

祭神は誉田別尊、天照皇大神、菊理媛神の三神。創建は、社伝に従えば継体天皇五年。尾張二代藩主の徳川光友が、たまたま荒廃していた八幡社を見かけて、東照宮の祠官吉見民部大輔とその子息、左京大夫に命じて神殿、社頭を再興させた。元禄八年（一六九五）十一月十三日に落成をした。

その時に御神体の御筥を、江戸高田穴八幡の御筥に模して作らせた。また山田即斎を使わして、穴八幡の神楽を習得させ、これを八幡社に代々伝えさせた。

境内には谷龍神社が祀られている。もともとは徳川家の別邸の椎の木山に鎮座していた神社であるが、大正十二年（一九二三）に徳川家が、付近一帯の地を売却したので八幡社の境内に遷し祀られた。

祭神は闇於加美神《くらおかみのかみ》。クラは谷の義で、谷に棲む龍神をまつった社である。椎の木山に住む大蛇を慰めるために祭祀されたものである。その大蛇が昇天した池が、椎の木山の南一丁の地にあった龍神ケ池である。

伊藤博文と七州閣……関貞寺 [MAP南東]

今は、建物に隔てられ何も見ることはできないが、明治の終わりころまでは美濃、越前、加賀、近江、三河、信濃、尾張北部の七州が一眸に収められたので、関貞寺の書院は七州閣と称せられていた。『尾張名陽図会』に「関貞寺は大曽根の坂上にして書院より北の方の見はらし殊に興あり。爰を名陽にての絶景として名古屋三景とも云へり」と記されているほど眺望絶佳の地に建った寺院であった。

明治二十八年（一八九五）、伊藤博文は桂太郎とともに関貞寺を訪れ、七州閣からの眺望を楽しんだ。求められて額に「松声禅榻」と書き、七言絶句をしたためた。

七州風景落眉間　前古英雄呼不還　欲起猿郎聞得失　皇威今已及台湾

日清戦争に勝利した高揚した気分が感じられる漢詩である。

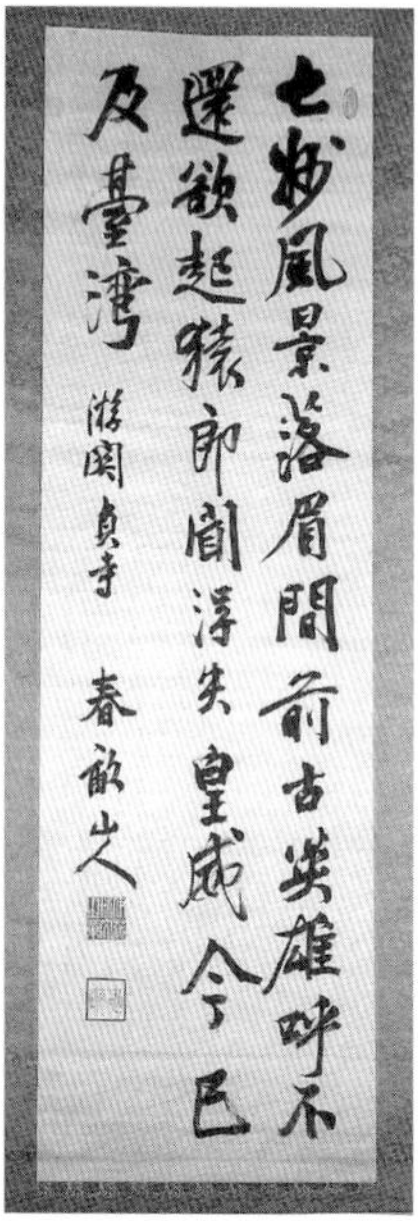

伊藤博文の七言絶句

寺伝によれば、関貞寺は寛永七年（一六三〇）十二月、薩摩の国の実山関貞和尚が建立した寺であるとしている。もともとは片山八幡の松林の中に建っていた観音堂を移して修営したものであるという。本尊は仏師、春日作の木造の十一面観音。長谷寺観音と同木同作であるという。『尾張神名帳集説訂考』に次のような記述がある。

大曽根八幡の地は旧は村落の産土神なりしに元禄中瑞龍院光友卿江戸より高田の穴八幡を爰に祀らせ給ひて慶徳氏を八幡宮の社人と定め本地仏の観音堂をも西の方へ引て関貞寺といふ禅刹に成しより以来村民は厳重なるに恐れて同所の天道社に産土神を更へたりといふ。

慶徳氏というのは尾張二代藩主光友の従弟である。伊勢の国からわざわざ呼んで八幡宮の社司とした。さらに八幡の本地仏である観音堂も移して関貞寺という禅寺にするなどして、村の産土神が光友のためにすっかり変わってしまった。あまりの荘重さに恐れをなし、大曽根の村人は産土神を天道社（赤塚神明社）に変えてしまったのである。

三日月塚……了義院【MAP南東】

『尾張名陽図会』は、了義院を次のように説明している。

此地元は冷谷山成就院とて不動尊を本尊とせし真言宗の寺なりしが、いつしか荒廃してありしを安永年中日峯上人といふ人摂津国野勢の妙見の尊像をうつし仏工に彫刻せしめ是を本尊として一寺を建て、了義院と号して法花の霊場とせらる。この不動尊は本山の長久寺に納めらる由。

『金鱗九十九之塵』には「慶安三年（一六五〇）のころまでは広井の納屋裏の地に有しが其後大曽根の今の地に引移る」と記されている。いずれにしろ古い由緒のある寺である。荒廃した廃寺を、安永七年（一七七八）十月一日に小牧町笹屋伝兵衛が心願し、再建にとりかかった。天明四年（一七八四）十一月二十四日、大光寺が譲り受けて、改宗して大光寺の末寺とした。天明六年（一七八六）山号も妙見山了義院とし、一如院日法を開山とした。

有とあるたとへにも似ず三日の月

という芭蕉の三日月塚が境内にある。芭蕉が貞享五年（一六八八）の秋に、このあたりを通った時に詠んだ句である。寛保三年（一七四三）、五条坊木児が建立した。五条坊木児は京町に住んでいた商人で、俗称は御糸屋彦六、支考の門下の俳人である。句碑は、昭和二十年（一九四五）の戦災で、大きく破損してしまった。焼跡から残石をひろい集めて、モルタルで継ぎあわせて句碑に仕立てたものが建っている。句の一部が欠けたりしているので、新しい句碑が昭和二十四年に建立された。この碑の傍らに、戦災で、焼けた句碑が建っている。

大雪のはづれに見出す朝日哉

という台界の句を刻んだ、台界は白梵庵馬州門下の俳人。子息で暁台の高弟、袋青が父の供養のために建立したものである。

芭蕉の三日月塚

朝日天道宮……赤塚神明社【MAP南東】

神社の境内に佇ずむだけで、その里の歴史を感ずることができる。その里ばかりではなく、過去の日本が辿ってきた道に、自然と思いをはせる場合もある。赤塚神明社は、そんな神社の一つだ。

本殿の西側に、楠公湊川神社の石碑が立っている。建武三年（一三三六）、楠木正成、新田義貞の軍は、足利尊氏の軍と兵庫湊川で戦い、敗れた。戦死した楠木正成をまつったのが湊川神社だ。

神社の片隅に、馬に乗った楠木正成（一二九四〜一三三六）の銅像が立っている。銅像には「七生報国」と刻まれている。七たび生まれ変わっても、国に尽くすという忠臣、楠木正成を顕彰した碑だ。

楠公を祀る神社ができたのは慶応三年（一八六七）。尾張の勤王の志士が勤王に尽した神を名古屋に祀るため、儒者で赤穂義士に傾倒して『義人録補正』を著した国枝松宇《しょうう》の賛助を得て、ここに湊川神社を建立したとのことだ。神戸の湊川神社は明治五年創建なので、こちらの方が古い。なお、銅像は日中戦争が泥沼に陥っていた昭和十五年に紀元二千六百年を記念して建てられている。

名古屋市内で最大級の灯明台が二基境内に立っている。楠公の銅像、豪壮な灯明台。そんな神明社から戦時中には何人もの人が、日の丸の旗におくられて戦地に赴いたのであろう。

湊川神社は、現在は金毘羅神社などと並んで境内社としてまつられている。同じく境内社として大山祇神をまつる

赤塚神明社

切支丹灯籠

山神社がある。尾張二代藩主徳川光友が大曽根下屋敷を造営する際、六社の森から勧請し、鬼門鎮護の神社としたものである。

境内の社務所の奥に、ひっそりと切支丹灯籠がおかれている。

神明社の祭神は天照大御神。江戸時代には天道宮、あるいは朝日天道宮と呼ばれていた。朝日町（大曽根本通西口付近）にあったので、朝日天道宮と呼ばれたという説と、藩祖義直が明け方にここを通って朝日が昇って霊験ありと感じ、朝日天道宮と改めよといわれたので、神社名を改めたという説との二説があるが、はっきりしない。

神明社を出て一九号を渡り一本西の道を南に行く道が下街道だ。そこに、享保十年（一七二五）創業の油屋「熊野屋」がある。昭和四十九年（一九七四）に、鉄筋コンクリート造りに改築されたが、店の奥は文化五年（一八〇八）に建てられたものである。

資料室には、「御小納戸御用」と書いた旗や明治四十三年の一升桝、石油用の一升徳利等が保存されている。

下街道・北

地下鉄大曽根駅↓矢田町

盛衰かけた停車場誘致運動……中央線大曽根駅【MAP南東】

今も昔も交通の便が良いところに人や物が集散し、繁華街になる。大曽根は藩政時代から下街道と瀬戸街道の合流点であり、名古屋北東の玄関口として繁栄してきた。その大曽根が、交通体系の変革で存亡の危機に陥った。

明治を迎えても交通の中心はまだ街道であり、従来からの駕籠や牛馬といった交通手段が、新たに人力車や馬車に変わっただけであった。むしろ下街道がとおる大曽根は、藩政時代のような稲置街道（木曽街道）保護のための下街道への規制が廃止され、かえって活気が出てきていた。明治二十年（一八八七）代には、大曽根と内津（春日井市、愛知・岐阜の県境付近）とのあいだに乗合馬車も運行されていた。

ところが、交通体系に大きな変化が出てきた。鉄道の敷設である。明治二十二年に東海道線が全通し、二十七年には中央線が建設されることになった。

ここで大曽根にとり大問題が発生した。線路は大曽根を通るが、停車場はない。名古屋の次は千種、その次は勝川なのである。長距離輸送は停車場を中心に人も物も動く。大曽根は通過点に転落してしまうことになる。

存亡の危機に、翌二十八年、大曽根をはじめとする周辺三十六町村は「大曽根停車場設置期成同盟会」を結成し誘致運動を始めた。用地の提供を条件に停車場の設置を要請したが、政府からなかなか良い返事はない。

大曽根停車場の設置にめどがつかないまま、明治三十三年七月二十五日、中央線の名古屋―多治見間が開通した。

煙を吐き轟音をあげて真っ黒な汽車が進んでくる。馬車の何十倍の荷物や人を積み、はるかに早い速度で進んでくる。見守る大曽根の人々の前を一瞬のうちに通過し小さくなってゆく後姿は、人々にあせりと不安を残していった。「時代に取り残されないためにはどうしても停車場が必要だ」との思いを強くした期成同盟会は、知事の助力もうけ、

大曽根駅のない地図（明治41年）

さらに要請活動を強化した。そのかいあって、三十六年になり停車場用地の提供に加えて、その土盛工事と人道橋設置、瀬戸とのあいだに交通機関を設置することを条件に停車場設置が認められた。

九年におよぶ苦労が報われ、やっと念願がかなった……。しかし、長年の設置運動で一万五千円を超える多額の経費をついやした同盟会は、すでに四分五裂になっていた。やむを得ず、地元大曽根の有志は「城東合資会社」を設立して同盟会の事業を引き継いだ。三十八年に停車場の用地買収を完了したが、合資会社は一万余円の欠損を抱えている。地元から出資する者もなく、着手のめども立たない。ここにいたって、「瀬戸電気鉄道」の役員有志が自費での救済に乗り出した。四十年に「大曽根停車場設置同志会」を結成し、六万五千円を合資会社に拠出して事業が再開され、四十三年ついに竣工した。同盟会結成から十六年の年月が過ぎ、ついやした費用は十二万円を超えたという。

明治四十四年四月九日、念願の大曽根駅開業、「祝開駅」と書いた花電車が運行された。五月一日には中央線が全通し、三千人の来賓を招いた祝賀式が鶴舞公園で行われた。大曽根は岐阜・長野・山梨・東京と結ばれたのである。

ＪＲ大曽根駅の南改札口の南側道路沿いに、第二次世界大戦で殉職した駅員三十人の慰霊碑が建立されている。昭和二十年（一九四五）四月七日、十一時、米軍Ｂ29飛行機百五十一機は、大曽根駅東の三菱発動機等に爆弾を投下した。大曽根駅も全壊し、防空壕にいた駅員三十七人中三十人が、爆弾の直撃をうけて死亡した。

爆撃の直前、プラットホームには百人の乗客がいた。助役のとっさの判断で、乗客百人を乗せて臨時列車が勝川にむけて出発した。列車は勝川に到着し、乗客は全員無事であったという。

今の大曽根と北区の繁栄は、長い年月、大きな壁に立ちむかい、時には孤立しながらも駅の設置にむけて突き進んだ人々や、激しい爆撃のなかで輸送確保に必死の努力をしてきた人々が礎を築いたのである。

大曽根駅の殉難者慰霊碑

堀川と瀬戸をむすぶ……瀬戸電

【MAP南東】

名鉄瀬戸線を今でも「瀬戸電」と呼ぶ人が多い。「瀬戸電気鉄道㈱」略して「瀬戸電」である。昭和十四年（一九三九）、戦争にむけた企業統合で「名古屋鉄道㈱」に合併されて、はるか昔になくなった名前だが、狭いお堀をゆっくりと走る電車を知っている人は、親しみをこめて「瀬戸電」と呼びたくなる。

瀬戸電の歴史は古い。鉄道敷設が具体化したのは中央線に大曽根停車場を誘致する運動がきっかけである。明治三十五年（一九〇二）に「瀬戸自動鉄道㈱」が設立され、三十八年四月に瀬戸から矢田まで、翌年三月には大曽根まで開通した。最初は、蒸気機関を動力とするフランス製の車両を使用したが故障が多く、電車へきり替えがはかられ、社名も四十年一月に「瀬戸電気鉄道㈱」に変更した。

業績の向上とともに、市内乗り入れが計画された。当時の名古屋の輸送幹線であった堀川まで線路を延ばし、「瀬戸物」と呼ばれ全国的に有名な陶磁器や陶土を、堀川から舟で名古屋港へ、さらに世界へと輸送できるようにするためである。明治四十四年五月に大曽根から土居下、八月には堀川まで開通し、全国でもめずらしいお堀を走る電車が誕生した。大曽根駅で中央線に、堀川駅で舟運につながるこの電車は、瀬戸や名古屋北部発展の原動力となった。

瀬戸電堀川駅（阿部繁弘画）

時代に合わせた改良も加えられた。戦災復興事業では、曲折が多く民家に接するように延びていた線路が、両側に側道のある直線的で快適な環境へと改善された。また、堀川の舟運が衰退したことにより、昭和五十一年に堀川〜土居下が廃止され、五十三年には栄乗り入れが始まっている。平成二年には大曽根以西が連続立体交差になり、かつての瀬戸電のイメージは一新された。

ガタゴト走る昔の雰囲気は失われたが、地域の足としていつまでも人々に親しまれる電車でいてほしいものである。

天神橋の由来……山田天満宮【MAP南東】

千種区の上野天満宮、中区の桜天神社とともに、受験シーズンともなると合格祈願の受験生の姿が狭い境内の中に多くみられる。受験生が合否をうらなって引いたのであろうか、おみくじが何本も紐に結ばれ、奉納の絵馬がぎっしりと掛けられている。

東風吹かば匂おこせよ梅の花あるじなしとて春な忘れそ

配流の地・太宰府で、都をしのんで詠んだ菅原道真の歌にちなんで、境内には梅の古木がたくさんの花を付け華やかな雰囲気だ。祈願した受験生たちの夢もきっと花開いていることであろう。

桜天神社は、織田信秀が天文年間（一五三二〜五五）に北野天満宮から勧請して建立されたものだ。山田天満宮は、二代藩主光友が寛文十二年（一六七二）に建立したものだ。尾張藩の学問祈願所として、江戸時代も現代も変わらず学問成就を祈る人々でにぎわった。

山田天満宮は山田天神とも呼ばれている。菅原道真が亡くなった後、道真を火雷《からい》天神とする信仰が起こり、京都に北野天満宮が創建された。いつしか火や雷を守る神様から学問の神様に天満宮は変わってきた。境内にある牛も、合格を祈る多くの人々の手によって、なでられ黒光りがしている。

筆供養塚

国道一九号の矢田川に架かる橋を天神橋という。

天保年間（一八三〇〜四四）のことだ。守山区瀬古の高牟神社に、承久の乱で討ち死にをした山田重忠が奉納したと伝えられている菅原道真の画像がたいせつにしまわれていた。金策に窮した神社の禰宜が山田の庄の質屋に、その画像を入れてしまった。禰宜は金の都合がつかず、画像は質屋の所有するところとなってしまった。

明治時代になって、瀬古の高牟神社の氏子より、画像は村の宝であるから返却してほしいという訴えが出された。明治五年、裁判により半年間は高牟神社に、半年間は山田庄の質屋の大坂屋で画像を保有することになった。天神様（菅原道真）の画像が矢田川を越えて、瀬古と山田とを半年毎に往来したので、橋の名前を天神橋と名づけたという。

山田天満宮の境内社として金神社《こがね》がまつられている。金神社は延享三年（一七四六）の創建で、祭神は「岐神《ふなどのかみ》」「金山彦神」「大国主神」。神社には、金神社の名前にちなんでか、お金を洗うことができるようになっている。お金を洗うと金銭に不自由をしないようになるという。

真剣な表情で、百円玉や五百円玉に水を注いでいる人の姿が見られる。

お金を洗えば、金銭が何十倍にもなるという信仰で名高いのは、鎌倉の銭洗い弁天だ。全国いたるところから銭洗い弁天には、お金に縁があるようにと人々がおし寄せている。

銭洗い弁天は正式な名称は銭洗宇賀福神社という。正嘉元年（一二五七）、北条時頼が「貨幣を洗えば清浄な福銭になる」といったところから、銭を洗う風習が起こった。銭を洗ったところ、思いもかけない大金を手にしたという噂が広まり、銭を洗うことが人々のあいだに定着していった。

金神社という縁起のよい名前の神社であるからこそ、鎌倉の銭洗い弁天と同じような風習が生まれたのであろうか。

大久の鬼瓦……常光院【MAP南東】

山田天満宮と道路をはさんで北西にある寺が常光院だ。元和年間（一六一五〜一六二四）、宥賢和尚が、長久寺の念仏堂として結んだ寺である。たび重なる洪水に苦しむ村人たちの信仰によって支えられてきた真言宗智山派の寺で、境内には、そんな地域とのつながりを示す遺物が残っている。

「寛文十三年みつとのうし《（ママ）》七月吉日　いせ山田西せこ高井六兵衛作」と刻まれた立派な鬼瓦がある。

これは、近くの「大久」から寄贈されたものだ。大久とは菅原道真の画像を所有していた質屋の大坂屋のことである。初代の大坂屋は、石田三成の家臣であったが、関ケ原の乱をのがれて、山田の庄にきたという。大久は、屋号の大坂屋と名前の久兵衛をとって呼ばれたものである。

大坂屋久兵衛から暖簾分けをして、酒屋を始めたのが、国道一九号に面して立つ時代を感じさせる建物の金虎酒造である。

大久の蔵の鬼瓦

山田重忠旧里……廣福寺【MAP南東】

廣福禅寺の経営する山田幼稚園が国道一九号に面して建っている。幼稚園の正門前には「山田重忠旧里」の碑が、園庭には「贈正五位山田重忠朝臣之碑」がある。

山田重忠は後鳥羽上皇が鎌倉幕府を倒そうとした承久の乱（一二二一）の時に、後鳥羽上皇方について北条義時の軍勢と戦った武将だ。朝廷から義時追討の宣旨が出されると、鎌倉方は総勢十九万の軍勢を組織して京へと向かった。迎え撃つ朝廷側はわずかに三万余の武士しか集まらなかった。重忠は一族郎党九十騎を率いてその中に加わっていた。朝廷側は尾張川（木曽川・長良川など）に沿って広く布陣した。少ない兵力を分散してしまったのだ。重忠たちは、今の大垣市内の墨俣川（長良川）で幕府軍の来襲に備えていた。一部で戦闘が始まったが圧倒的な兵力差を見て、各武将たちは瀬田川で迎え撃つことに方針を変えて退却し始めた。

重忠たちは退却を潔しとせず、少数で幕府軍に立ち向かうも力及ばずついに退却し瀬田川で再び戦ったものの惨敗を喫した。都に戻り、後鳥羽上皇をたずねるが、上皇は門を堅くとざして会うことを拒否した。上皇に裏切られたことを知った重忠は、大声で怨嗟の声をあげて立ち去った。

嵯峨まで落ちのびたものの、敵の追手を息子の重継が防いでいるあいだに自害した。五十六歳であった。重継は討たれ、孫の兼継は十四歳で捕えられ、越後の国に流された。

歴史の教科書にも出てくる大きな事件の荒波が、この地をも襲っていたのである。

山田重忠旧里の碑

伊勢湾台風に匹敵する大惨事……矢田川付け替え【MAP南東】

今の矢田川は長母寺《ちょうぼじ》（東区矢田町）の北を流れているが、かつては南を流れていた。これが今のような姿になったのは、明和四年（一七六七）におきた大水害の結果である。

守山区と瀬戸市の境界にある東谷山《とうごくさん》から南西へ、森林公園・小幡緑地などのなだらかな丘陵地帯が続いている。この丘陵の先端に長母寺は位置していた。矢田川は長母寺のところでこの丘陵にはばまれて南西にむきを変え、回りこむようにして丘陵の先端を過ぎると再び北西へと流れ、上飯田南荘の東をとおり、大曽根中学のあたりで、今の位置に達していた。

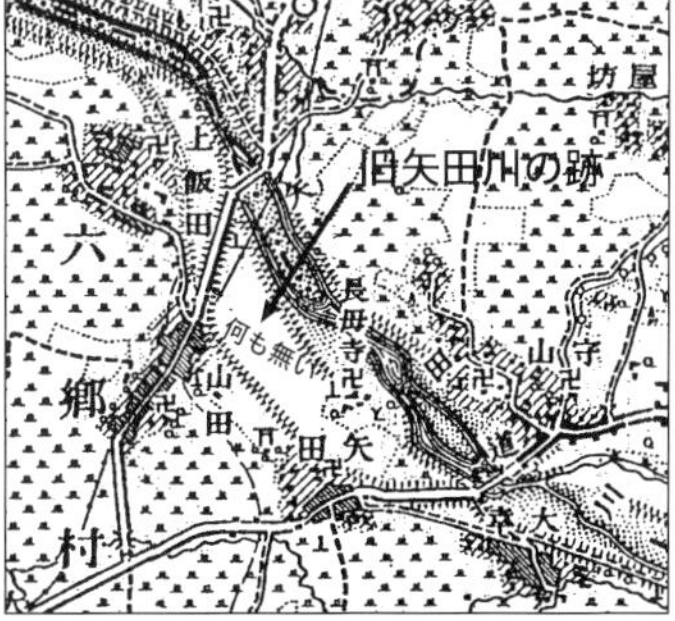

明和以前の矢田川の流れ

矢田川は、猿投山を源流とし、瀬戸市や尾張旭市を経て名古屋に流れてきている。上流部の地質は風化したもろい花崗岩で、土砂が下流に運ばれて堆積し、天井川になっている。大雨で堤防が切れると、水が一気に低い土地に流れ出し大災害を引き起こす川である。

明和四年の七月、尾張・三河の一帯をたいへんな豪雨が襲った。

十日より降り始めた雨は三日間降りやまず、矢田川の激流がぶつかる長母寺北の丘陵はえぐられて山崩れが発生していた。

十二日夜半過ぎには源流の猿投山斜面が大きく崩壊、山津波となって瀬戸の東部になだれこんだ。土砂流は濁流とともに矢田川を駆けおり、降り続く雨により軟弱になっていた堤防は堪えきれず猪子石村（名東区）でついに破堤。周辺の低地へなだれ込んだ水は大幸川に沿って流下、名古屋城の北・西部の低湿地は一面の泥海と化した。名古屋城の巾下門近くまで水が押し寄せ、城西地域の水深は五尺（一・五m）にも達したと記録されている。

この豪雨では、庄内川の堤防も切れ、味鋺・比良・大野木などが水没、天白川も破堤し東海道が通る鳴海も水に浸かり、深さは六尺（一・八m）に達した。

犠牲者は、『編年大略』には二千人余りと記されており、当時の人口からするとのちの伊勢湾台風の被害にも匹敵する大惨状であった。

長母寺の丘陵で矢田川が大きくカーブしていることによって流れが阻害されている。このため、尾張藩は翌五年（一七六八）一月、川の付け替え工事を開始した。矢田川を長母寺の北側を通すことで直線的に流れるようにし、大雨でも切れたり溢れたりしにくくするためである。

長母寺の近くに住んでいた農家一八戸を移転させ、川を掘り新たな堤防を築いた。以前の川はそのまま残され「古川筋」とか「矢田古川」と呼ばれ、明治二十四年（一八九一）の地形図でも河川敷のまま残っている。

平成十六年まで行われていた矢田川の花火といえば、夏の風物詩として知られ、毎年おおぜいの人が矢田川で空高くあがる花火を堪能していたものだ。

『金鱗九十九之塵《こんりんつくものちり》』に、矢田川の花火の記述がみられる。

大杁水車　街道より北江這入所にあり

此所毎も夏頃ハ、山田河原にて揚し花火の眺望、北の方に手にとるやうに見へていと大賑ひの地なり。

雨雲のうへにみだるる花火かな　　梅渚

近来山田河原にて揚し花火見たく、見物の貴賤爰に群をなす。

この記事を見ると江戸の昔から、矢田川の花火は有名であったことがわかる。

花火だけではなく、この広い矢田川の川原では、尾張藩の軍事訓練も行われていた。江戸時代も半ばになると、鎖国政策をとっていた日本周辺にも外国船がしばしば出現するようになり、安永七年（一七七八）にはロシア船が蝦夷地にきて通商を要求した。天明六年（一七八六）には林子平が『開国兵談』を著し、「江戸日本橋より、唐、オランダまで境のない水路」であり、外国による侵略の危険性と海防を強化する必要があること、そのための方策などを主張した。幕府は「人心を惑わすもの」として、林子平を蟄居《ちっきょ》、本は発禁にした。

だが、寛政三年（一七九一）になり幕府は「異国船（外国船）取扱令」を発布し、諸藩に臨検などの強化を指示した。

これを受けて、尾張藩では五年から「異国船漂流御備」として、この川原で軍事訓練を始めている。

この年は大目付をはじめ弓組・鉄砲組などの部隊、さらには外科医・馬医まで招集。陣羽織・陣笠姿に各自得意な武器を携えて、誰が率いる部隊かを表す馬印や纏も高らかに大手門を出て東片端から下街道を矢田川にむかったと記録されている。この大規模な訓練は、だんだん簡略化されて四年ごとに行われるようになり、通常は鉄砲や大砲の訓練が春や夏に行われていた。

ここ矢田川の川原には、上流からの洪水だけでなく、欧米の海外進出と植民地化のうねりもひたひたと押し寄せてきたのである。

尾張万歳発祥の地……長母寺 【MAP南東】

山田重忠は、父母と兄を供養するために三つの寺を守山に建てた。治承三年（一一七九）母親を供養するために創建した寺が長母寺《ちょうぼじ》である。

父親のために建てた寺は長父寺だが早くに廃れ、兄のために建てた寺の長兄寺は、長慶寺と名前が変わって小幡駅の北側にある。この寺を開山した南山和尚の墓である無縫塔が建っている。

その後、山田道円坊夫妻が、七堂伽藍、塔頭《たっちゅう》を建てて、無住国師（一二二六～一三一二）を開山として迎えた。無住国師は、説話集の『沙石集』『雑談集』などを書いた臨済宗の僧。長母寺にある無住国師座像、無住国師の墨蹟は国の重要文化財に指定されている。

寺の小池のかたわらに「此水つけるといぼおちる」と刻まれためずらしい百度石がある。百度石は、本堂と百度石のあいだをはだしで百回往復し、祈願をするものである。

長母寺には、桧の芽と呼ばれるめずらしい寄生木が生えている。山茶花や椿の木に、桧の芽によく似た小枝が生え出ているのが、今も見られる。古老の語る伝説によれば、無住国師が入定の時「これからゆくあの世に極楽があったら、この寺の木に桧の芽を生やそう」といって、桧でわが身を清められた。その後、境内の木々に桧の芽に似た寄生木が生えてきた。これこそ極楽があの世にある証しだとして、大切にされてきたという。

長母寺はまた、尾張万歳の発祥の地として知られている。無住国師が仏教の教えをわかりやすく伝えるために、世間話や笑話を織り込んで語られたものがもととなり、それに弟子が節づけしたものが尾張万歳のはじまりであるといわれている。

長母寺お百度石

上飯田界隈

……地下鉄上飯田駅↓上飯田南町

都心と直結の夢……小牧線 【MAP南東】

平成十五年（二〇〇三）三月二十七日、上飯田連絡線が開通した。犬山から小牧、春日井などを経て南下する小牧線は、上飯田駅が終点であり、ほかの鉄道につながらない不便な路線であった。小牧線の北部に住む人は、大回りして犬山経由で名古屋に出るほうが便利だったというほどである。小牧線はどうしてこのように造られたのであろうか。

小牧は戦国時代には小牧城があり、江戸時代になると小牧代官がおかれ、稲置《いなぎ》街道（木曽街道、犬山街道）の小牧宿もあった、名古屋北部の中心地である。明治から大正にかけて名古屋周辺地域では産業振興のため、鉄道の誘致や建設が各地で行われていた。明治二十五年に中央線の建設計画が起きると、名古屋北部の町村は名古屋・枇杷島・小牧・内津・多治見の北回りルートを採択するように運動したが現在の東回りルートに決まり、これをきっかけに私鉄を敷設する機運が盛りあがってきた。

上飯田連絡線の開通

名古屋周辺の各地で私鉄の建設が進むなか、この地域でも大量輸送に適した鉄道を期待する声が高まり、昭和二年（一九二七）に城北鉄道㈱が設立された。

計画は、小牧から中央線の大曽根駅まで延びる本線とともに、途中の味鋺駅から郡役所があった勝川をとおり養蚕や製糸工場地帯として栄えていた坂下（春日井市）までつなぐ坂下線、上飯田駅から現在の名鉄本線（当時は一宮まで）に当時あった押切駅（西区押切一丁目）までつなぐ押切線をつくるという大規模なものである。また、小牧から犬山のあいだは、別に設立された「尾北鉄道㈱」が整備する計画であった。

工事が進むにつれ、当初の計画に大きな障害が発生した。上飯田より先の敷設ができなくなったのである。

『楠町誌』には「大曽根乗り入れは名古屋市の反対にあい中止して、上飯田を名古屋起点とし、また押切方面も上飯田以西は中止し」と記載されている。理由は書かれていないので推測するしかないが、昭和十五年（一九四〇）に発表された名古屋市の高速度鉄道（地下鉄）計画が参考になる。この計画図には、上飯田駅〜市役所と上飯田〜押切の民間鉄道の線が描かれており、これに接続する形で、市役所〜栄〜熱田、押切〜名古屋〜鶴舞〜高辻など四路線二十九キロメートルの地下鉄計画が書かれている。たんに上飯田から先の敷設を禁止したのではなく、地下鉄計画と整合性を持った交通網を整備しようとしたのが実態であろう。

昭和四年に名岐鉄道㈱（現在の名古屋鉄道㈱）により両会社は買収された。その後も工事は進められ、六年二月十一日に小牧〜上飯田と味鋺〜勝川が、四月二十九日に小牧〜犬山が開通した。

沿線の人々の夢と期待をになって登場したが、利用客は少なかった。上飯田から先の交通の便が悪かったからである。三十分毎の運行が四十分、五十分と本数が減ってゆき、対照的に大曽根に乗り入れているバスの利用は増えてゆくありさまであった。

車両にも問題があった。ガソリンカーと呼ばれる運転席の下にあるガソリンエンジンから、動力をチェーンで車輪に伝える簡単な構造のものであったが、力がなかった。満員の時には三階橋の坂をあがれず、一度うしろにさがって勢いをつけてあがるという状態であった。

乗客の激減とガソリン価格の高騰により採算は悪化し、路線の廃止が話題になってきた。

昭和十二年に勝川への支線が開通後わずか六年で廃止された。上飯田〜犬山の本線は沿線市町村による反対の陳情でなんとか存続しているというありさまである。七月には盧溝橋事件が発生し日本は戦争への道を進み始めた。ガソリンの統制が厳しくなり、運行は二時間毎で、一日わずか六往復というさみしい状態になった。

戦争の激化は市内交通にも大きな影響を与えた。市バスの電気自動車化が進められ十三年には木炭バスも登場している。

一方、兵器増産のため軍需工場などへ通う人々が増え、交通難が発生した。昭和十九年になると、異常な交通難に対処するため、南部工業地帯を中心に軍需工場へ労働者を輸送するための新路線の建設が急ピッチで進められ、七月に御成通線として上飯田から平安通を経て三菱発動機のある大曽根までの市電が開通した。小牧線の懸案であった上飯田駅からの公共交通機関が整備されたのである。この年には学童疎開が始まり、十二月十三日には三菱発動機にB29七〜八十機による本格的な名古屋初空襲が行われ、三三〇名が犠牲となった。以後繰り返し行われた爆撃により市内で八千人近い非戦闘員が殺され市域の多くが焦土と化していった。

悲惨な戦争が終わり、その後も小牧線の利用客は上飯田駅で市電に乗り継いで都心にむかっていた。この市電は昭和四十六年に地下鉄名城線が開通するとともに廃止され、小牧線上飯田駅と地下鉄平安通駅間の約一キロメートルはバスか徒歩で乗り継がなければならなくなった。朝夕のラッシュ時には狭い歩道を多くの人が黙々と駅のあいだを歩くという不便な事態になったのである。

この状況を改善するため、平成六年（一九九四）に愛知県・名古屋市・沿線自治体・名古屋鉄道㈱をはじめとする民間企業十五社が出資して「上飯田連絡線㈱」が設立され、八年から味鋺〜平安通の地下に鉄道を敷設する工事が始まった。工事による沿線商店街への影響などの問題もあったが、その一方、工事により湧き出した地下水が近くの黒川（堀川）へ放流され、一時期とはいえ市街地の川が山奥の清流のような流れに変わった。底まで透きとおるきれいなせせらぎに川藻がゆれ、オイカワは川面が黒く見えるほど群れをなし、蜆がとれるという光景が出現したのである。

連絡線の開通により味鋺から上飯田までは名鉄小牧線、上飯田から平安通は地下鉄上飯田線として運行され、一時間に四本の直通電車も走るようになった。名古屋都心と鉄道で連絡するという小牧線沿線の人々の夢は、時代の波にほんろうされながら七十二年ぶりに実現したのである。

マダム貞奴……川上絹布跡【MAP南東】

過ぎし昔の夢なれや　　工女工女と一口に
とかく世間のさげすみを　　うけて口惜しき身なりしが
文化進める大御代の　　恵みの風に大道を
なみせる古き習しや　　思想を漸く吹き払い

この歌は、川上貞（芸名・貞奴）が大正七年（一九一八）に上飯田につくった川上絹布会社の社歌である。この頃の製糸工場などでは、『女工哀史』にみられるように、多くは前借金をもらい、長時間・低賃金での仕事が普通であった。しかし、川上絹布会社は他の工場とはずいぶん違っていた。作業は四十五分働き、十五分休む。工女は紺のセーラー服に靴をはき、女学生のような格好をしていた。昼休みの運動にはテニスをする。テニスコートのほかにプールも工場にある。全員が寮で生活をしていた。夜にはお茶、お花、和裁などの習いごとをした。休日には演芸会などのレクリエーションが行われた。

明治から大正の初めにかけての女工たちの生活は、「世間のさげすみ」をうけるみじめな生活だった。川上絹布会社は、今までの女工の生活とは、まったく違う生活を送ることのできる新しい会社であったのだ。

川上絹布会社を上飯田につくった川上貞は、明治時代に夫の川上音二郎とともに、それまでの歌舞伎とは違った新しい芝居の新派劇をつくった。

明治四十四年（一九一一）、川上音二郎がなくなった。夫の死後、大正七年から貞奴は名古屋の二葉町で、名古屋電灯会社、愛知電気鉄道会社の社長であった福沢桃介と新しい生活を始めた。桃介はのちに、大井ダムを完成させ木曽川の水力発電に手をつけた実業家である。二人が暮らした家は「文化のみち二葉館」として東区橦木町に移転して公開されており、貞奴は昭和八年に自分が建立した各務原市鵜沼にある貞照《ていしょう》寺に眠っている。

文化のみち二葉館

殖産興業の壮大な構想……黒川の開削【MAP南東】

江戸から明治への時代の変貌は、名古屋にも大きな変革を迫っていた。

それまでは表高六十二万石という全国有数の大藩である尾張藩の政治の中心地であり、行政・商業の町として栄えてきたが、維新により中央集権国家が成立すると政治の中心は東京に移り、名古屋は衰退が懸念されていた。都市に新たな機能をもたせることが必要になっていたのである。

木曽川と熱田をつなぐ航路（点線）

名古屋は、日本の中心に位置し、広い平地と温暖な気候、蓄積された資本や人口の集積など、産業を興すに有利な条件もある。その反面、主要街道から離れており、当時の大量輸送手段であった舟運の便が悪く、発展するためには交通網の整備が不可欠であった。

木曽・信濃から名古屋への物資輸送には木曽川が使われ、桑名から熱田へ、さらに堀川をさかのぼって名古屋へと送られていた。名古屋の北西を大きく迂回する木曽川経由の輸送は日数と費用がかかり、堀川は水深が浅くなり十分な輸送力がなくなってきていた。名古屋唯一の幹線輸送路が、少し大きな船は満潮を待たなければ通れない状態であり、明治四年（一八七一）からは愛知県の常例工事として浚渫が行われていた。また、熱田の海岸も堀川・精進川（新堀川）からの土砂で水深が浅くなり、大きな船は接岸できない状態であった。

もう一つの問題は、当時の基幹産業である農業の振興であった。

今の小牧から春日井、名古屋市の北区楠地区にかけて広がっていた田は、木曽川から取水し庄内川に流末が注いでいる新木津用水により灌漑していた。この用水は幅がわずか二間（三・六m）しかなく、日照りが続くと下流の村では水不足でたいへんな不作になった。村人は用水を改修して流量を増やし、新田開発を行う計画の検討を明治二年から始め、測量などをして九年には県に改修計画書を出していた。

この二つの課題を同時に解決する壮大な構想がたてられた。

舟運の盛んな木曽川の岸に位置し対岸の鵜沼には中山道がとおり、尾張北部の行政・商業の中心地であった犬山と、名古屋を水路でつなぐ計画である。ここから取水している新木津用水の幅を広げ、庄内川から堀川につながる水路を新たに掘り、併せて熱田に港を築く。これにより犬山から名古屋まで直線的に船を通し、さらに熱田港で海運とも連絡する……木曽、美濃などと名古屋経済圏の関係を深め、さらに日本全国とも早く円滑に輸送できる都市基盤をつくり、農業用水の水量も増やして農業振興をも図る構想である。

この大事業を担当したのは、明治八年に愛知県技師になったばかりの弱冠二十九歳の黒川治愿《はるよし》であった。

翌九年十一月に「庄内川分水工事」として黒川開削が始まった。

今の水分橋のたもとに元杁樋（川から取水する施設）を設けて南に水路を掘り、三階橋の北で川村（守山区）から流れてくる御用水と合流。矢田川は伏越（水路トンネル）でくぐり、南岸で堀川と結ぶ新しい水路と御用水や庄内用水などを分流させる。ここから御用水に沿って南西に水路を新設し、従来から堀川に流れ込んでいる大幸川に接続。これにより庄内川の水が堀川に流れるようになり、水勢・水量とも増えて堀川は常時船が通航できるようになった。

工事は明治十年十月に完成し、総工費は三万九千円であった。

この年には熱田港築造工事も行われ、干潮のときでも船が接岸できるようになり舟運の便は大きく改善された。

残るもう一つの課題、新木津用水の改修であるが、拡幅により耕地が減る上流の農民の反対があり、すぐには着工できず明治十七年になりやっと完成した。ここに犬山と名古屋、熱田を結ぶ舟運と灌漑の大水路が誕生した。

それから二年後の明治十八年、黒川は病に臥し退官した。庄内川と堀川を結ぶ川は、黒川治愿の功績に報いて「黒川」と名づけられた。

川の立体交差……矢田川伏越【MAP南東】

「川が立体交差している」と聞くと、ほとんどの人はびっくりする。

道路の立体交差は、あちらこちらで見て知っているが、川のそれは見る機会が少ない。しかし、ずっと昔、名古屋では江戸時代初期から造られており、こちらのほうが本家本元だ。川が地下にもぐって立体交差するのを伏越《ふせこし》という。

矢田川にかかる三階橋のすぐ上流にもある。庄内用水の「矢田川伏越」がそれだ。

ここにはじめて伏越が造られたのは、延宝四年（一六七六）。庄内川から取水した御用水を矢田川の下をくぐって名古屋城のお堀まで流すためである。

御用水は寛文三年（一六六三）に開削され、最初は庄内川の水を矢田川に流し込み、対岸の辻村（北区）で、庄内川からの水と矢田川の水を合わせて取り入れていた。矢田川は上流に瀬戸の陶土地帯があるので流砂が多く、用水にも砂が流れ込み水路の浚渫も行ったが維持管理が難しい。このため、庄内川の水だけを流せるように矢田川の川底をくぐりお堀まで流すように改良した。矢田川の下をくぐる伏越は、長さ九十七間（一七六・五m）幅九尺（二・七m）高さ三尺（〇・九m）で、高さは低いが幅・延長とも大きなものであった。十七年後の延宝八年（一六八〇）には、さらに今の守山区側が延長されている。伏越は木製なので、その後も腐朽するごとになんども造り替えられた。

この伏越は、明治十年（一八七七）の黒川開削の時に大きく姿を変えた。御用水や庄内用水などの水量を確保するとともに、犬山と名古屋を結ぶ航路を造るのを目的に黒川は開削され、伏越も舟が通れる構造に変えられた。

この時に造られた伏越の規模や構造の記録はないが、明治二十四年の濃尾地震による破損で改築したあとの記録が残っている。

矢田川伏越の人造石による工事（明治末期）

二本の伏越があり、上流側の東杁は江戸時代の御用水のものとほぼ同規模であるが、下流側の西杁は舟が通れるように幅が十二尺六寸（三・八ｍ）、高さ十尺三寸五分（三・一ｍ）と非常に大きな断面になっている。黒川開削当時の伏越もこのようなものと思われる。壁には鎖がつけられていて、船頭さんはこれをたぐりながら伏越の中を進んでいった。矢田川の下は、水だけでなく舟も通っていたのである。

明治四十四年には当時の新技術「人造石」で改築されている。「人造石」とは、日本の伝統的な「たたき」工法を、今の碧南市出身の服部長七が改良した技術で、石のように硬いことから「人造石」と名づけられた。まさ土と呼ぶ風化した花崗岩の細粒と石灰を混ぜ、水を加えて棒や板で叩き締めて固める。今のモルタルのように積み石の目地に入れたり、コンクリートのように人造石自体を固めて構造物を造ることもできた。矢田川伏越は人造石を固めて造られた。明治十年ころから普及し始めて全国各地で採用された。宇部港（山口県宇部市）や神野新田（愛知県豊橋市）の海岸堤防など大規模な土木構造物も造られたが、施工に手間がかかるので大正時代になり鉄筋コンクリートが普及するとすたれていった。

「人造石」の伏越は、矢田川の川底の低下により頂上部が一・四メートルも川の中に露出するようになったので、昭和三十年（一九五五）に取り壊され鉄筋コンクリートで改築され、さらに昭和五十三年に三階橋ポンプ所を建設するにあたって改築され、今は舟が通れない構造になっている。

伏越はこの三百年間になんども造り替えられた。時代により材料が変わり、また舟運の有無などその時代背景により構造や姿は変わってきた。しかし、今も昔も静かに庄内川からの水を流し続けている、この地域にとりかけ替えのない施設なのだ。

子どもたちの歓声が聞こえる……天然プール【MAP南東】

三階橋ポンプ所が建っている場所には、庄内川から取り入れ矢田川の下をくぐって流れてきた水を、庄内用水・黒川・御用水・志賀用水・上飯田用水などに分水するための大きな池があった。

石積みの護岸に囲まれ、庄内川から流れてきたきれいな白砂が水底に積もり、岸には松の老木もある。

絶好の水泳場のこの池は「天然プール」と呼ばれ、遠くからもたくさんの子どもが自転車などに乗って泳ぎに集まった。

じりじりと照りつける日差しのもと、真っ黒に日焼けした子どもたちの歓声があがっている。

岸から飛び込む子、あざやかな抜き手で泳ぐ子、浮き輪につかまり年上の子からバタ足の仕方を教わっている小さな子。広い水面だが芋を洗うような混雑だ。

庄内用水へと続く三間樋の、ゲートと川底のすきまはとても流れが速い。潜ってこのすきまをくぐり抜け反対側に出るのは、大冒険。「やった、くぐり抜けたぞ。底のほうでは水がうずをまいて、ごーっと流れているんだ……」と自慢そうに話しているガキ大将もいる。ここでは何人もの子がくぐり損ねて亡くなっている。親からはきつく止められてきたはずだが、遊び始めたらそんなことは忘れている。

もう一つの冒険は、ここから矢田川の下にある伏越（水路トンネル）の中を泳いで対岸の守山区までゆくこと。長さは約百七十メートルもあり流れも速い。中央に進むほど暗くなってゆき、天井にはこうもりが不気味にぶらさがっている。泳ぎがうまいだけでなく肝もすわっていないと、とてもむこうの出口までゆけない。船が通るときに使う壁

天然プールの碑と黒川樋門（平成23年撮影）

の鎖につかまって進む子もいる。笹竹を持ってきて天井のこうもりをさーと掃き、落ちてくるのを楽しんでいるいたずらっ子もいる。怖くなって引き返し「今年はだめだったけど、来年は大きくなってきっとお兄ちゃんのように泳げるようになるさ」と天然プールへ戻ってバチャバチャやっている子もいる。

岸にはよしずで囲った店がたくさん出ている。子どもたちは持ってきた少ない小遣いで、かき氷や水あめ、アイスキャンディ、駄菓子などを買うのが楽しみだ。脱いだ服や乗ってきた自転車を預かる店、貸しボート屋もある。

海の家と同じようなにぎやかな風景が、昭和三十年代まで、ここでくり広げられていた。

庄内川の水質が悪くなるとともに泳ぐ子もいなくなり、昭和五十二年（一九七七）には、この地域の排水を強化する三階橋ポンプ所が造られることになった。

永年子どもたちに親しまれてきた「天然プール」は姿を消し、今は昭和五十五年に復元され名古屋市都市景観重要建築物に指定されている黒川樋門と「天然プール の碑」がかつてのにぎわいを伝えている（カラー口絵参照）。

明治末の改築がなった伏越ゲート（天然プール側）

黒川治愿と林金兵衛……三階橋【MAP南東】

春日井市の西部、八田川と新木津用水が合流するところに朝宮公園がある。公園に沿うようにして新木津用水が流れている。

朝宮公園の傍らに黒川治愿《はるよし》を顕彰した木津用水改修之碑が建っている。この碑は戦後新しく建てられたものだ。戦前にこの地にあった碑は、銅材であったために、戦時中、供出されてしまった。再建される時に碑文も全面的に変えられているので、『東春日井郡誌』に収録されている戦前の文面を調べてみた。漢文で、木津用水改修の経緯が詳しく書かれている。その一節に、黒川を開削した部分がある。現代文に直してかかげる。

朝宮公園の木津用水改修之碑

明治九年に工事が始まった。愛知、春日井二郡の内六六カ村は庄内川の水利を蒙っている。時には水が涸れ、田畑に水が通せない時があった。また汚水が流した土砂が川底に滞っていた。そこで県費三万円に民から三千余円を募り、利水の便をはかり、川底を浚い、木曽川から船を通す目的で、庄内川から堀川に水路を開いた。これを黒川と名づける。

その時、人々は声をはりあげて、この工事を非難した。現代の政治に、もっとも必要なことは木曽川から名古屋への船路を開くことであるかと。

黒川が開削された時の様子がよくうかがえる文だ。人々は、この工事の完成を喜んでは迎えなかった。侃々諤々の非難がわき起こった。

黒川治愿を顕彰する碑文に、

名之曰黒川。時人嗷嗷譏其無安。政有輾木曽川至名古屋之船路者也乎。

と記されている。黒川開削に対する世人の動向がよく出ている。

なぜ、人々は黒川開削を喜ばなかったのか。それは、地租改定で、人々の関心は税をいかに納めるかにあったからだ。いや、納められないので、地租改定をいかに回避するかにあった。

黒川の開削工事が始まった明治九年、地租改定を受け入れない農民に対して春日井郡の地租改定係の局長荒木利貞は、米を収穫できないように鎌留めを言い渡した。稲を取り入れることができなくては生活が困窮する。麦の種をまくこともできない。春日井郡の議員長林金兵衛が荒木利貞と交渉し、十二月十八日に鎌留めは解禁になった。

明治十年になると、さらに荒木利貞の地租改定をせまる動きは強引になった。村々を巡回して無二無三に請書を差し出すようにせまった。差し出さない場合は、縄でくくりあげて処分すると脅かした。

これに対して、林金兵衛、小原弥平治、林磯右衛門たちは、東京にゆき新政府に請願することにした。しかし、なかなか埒が明かない。地元では数千人の農民が松原神社に集まって祈願した。

また熱田神宮に、金兵衛たちの請願がかなうように参詣しようと人々が三々五々集まり、本町通にさしかかった時には二三七〇人になっていた。しかし、東京での請願は受け入れられなかった。

明治十一年十月二十五日、明治天皇が名古屋に巡幸した。

農民たちは、待ち合わせして集まり、天皇に直訴をしようとした。三階橋に集合し、そろって名古屋に出かける相談ができていた。十一時半には四、五千人の農民が集まった。

『林家日記』には当日の様子が、次のように書かれている。

今日ノ御直訴ハ為ニナラサル故見合可申旨相諭候処、中々聞入不申是迄長々ノ間東京迄願上被下今日ニ至リ御聞届無之上ハ幸ヒナルカナ　御巡幸ニ付村民一同カラ御直訴可致云々、数千人ノ人々申立

林金兵衛君碑

口々ニ付既ニ押ヤブリ候付、止ヲ不得林金兵衛発言ニハ是迄此方初メ尽力候付此上ハドコドコ迄モ可願立今日村民一同カラ御直願候而ハ是迄拙者共ノ尽力モ水ノ泡ニナリ可申、若此上拙者カラ願立相叫サル時ハ村民一同ニ此方共先キ立東京ヘ願ニ罷出可申、今日ノ処ハ先々差延シ呉度、充此願意相叶迄ハ拙者如可ニモ引払不申、拙者ノ命ト家材ヲ村民衆ヘ抵当ニ相渡可申、万一此者共カ不尽力見認メハハ一命ヲ取リナリトモ家ヲ焼キナリトモ勝手次第ニ可致旨迄申出候処、一同左程モ御申聞ハハ今日ノ処ハ速ニ相任セ村民ノ願ハ相見合可申ト相成。

四、五千人の農民の前に立ちふさがり、橋の上で両手をあげて、橋を渡ろうとする農民を阻止する。橋を渡るならば、自分を殺してから渡れと必死になって農民を説得する。林金兵衛の説得が効を奏して直訴騒動は収まった。

矢田川の下には、庄内川から分水した黒川が伏越の中を流れている。橋の上では、木曽川から名古屋に水を流すより、地租改定に反対だと農民たちが騒いでいる。

木津用水を改修するために予定されていた県費は、いちはやく地租改定を受け入れた三河の国にまわされることになった。都築弥厚たちが江戸時代から開削に情熱を注いでいた明治用水の工事が始まった。

黒川治愿が工事を統轄した。

明治用水が完成し、地元では明治川神社を建立し、私財をなげうって工事を進捗させた都築弥厚たちを生存中であるにもかかわらず神としてまつった。黒川治愿は、明治川神社にはまつられなかった。

役所に対する地元の意識が感じられる話だ。

黒川治愿の名は、なぜ忘れられたのか。地租改定の動きと無関係ではないようだ。

耕心館……長全寺【MAP南東】

本堂の高い檀の上に釈迦牟尼仏の像が安置してある。目を凝らし見てみる。薄暗くて像がはっきりと見えない。

「私の寺は戦争で焼けてしまいましたが、この本尊だけは一宮の萩原にある成福寺に預けてありましたので助かりました。成福寺は、先住の兄弟子の寺です。名古屋の空襲が続くので、見舞いにこられた成福寺の住職が、本尊を萩原に疎開させてはどうかと勧められました。住職は、それはだいじに抱えるようにして持っていかれました。おかげで寺は焼けましたが、本尊は今もこうして拝ませて頂けます」

長全寺は、この地に越してくるまでは新栄町にあった。亀尾山と号す曹洞宗の名刹で、江戸時代には九九〇坪もあり、含笑寺の末寺であった。

創建は遠く永禄七年（一五六四）にさかのぼる。開祖は春岩宗沢である。慶長遷府の時に、清須から名古屋に移ってきた。長く新栄町にあった長全寺も戦火のために、あえなく消失してしまった。

「あの時は逃げるに精一杯で、寺が燃えている記憶は残っていません。ふとんを頭から被って逃げました。小学生の時でした」

長全寺の石庭

住職は、戦後すぐに写された航空写真のパネルを指さして、「ここに寺がありました。今は薬局になっています」といわれる。住職が指さされた先は、ＣＢＣの東、飯田街道と広小路が交差しているあたりだ。

「戦後の復興事業で境内が二分されることになりました。寺をどこかに移転しなければということで、適当な土地を探していました」

昭和三十年に、今の地を購入し、昭和三十三年に本堂が完成した。本堂が完成した直後伊勢湾台風に襲われた。

「板戸が矢田川の堤防近くまで飛んでいって、それを拾ってきました」

当時、このあたりは田んぼの中であったという。

台風が過ぎ去った翌日、板戸を探して、農道を走りまわる住職の姿が彷彿と浮かんでくる話だ。

上飯田からは、名古屋駅まで通じる市電が走っていた。市電がのんびりと走る音が聞こえてきたという。


本堂をおりて庭に出る。

「そこにある灯籠も新栄町から持ってきたものです」と住職がいわれる。年代を経た石仏や立派な灯籠を見ていると、往時の長全寺のたたずまいが浮かんでくる。

戦火をくぐり抜けてきた灯籠もあれば、戦火のため無残にも破壊され、焼けて焦げた灯籠もある。痛々しい姿が、戦争のむごたらしさを表している。庭は新たに京都の龍安《りょうあん》寺のような石庭に造り変えられている（カラー表紙参照）。白砂にきれいな箒目が入れられ、庭石が島のように配置されてある。石庭を取りまく苔の緑との対比が鮮やかで、華やかななかにも落ち着いたしつらえになっている。


平成十五年には山門、その前年には客殿が建立された。

住職から客殿に案内していただいた。客殿は耕心館と名づけられている。

達筆で、感謝のこころを持ちなさい等の、人としてのあるべき姿を教えることばがいくつか書かれている。心の豊かな人に、若い人々を育てたいという意図で建てられた客殿だろう。

長全寺は静謐に満ちた寺だ。何かゆったりとした気分になって寺を出た。

トロッコ道……大曽根中学校〔MAP南東〕

十年ほど前に、当時九十五歳になる幸村宗一さんから聞いた話だ。幸村さんの家の前には宮前小学校がある。そして、その西側には公園がある。

「私の家の前の学校や住宅地には東洋紡績がありました。大正元年から十年ぐらいにかけて、田んぼを埋め立てて工場ができました。工場に働く人たちの借家が上飯田にたくさんできました。私の家も借家を持っていました。大正十二年には家賃が十二円から六円に下落するということもありました。空襲で東洋紡績は焼け、その跡に東洋木材、東洋工機が建ちました」

幸村さんの記憶は鮮明だ。大正時代、東洋紡績が幸村さんの家の前に建った。幸村さんの脳裏に今も鮮やかに残っているのはトロッコのことだ。トロッコとはレールの上を土砂等を積んで走る四輪の台車のことだ。

「家の横にトロッコ道がありました。大曽根中学校のプールがあるあたりから、上飯田の第二市街地住宅あたりまでのところで土を掘りました。住宅のところは戦前は大隈鉄工所が建っていました。大曽根中学校には高射砲の陣地がありました。戦時中は爆撃にあいましたね」

トロッコ道（平成15年頃）

大曽根中学校のプールのあたりは、高くなっている。プールのところが矢田川の堤防の上で、その下は土を掘ったので低くなっているという。

トロッコ道は、大曽根中学校の前から霊光院の横を通って走る。霊光院の駐車場になっているところに池があった。池のところでトロッコは曲がり、霊光院の門前の道をまっすぐに走り、幸村さんの家の横をぬける。

「高いところからトロッコは、ものすごいスピードで走ってくる。たえずブレーキをかけながら走っていました。年中トロッコに油をさしていましたね」

幸村さんは、トロッコのブレーキのことをコッポといわれた。まわっている車輪の上から木の棒のコッポを入れて速度を落とすのだという。

加速をつけて走るトロッコにひかれてけがをした人もいた。トロッコ専用の道路があるのではない。人の通る道のかたわらに、トロッコのレールが敷かれていた。

九十年近くも昔のことを、今も幸村さんが覚えているのは、トロッコに対する恐怖心からではなかったろうか。ものすごいスピードで、轟音をたてて通りすぎる。へたに近づいたら、はねられて死んでしまう。子ども心に生じたトロッコへの恐怖心が幸村さんに、今も鮮やかな記憶となって残っているのだろう。

「田んぼの中の上飯田もすっかり変わってしまいました。昔は熱田神宮の尚武祭の花火もきれいに見えましたよ」

幸村さんから教えられたトロッコ道を霊光院の方にむかって歩いていった。一メートルほどの狭い道だった。昔は田んぼのあぜ道であったような道だ。

左手に空地がある。今は亡き俳優の天知茂の実家が戦前に建っていたところだ。

その後区画整理が進捗してトロッコ道もなくなり、今では広い道が縦横に張り巡らされた街に姿を変えている。

戦争の傷跡……霊光院【MAP南東】

この寺は、臨済宗の名刹である。元和元年（一六一五）、上飯田の斉藤四良右衛門が祖先の冥福を祈って建てた。霊光院という寺の名は、四良右衛門の法名の霊光院吉岸宗禅居士からとったものだといわれている。

霊光院の庭は、白砂が陽光にきらめく砂と石が中心の庭だ。庭の片すみには、いくつもの石仏が置かれている。上飯田の辻のいたるところにまつられていた野の仏が、ここに集められたのであろう。

木陰にひっそりとうずくまるように立っている野の仏は、何か穏やかな温顔のものばかりだ。かつて、村の人々は、これらの石仏に手をあわせ野良に出かけ、帰途には、また手をあわせて家路をたどったのであろう。

霊光院は上飯田の信仰の中心の寺だ。区画整理、道路の拡張と地域が変貌をとげるごとに野に置かれていた石仏が寺に運びこまれ、これらのおびただしい数になったのだ。野の仏だけが、寺に移されたのではない。お堂までもが、この霊光院に移ったのだ。

境内に移された野の石仏

霊光院に移されたお堂について、水野鉦一著『上飯田のむかし』は、次のように記している。

太平洋戦争の末期、昭和二十年三月二十四日の夜、アメリカ軍B29型爆撃機が名古屋地方を空襲しました。照明弾がたくさん落とされ真昼のように明るくなりました。その明るさに驚いてこの近所の人も、遠くは大曽根あたりの人達までたくさん三階橋方面へぞろぞろと避難して雑踏していました。その人の群がっているところへ中型爆弾数発が投下されました。その爆弾で名鉄ビル前から夫婦橋にわたって二百五十名余りの爆死者が出ました。これらの人々の冥福を祈り、終戦後柴山市十郎さんの発願で、当時の名鉄駅（現在の名鉄ビル）北西角に地蔵尊を建て供養されるようになりました。昭和四十一年に名鉄駅が改造され名鉄ビルができるときに霊光院へ遷座されたものです。

毎年三月二十四日を大祭日として供養が続けられています。この催しは飯田学区自治連合会が受け継いでいましたが、飯田学区が宮前学区と分離した後は、飯田・宮前両学区の自治連合会によって行われています。戦争の犠牲となられた二百五十名あまりの方々のご冥福をお祈りいたします。

今の上飯田駅から夫婦橋までの狭い範囲で二百五十名余りの非戦闘員が爆撃で殺されたという。阿鼻叫喚の地獄絵図そのものであったことだろう。ピカソのゲルニカを連想した。お堂はすでになく、山門を入った左手に新しい延命地蔵が建立されており、その脇の香炉の台石には「昭和二十年三月二十五日」の日付とたくさんの法名が刻まれている。

その北側にも戦争の犠牲になった方の供養塔が二基立っている。

塔の表には「飯田戦災者霊位」と書かれ、裏面には「幸村すず」と建立者の名前が刻まれている。もう一基には、「飯田殉国者霊位」と書かれ、裏面には建立者の幸村銀造と刻まれている。昭和二十三年に建てられたものだ。

寺の近くに在住の幸村富美枝さんは、「あの塔は私の一族の幸村さんが建てたものです。戦争でひとり息子を亡くしました。その悲しみから戦争で亡くなった方々の慰霊の塔を夫婦で一基ずつ建てられたのです」と語る。

戦争で最愛の子を失う。その悲しみを、あの塔にこめたのだ。亡くなった息子の鎮魂の碑であるとともに、それは我が子を亡くした親のどうにもならない無念の悲しみがこめられている碑でもあるのだ。

塔の前には、賽銭箱が置いてないにもかかわらず、無造作に十円玉がいくつか台の上に置かれている。お参りにきた人が置いたのであろう。戦争で子どもを亡くした親の悲しみを聞き知った人が、今もこの塔にお参りにきているのではないだろうか。

戦後、七十年近く経った今も、戦争で家族を亡くした人の悲しみは消えていない。

二百五十年前の矢田川跡……霊光院東の擁壁【MAP南東】

上飯田一帯は平坦な土地が続いている。だが霊光院のすぐ東から急に高くなり、三メートルもの擁壁の上に家が建ち並び道路が階段になっている所もある。この高台はかつて矢田川が流れていた川跡だ。

今の矢田川は長母寺（東区矢田三）の北を流れているが、かつては南側を通ってこの霊光院東の場所へと流れ下っていた。長母寺は平安時代の終わりに守山台地が南西に延びている先端に建てられた寺である。

大異変が起きたのは、明和四年（一七六七）七月のことである。十日から降り続いた雨で十二日になるとついに猿投山の斜面が崩壊し土石流が瀬戸の雲興寺（今とは位置が異なる）を押し流した。矢田川は上流で陶器産業が発達しており、土砂の堆積が激しく川底が周辺の土地よりも高い天井川になっていた。増水した矢田川はついに猪子石で決壊し、濁流が城北・城西に流れ込んだ。巾下では水深が一・五メートルにもなり、数日間は舟で行き来するほどの惨状となった。この時に矢田川の水が長母寺北側の鞍部（少し低くなった所）を乗り越えて流れ、その後改修工事が行われて、流路が北へと移動したのである。

以前矢田川が流れていた場所は砂地のため開墾して田畑にするのに向かず、永年放置されたままであった。明治二十二年の地形図では大幸村から上飯田村にかけて広く空白になっていて、堤防や川の跡を見てとれる。大正になりこの地域の耕地整理が行われると川跡に大きな工場が進出し住宅も建てられるようになって、永年不毛の土地であったのが今のような姿へと変わっていった。

ここは、二百五十年前に矢田川が流れていた痕跡が、変遷の激しい名古屋の街で今も実見できる貴重な場所である。

擁壁の上は明和以前の矢田川跡（平成15年頃）

赤心富士……六所宮【MAP南東】

十年前の冬の日に訪れた時、一人の老人に会った。腰をかがめて、拝殿の前にすわり日なたぼっこをしていた。

暖かい日ざしに誘われ、昨日までは蕾だった梅も紅い花びらを開いている。

鳥居の東に六所宮と書かれた大きな石碑が建っている。昭和十一年の九月に建立されたものだ。鳥居の西には、赤心富士と書かれた石碑が建っている。赤心富士とは、聞きなれないことばだ。碑に近づいてみると松井書とある。名古屋出身の陸軍大将松井石根の揮毫したものであろう。

六所宮の赤心冨士の碑

老人に「赤心富士」のことをたずねた。

「中国大陸で、盧溝橋事件を契機として戦争が始まった。この神社で万歳を唱え、日の丸の旗を振って出征する人を送ったものだ。聞いた話では、兵士が戦場からぶじに還ってくることができるように、近くの子どもたちが、小石を拾って神社に持ってきて山を造ったのだ。それを富士山と呼んだのだ」といわれる。

「兵隊さんが戦場からぶじに帰還するのを祈って集める。そのいたいけな純粋なこころを赤心といったのですね」

「その碑に、どのように書いてあったか知らないが、戦争中の上飯田は田んぼの中で、みんな知り合いばかりだ。誰しも、戦争に勝ってぶじに帰ってきてほしいと祈ったのだろう」

老人は八十八歳だ。元気で、歯ぎれがよい。

老人に「あなたも、この神社から万歳におくられて出征されたのですか」と聞いてみた。「そうだ、そこの前から多勢の人の歓呼の声に送られて戦場にいったのだ」

老人の指さされたものは、国旗の掲揚塔だ。昭和十二年に帝国在郷軍人会が建立したものだ。掲揚塔の土台には、星に錨の陸海軍のマークがついている。裏面には「日支事変ニ応召ノ命ニ接シ出征スルモノ六十余名　郷民神前ニ

壮行ヲ壮ニス　偶見ル社頭ノ国旗……」と書かれている。

今から七十年以上前、老人はどのような思いで、この場所に立ち万歳の声を聞かれたのであろうか。

再び赤心富士に行って碑の由来書きを読んでみた。歳月を経て読めなくなっている所もあるが、判読できる所を拾ってみた。

建設之由来

昭和拾弐年七月七日盧溝橋ニ端ヲ発シ新東亜建設ト云フ一大聖…
的ヲ達成センガ為メニ支那事変ガ始リマシタ
皇軍ノ将士ハ御召シニ応ジ我ガ上飯田カラモ大勢勇躍出征…
君国ノ為メニ一身一家ヲ顧ズ御尽シ下サイマス勇士ノ皆様ガ御…
御樹テ下サイマスヤウニ少年少女日参団ヲ組織シ爾来春風秋…
欠カスコトナク団員ハ毎日一人ガ一個ヅツノ小石ヲ六所社ノ神前…
精魂ヲ打込ンデ御武運ノ長久ヲ祈ツテ参リマシタ
今此ノ石ヲ以テ興亜ノ瑞祥トシテ霊峰富士ヲ型リ一ハ武運長久祈…
記念トシ一ハ「塵モ積レバ山トナル」ト云フ訓ヲモ知ラセ人ヲシテ…
打タレルモノヲ感ゼシムルコトガ出来マスレバ幸甚ニ存ジマス
茲ニ之ヲ永久ニ伝ヘンガタメ吾々ノ微意ヲ現ジテ建設ノ辞ト致…

昭和拾五年四月

上飯田少年少女日参団
南上飯田少年少女日参団
西上飯田少年少女日参団
新堀町少年少女日参団

太平洋戦争で、六所宮はすべて灰塵に帰してしまった。しかし皮肉にも、赤心富士、国旗掲揚塔という戦時をうかがわせる石造物は残ってしまった。

老人は、しばらくのあいだ、じっと掲揚塔を見てみえた。感傷をふりきるように、「掲揚塔の前に神楽殿があった。祭りの時の神楽の練習をしたものだ。子どもたちは菓子パンが目あてで、神楽の練習をしたものだ」といわれた。

神社の境内の建物は、戦後建てかえられたものばかりだ。戦前から残っているのは、石造物と樹木だけだ。

境内にある樹木の中で、ひときわ高くそびえているのが楠だ。この楠は、明治の中期に愛知第一師範学校を出て、地元の六郷小学校に奉職した幸村平三郎が植えたものだ。百数十年の樹齢の楠は、ほかの樹木を圧倒するようにして立っている。

梅の花の咲く天満宮の中には、出雲社、神明社、貴船社、八龍社、弁財天が合祀されている。古くから、この地にあった祠が移築されてきたのであろう。鳥居の傍にある神社の縁起書には、六所宮の創建は、慶長四年（一五九九）とされている。祭神はイザナギ、イザナミ、天照大神、スサノオノ尊、月夜見尊、蛭子の六柱であると書かれている。

東の鳥居には小松製絲所と刻まれている。神社の北、今の上飯田第二住宅の場所にあった大きな製糸工場が奉納したものだ。北区にはたくさんの繊維工場があった名残だ。

この神社にたたずむだけでも日本の歴史をたどることができる。昨年、富士山が世界遺産に登録された。霊峰富士は武運長久を祈るものではなく、平和の象徴として広く親しまれて欲しいと思った。

川中三郷

市バス愛工前停留所→成願寺

輪中の村から名古屋市街地へ……川中三郷 【MAP北西】

北区の地図を見ると、守山区に接して矢田川と庄内川にはさまれた「米が瀬」が北区になっている。区界は川などが多いのに、ここは不自然な境界になっているが、これは矢田川の流れが変わったからである。

北区から西区にかけては庄内川・矢田川といった大河や、地蔵川・生棚《なまたな》川などの中小河川が集中している。はるか昔、これらの川が運んできた土砂が堆積して陸地となり、小高いところに人が住み耕作を行うようになった。

元は川であった低湿地なので、大雨が降ると川からあふれた水は耕地を襲い人家を流し、川筋はたびたび変わっていった。安定した生活をするには、川から家や耕地を守らなければならない。いつのころからか、人々は、川を一定の場所に押し込めようとして堤防を築くようになった。

しかし、川の勢力のほうが強い土地では、家や耕地をぐるりと取り囲む堤防を築いて人がその中に閉じこめられた生活を余儀なくされた。このような土地を輪中と呼ぶ。木曽三川の下流域ではとくに発達し、立田輪中などが有名であるが、北区にも輪中の村があった。

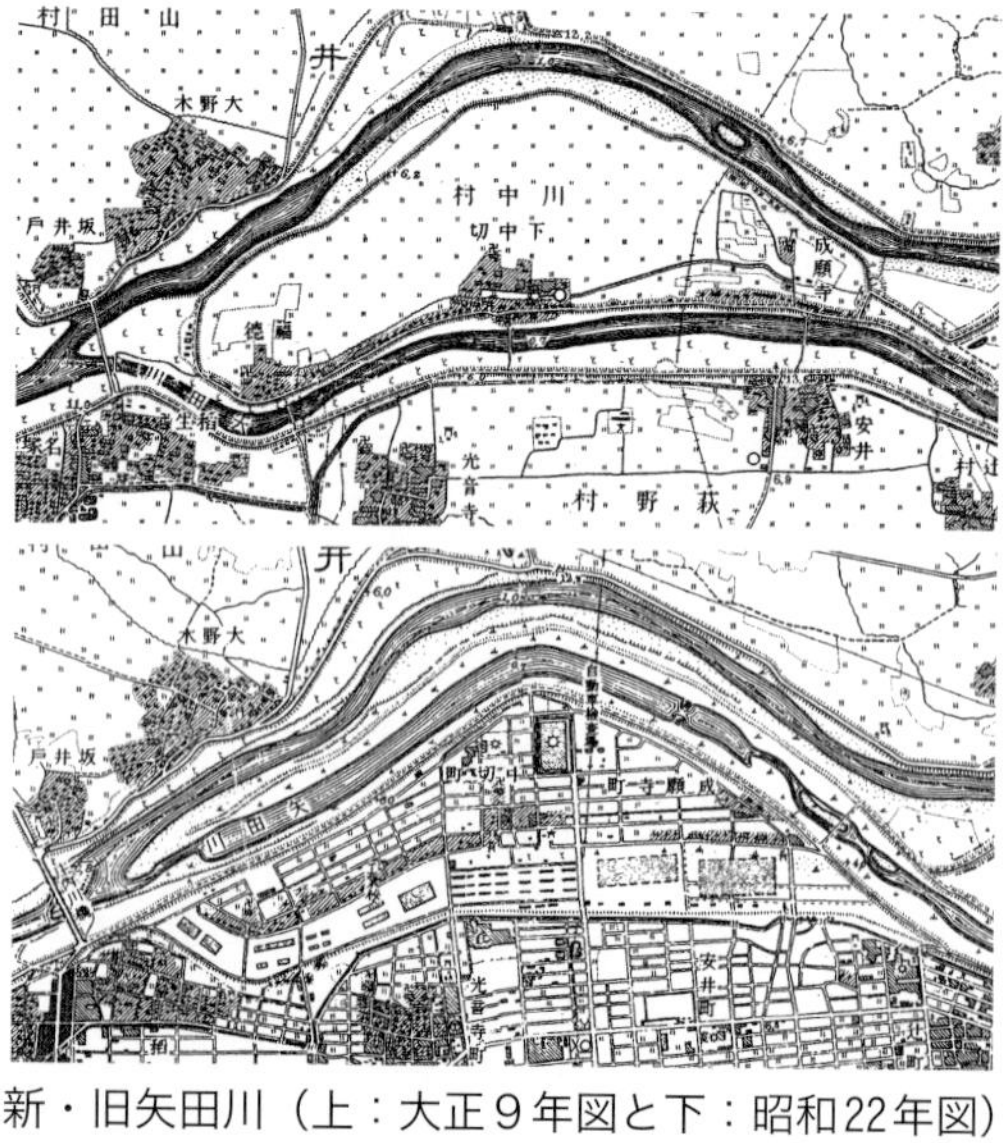

新・旧矢田川（上：大正９年図と下：昭和22年図）

今、この付近の矢田川は庄内川に隣接して流れているが、以前は今の庄内用水路の一本北、辻コミュニティセンターから愛知工業高校にいたる道路のあたりが川筋であった。成願寺・中切・福徳の三か村は一つの輪中の中にある村で、今は矢田川に隔てられている米が瀬も成願寺村の一部で陸続きだったのである。これら三か村は、庄内川と矢田川の中にあることから「川中三郷」と呼ばれていた。

輪中の暮らしは川との戦いの歴史であった。川中三郷はなんども濁流に襲われ、田畑は砂礫が覆い、家は流されている。

明治元年（一八六八）八月二日朝、この地方を襲った台風により瀬古の石山寺（守山区瀬古東一丁目）付近で矢田川の堤防が決壊した。流れ込んだ激流は、瀬古と成願寺の境界の堤防も破壊し川中三郷に浸入してきた。成願寺の家々は流されて中切や福徳に漂着した。水浸しになっている輪中の水を排水するために、福徳で庄内川の堤防を切り開いたところ家は水とともに再び流れ出し、大野木（西区）まで二十三戸が流されていった。また、石山寺の墓地を激流が洗い流したので、土葬されていた遺骨や死体が流出し、中切や福徳の竹や木に五〜六十体が引っかかり、鬼気迫る光景となった。

その後、明治十七年、二十二年、二十九年にも大きな水害を受け、四十四年（一九一一）には福徳で庄内川と矢田川の両方の堤防が決壊して、全戸が屋根まで浸水するという惨事となった。

矢田川は福徳の西で庄内川に流入していた。両河川の激流がぶつかりあう合流点は乱流となって流れを妨げ、堤防をえぐるので決壊しやすい。このため、矢田川を庄内川に沿って流下させ、滑らかに合流させることにより乱流を防ぎ、流下能力を向上させることが計画された。

昭和五年（一九三〇）十一月七日に矢田川の付け替え工事が始まった。土砂を運ぶトロッコの線路が網の目のように張り巡らされ、昭和初期の大不況のなか、失業対策事業として毎日千名余りの人が働いていた。旧堤防を崩した土は、練兵場（名城公園）の盛土にも使われたという。二年後の昭和七年十一月三十日にこの大工事が完成し、これまで川に隔てられていた川中三郷は名古屋市と陸続きになった。これにより成願寺の一部であった米が瀬は、新たな矢田川により隔てられて今のようになったのである。

矢田川の砂……八龍社【MAP南西】

こんもりと茂った森が見える。あれが八龍社に違いない。福徳・中切・成願寺の三郷地区を歩いていて、鬱蒼とした森が見えれば神社だ。土地の守り神がまつられている場所を鎮守の森という。三郷地区の神社は、文字どおり鎮守の森だ。丸石がいくつも積みあげられた石垣の上に、八龍社は鎮座している。

三郷地区の神社には、いくつもの共通点がみえる。まず、いずれも高台にある。成願寺の六所神社、中切の天神社、神明社、福徳の八龍社、いずれも石段をあがった高台にある。樹齢が百年を超えるような樹木も茂る森の中にある。六所神社、天神社、神明社、八龍社は、ほぼ東西に一直線の位置にある。

四つの神社が高台の上に建ち、東西に一直線の位置に鎮座しているのはなぜか。それは、四つの神社が、いずれも矢田川の堤防沿いにあった神社だからだ。なかには神明社や天神社のように堤防の上にあった神社もある。四つの神社を線で結んだところが、矢田川のかつての流れだ。

昭和七年（一九三〇）から庄内川に沿って、矢田川を流す付け替え工事が始まった。庄内川と矢田川にはさまれた土地の三郷は、川中村とよばれていた。庄内川と矢田川にはさまれた川の中の村だったからだ。

大正十二年（一九二三）に刊行された『西春日井郡誌』は、川中村の状況を次のように記している。

旧矢田川堤防上の八龍社

今より百年前までは、矢田・庄内二川とも川底大に低く、随て沿岸の堤防も高からざりしを以て、当時川中村の民屋は全部堤下も田圃の間に介在し、屋内に座しながら容易く稲生街道上人馬の往来を見ることを得たりと。然るに其以前、宝暦〔宝暦四年〕、明和〔明和四年〕の大水をはじめ、度々の出水と平時に於ける流水の作用とに依り、川底漸く高く、随て堤防を高くすべき必要を生じ、遂には現今の如き大堤防となりしなり。為に川中村民は、殆ど窪地に住することとなりしを以て、現在の如く堤防上に移住するの止むを得ざるに至れるなりと。

川中村は、庄内川、矢田川という二つの大きな川にはさまれ、いつも水害におびえてくらす村だった。八龍社の創建は不明だが、寛永九年（一六三二）二月七日の棟札が残っているとのことなので、その時以前だ。

祭神は高龗神《たかおかみのかみ》で、奈良の丹生川上神社より勧請したという。高龗神は『古事記』や「日本書紀」の神話に出てくる神で伊弉諾・伊弉冉の子。水神で京都の貴船神社にも祀られている。龗神《おかみのかみ》（龍神）は雲をよび、雨をもたらす。祈雨、止雨、灌漑の神として知られている。

庄内川、矢田川沿いには、八龍社が多くみられる。龍神は水を支配する。川とともに生き、川のめぐみによって生活をする村人にとって、龍神が怒れば、洪水となり、生命の危険にさらされ、家財を失ってしまう。川沿いの村の人にとり、龍神は生活と生命を守る神だ。村の神として庄内川、矢田川沿いの村々では八龍社を建立したのであろう。

二十五段の石段をあがると本殿がある。『西春日井郡誌』では、「高龗神を祀れる村社にして、寛永九年二月七日の勧請なり……境内神社に、白山社（祭神菊理姫命）水神社（祭神水分神）春日社（祭神武雷尊）知立社（祭神鸕鷀草葺不合尊《うがやふきあえず》）八幡社（祭神応神天皇）神明社（祭神天照大神）熊野社（祭神伊弉諾命）津島社（祭神須佐之男命）あり」と書かれており村社であった。

本殿の東側に、立派な石碑がある。御嶽講の明寛行者の碑だ。明寛行者は、俗名丹羽宇兵衛という。名古屋市東区、古出来町の人で御嶽登山の先達だ。安政二年（一八五五）に、霊感を得て岩崎（日進市）に御岳山より分霊を迎えて、御岳山（御嶽本教心願講分祠殿）を開いた。村の明寛行者の教えを受けた信者が、この石碑を建造したのであろう。中切の天満社や聖徳寺には役行者の像があり、名古屋などこの地方は御嶽教が広く信仰されていた。『西春日井郡誌』によると、大正十二年の川中村の戸数は一六二戸で、そのうち三〇戸が仏教とともに御嶽教の信者である。

本殿の西側には、秋葉神社の御堂がある。火災と水害から村を守りたいという願いで建てられたのが八龍社だ。

拝殿の前の砂利をふみしめる。川砂のような細かい、やわらかな感じの砂だ。かつての矢田川の砂ではないか。そんな思いにとらわれ、砂を手にとってみた。

花の白雪ふり残る……聖徳寺 【MAP南西】

『尾張名所図会』は、聖徳寺を次のように紹介している。

福徳村にあり。天台宗、野田密蔵院の末寺。隣村成願寺は安食《あじき》重頼、法名常観の菩提寺であるので、安食庄内の本寺で、この寺および中切村乗円寺等、みな常観寺の支院であったが、今は本末退転（本寺と末寺との地位が逆転すること）し、かえって成願寺が当寺の末寺になったことが『塩尻』に書いてある。当寺はもともとは円光寺吉祥院と呼んでいたのを、聖徳太子の自作の像を本尊としたので、つい最近、今の寺号に改めた。

当寺に葦敷《あじき》（安食）二郎重頼の木像がある。夫人の像は、昔、この地方が大洪水にみまわれた時に流失してしまった。今、甚目寺に安置してある「おそそさま」と称する像が、葦敷二郎重頼の夫人の像だとの説がある。聖徳寺の重頼の像、また成願寺にある山田二郎重忠の像、ともに古像で風雅なおもむきがただよっている。剃髪し、法衣を着ているのでまったく武将の姿とは見えない。羅漢の像をまちがえて、葦敷二郎の像であると伝えたものではないだろうかと、先輩も書き残している。また寺宝として葦敷家の系図がある。

聖徳寺境内

葦食二郎重頼の像は、厳しい修行を積み、最高の悟りを開いた羅漢の像ではないかという説をあげている。聖徳寺に安置されている安食二郎の像は、おだやかな高僧の姿だ。仏に帰依し、俗世に微塵の迷いももたない強い意志を持つ人の像だ。この像を見ていると『尾張名所図会』の唱える羅漢像という説には首肯できない。福徳・中切・成願寺の三村は、かつては安食庄であった。安食重頼をはじめとする安食一族が支配していた荘園であったからだ。

聖徳寺の開祖、安食重頼は福徳の広瀬島に居を構え、多くの部下をかかえる武将であった。朝廷を厚く崇拝し、多くの合戦では朝廷方について手柄をあげた。以仁王の宣旨を受けて源氏が平氏打倒に立ち上がった墨俣川の合戦（一一八一）では、源行家、義円の軍につき、平重衡の軍と戦った。美濃・尾張の国境で、大軍を迎え「味方の少ない軍勢で、大軍と戦っては勝ち目はない。この上は、仏の力に頼って精いっぱい戦おう」と日ごろ崇拝する聖徳太子の御名を書いた札をかぶとの中に入れて、敵陣にまっしぐらにかけて攻め入った。この戦いで、源義円をはじめ三十九の人が討ち死をした。重頼も三男の重義等肉親に多くの戦死者を出した。

重頼は、亡くなった重義や部下の面影を片時も忘れることができない。戦いで、死はつきものというものの、戦死をさせた悔いが残った。戦死した一族の供養と聖徳太子のために生きながらえることのできたことを感謝して聖徳寺を建立した。多くの戦場を駆けぬけ、多くの部下を亡くした重頼が、現世の無常を悟り、仏に帰依し、部下の霊をひたすら弔う。その孤高の凛とした揺るぎない姿が聖徳寺の重頼像だ。この像と対峙していると、身のひきしまるような思いにかられてくる。しかし、江戸時代は重頼像の信憑性をめぐり、さまざまな説が飛び交ったようだ。

博覧強記の天野信景も『塩尻』の中で、次のように述べている。

葦敷二郎というものが四人いる。浦野四郎重遠の次男重頼。その子重高、その子重行、および山田筑後前司重定の弟八島左衛門尉時成三男等、ともに葦敷二郎と呼んでいた。この古像は、いったい誰のものであろうか。重頼は尾張源氏の祖、浦野重遠の子で、葦敷家の歴代の祖先である。出家したことは古記にも記されているので重頼入道の像であることは疑いのないものであろうか。ああ、死後の記念として残る彫像でさえも幾時代も過ぎると、いったい誰の像であるかわからなくなっていくのは、なんとも哀れなことである。

あだにのみ花の白雪ふり残るあとだにつらき里のはる風

江戸時代にどのような説があろうと、聖徳寺に安置されている像は、見ぬ世の安食重頼の像にまがうことなく見えてくる。一方、大洪水によって安食の里から流失した夫人像は、今は甚目寺観音釈迦堂にまつられている。

昭和五十三年四月九日号の「中部読売新聞日曜版」は、この夫人像のルポ記を掲載している。

荘園時代の末期、現在の愛知県海部郡甚目寺町から名古屋市北区福徳、成願寺町付近を結ぶ矢田川で洪水に流された女人像の、はかないゆく末が、今なお住民のあいだで語り伝えられている。女人像は甚目寺観音の釈迦堂に静かに安置されており「すっごいべっぴんの仏さん。一目見りゃ、しみ、そばかすも落ち、たちまち顔がきれいになる」という。そこで、慕われているお尊像様、美女は、もとは荘司（荘園を管理する地方官）の人妻だったという説が有力だが、その荘司がだれなのかは定かではない。

『尾張名所図会』は、大洪水で流失した聖徳寺の安食重頼の夫人像が甚目寺に漂着したと記している。しかし、読売新聞のルポ記では、この像がだれなのか、はっきりしないと記している。安食重頼の夫人像のほかに、成願寺の山田重忠の夫人像だという説があるからだ。甚目寺の尊像は生々しい女人像だ。目はくっきりと開き、豊頬だ。重頼の瞑想した沈静な表情とは対照的だ。

甚目寺の生々しい女人像と聖徳寺の重頼像とを伝説によって、むりに結びつけることはないかもしれない。

重頼像と対面すべく、住職に太子堂に案内していただいた。

「寺の名前の由来となった聖徳太子をまつってある、この客殿は、昭和八年に土地の宮大工の野嵜宅右ヱ門が棟梁となって建てたものです。この頃に行われた矢田川の付け替え工事に檀家の人たちが働きに行きました。男は一円四〇銭、女は一円三〇銭の日当でしたが、一円を本人に渡して差額を皆さんが積み立て一万円ほどになり、それで建てたものです。木曽檜で造られ、とりわけ格天井が見事です。将来は文化財になるのではと思っています」

立派な普請だ。聖徳太子像が鎮座するにふさわしい贅をこらした造りである。

「太子像は、秘仏となっていて三十三年に一度しか開帳しません。平成五年に開帳していますから、次は平成三十八年です。厨子の左側にある太子像の画とまったく同じ像が厨子の中に納められております」

江戸時代の古書の中に、聖徳寺の開帳の記述が散見している。どの時代の開帳でも多くの参拝客でたいへんなにぎわいであったことが書かれている。

「これが因果経です。昭和三十六年に名古屋市の指定文化財、昭和五十五年には国の重要文化財の指定をうけています。現物は名古屋市の博物館にあります。これは原寸大の複製です」

因果経は釈迦の本生譚を叙したものだ。下部に因果経が書かれ、上部には経文の意味を記した画が描かれている。上段の画は、彩色がほどこされていない白描である。因果経で国宝になっているのが東京芸術大学所蔵のもので、奈良時代の作であるといわれている。根津美術館所蔵のものは鎌倉中期の建長六年（一二五四）の作とされている。

現在判明している因果経は、東京芸術大学所蔵のように奈良朝期のものか、あるいは根津美術館所蔵のものとまったく同じ建長六年に製作されたもののいずれかに属する。ところが、聖徳寺の因果経の製作時期は、平安朝の中期と推定されている。重要文化財指定にふさわしい流麗な筆づかいのみごとな作品だ。

秘仏の太子像をはさみ右側には重頼の像、左側には不動明王の像（カラー表紙参照）がまつられている。「この不動明王は、名古屋城の尊寿院にまつってあったものです。明治三年の廃仏毀釈の騒動の時に、この寺に移ってきました」

眼を怒らし、牙を咬み、右手に降魔の剱を持った荒々しい憤怒の形相に圧倒される見事な木彫像だ。また、墓園にある十三仏供養塔も尊寿院より移設したものだ。


聖徳寺は地域と一体になった寺だ。水害常襲地帯なので寺は周りより三m程高いところに建てられ、かつては裏に舟が備えてあったという。洪水になった時には舟で村人を救い出し寺に避難させるためだ。庄内川と矢田川の中洲だった土地なので安食荘の時代には米が採れないので、菜種を栽培して公租にしていた。時代が下ってもサツマイモや里芋が特産品で浄心まで売りに行ったという。苦しい生活の中で、住民達が見事な太子堂の建築費を寄進したのは、住民と寺に一体感があったからこそできたことである。今でも年越しの時には本堂前の広場には護摩が焚かれ、人々は八龍社にお参りしてから聖徳寺に参拝して新年を祝うという。

川中三郷の水を堀川へ……三郷水路 【MAP北西】

成願寺二丁目から福徳町まで、歩道の端にきれいなせせらぎとなって三郷水路が流れている。今は、街かどのせせらぎに姿を変えたこの水路は、かつての庄内用水であり川中三郷の排水路でもあった。三郷水路は、川中三郷と呼ばれた成願寺・中切・福徳の三つの村を縦断して流れていたのでこう呼ばれている。この三か村は、矢田川と庄内川に囲まれた一つの輪中のなかにあった村である。

三郷水路のルーツは庄内用水である。庄内用水はなんども取水する場所や流れる経路が変わっているが、寛政四年（一七九二）にも大きく姿を変えている。

それまで稲生村（西区）と川村（守山区）で取水し、川村からの水は庄内用水東井筋（江川）につながっていた大幸川を利用して送水していた。だが、大雨の時の排水を良くするため、天明四年（一七八四）に大幸川は堀川へ流れ込むように川筋が変えられた。この結果庄内用水の水が不足するようになり、御用水を利用して送水することになったのである。

川村で庄内川から取水していた御用水路を拡幅し、今の三階橋の北で御用水と分かれて、輪中のなかを矢田川堤防に沿って新たな水路を掘り、成願寺・中切を経て、福徳村で矢田川の下を伏越（水路トンネル）でくぐって対岸の稲生と光音寺の村境で矢田川の南側に出た。ここで従来からの庄内用水の大井筋と東井筋（江川）につないだ。さらに、ここからまっすぐ南にむかい名古屋城の北西で大幸川につながる水路を開削した。工事は、新川を開削した水埜千之右衛門がおこなっている。江戸末期の村絵図では、庄内用水に合流する前の川中三郷内は「庄内用水」、稲生村から大幸川への水路は「三郷悪水」と記されている。

この水路が造られたことで、庄内用水に多くの水が送られるようになり、三郷の排水も大きく改善された。

三郷水路

輪中の住民は水害だけではなく、排水にも悩んでいた。川より高い土地なら排水路を掘って川につなげば排水できる。庄内川・矢田川の川床は堆積する土砂で年々高くなり、三郷の排水は難しく「水腐の村」と呼ばれる状態になっていた。昔は自然流下に頼るしか方法がない。そこで行われたのが、まわりを囲む川の下に伏越を造り、川を越えたむこう側の低い土地へ水を流して排水する方法である。三郷悪水により成願寺をはじめとする三つの村の排水は矢田川の下を伏越でくぐり、大幸川を通って堀川に流れ込むようになり、排水がスムーズに行えるようになった。

矢田川の川底をくぐる伏越は二本あった。江戸時代末期に書かれた『尾張名所図会』にも取りあげられ、「矢田川の堤防も含めて三町（三二七ｍ）余の地中に、大きな杁を二本埋めた長杁である。その大規模なことはたぐいまれである」と書かれている。

北区と西区の境に「桝形町」という町名がある。ここは伏越の出口だったところだ。矢田川の堤防にある伏越の出入口には樋門（ゲート）がつけられ、開閉して水量の調整などをおこなう。昔は伏越も樋門も木で造られていたので、万一破損したときに備えて下流側には堤防の樋門のほかにもう一つ樋門が設けられていた。堤防の樋門を囲うように土手がめぐらされ、この土手にも樋門を設けて二重堤防にしたのである。この土手は方形にめぐらされ、ちょうど大きな枡のような形であったので「枡形」と呼ばれていたのが町名になったのである。

明治十年（一八七七）の黒川開削により庄内用水は今の川筋に変わった。これまでの庄内用水と呼ばれていた輪中のなかの水路は、稲生村より下流と同じ三郷悪水と呼ばれるようになり、もっぱら三か村の排水に使われるようになった。昭和七年（一九三二）には矢田川が今の流れに変えられて伏越や枡形もなくなり、三郷は輪中の村から名古屋市街と陸続きの村へと変わったのである。

稲生から黒川へつながる南北の水路は早い時期に暗渠となった。名古屋城北西で黒川（堀川）に流れ込むところにある樋門につく「三郷水路」と記載された銘版が、かつての三郷水路の名残をとどめるだけである。三郷を東西に貫いた水路は平成五年（一九九三）に暗渠となり、歩道に造られたせせらぎが、かつてこの地域の生活を支えたたいせつな水路があったことを物語っている。

風さわぐ……神明社【MAP北西】

大木が枝をゆるがせて鳴っている。神明社にある何十本もの大木が、強風に吹きさらされ音をたててさわいでいる。風が和《な》いでいる日には、森から一斉に聞こえてくる鳥のかしましい鳴き声も、今日は聞こえてこない。

石段をあがって、社殿にゆく。社殿を掃除している人がいる。森の中の神社は、一日とて掃除をしなければ落葉にうずもれてしまうだろう。感心して、しばらく掃除をする人を眺めていた。誰にいわれて掃除をしているのでもない。氏子の方が、自分たちの鎮守の森を、自分たちの手で護ってみえる姿だ。


神明社は、中切村の村社である。祭神は天照大神で、創立年代は不詳であるが、安食重頼の崇拝をうけたという古い神社だ。

本殿の西側にも小さな祠が二つある。社名は書かれていないが、『西春日井郡誌』には「境内神社に秋葉社（祭神火具土命）國府宮社（祭神大國霊命）熊野社（祭神伊弉諾尊）の三所あり」とされているので、これらのどれかだろう。

境内を掃除している古老にうかがった。

「あの祠は、矢田川が洪水にあった時に、村に流れてきたのを拾ってまつったものです。川中村はなんども矢田川の洪水にあいました。今、立っている場所が、昔の矢田川の堤防です。この堤防の上に神明社がありました。ごらんのように、かなり高台の上にありますが、川は恐ろしいもので、いったん荒れ出すと手がつけられなくなります。人家が流失する。いや村の神社から墓地まで流失し、村全体が洪水によって消えてしまうこともありました。この祠も、洪水によって漂流してきたのをまつったものです。天王社としてまつっているようです」

中切神明社

庄内川と矢田川は暴れ川で、何度も洪水を起こし沿川の味鋺・如意・比良・小田井・瀬古・成願寺・中切・福徳などの村人の生活を根底から破壊した。

宝暦七年（一七五七）五月四日、明和四年（一七六七）七月十二日にも洪水にみまわれた。安永八年（一七七九）には七月二十三日、八月二十五日と二度にわたって水害にあう。天明二年（一七八二）には六月二十三日から八月二十一日のあいだに四度も洪水が起こった。

この被害により、洗堰の工事が始まり、新川が開削された。

しかし、洪水は非情だ。洗堰が完成し、新川が開削された後も、洪水は容赦なくおそってくる。嘉永二年（一八四九）八月一日、同年の八月七日、九月十七日と洪水にみまわれる。また安政二年（一八五五）にも洪水の被害にあう。

時代はかわり、明治になってからも、何度もの洪水に見舞われている。

神明社の高台から北区の街並みを一望の下に眺めることができる。のどかな光景だ。川中村の洪水の被害も、遠い歴史の彼方に忘却されようとしているが、神明社に鎮座する小さな祠が漂着の生き証人だ。小さな祠は、洪水の悲惨さを忘却してはならないと訴えているかのように、おごそかに鎮座している。

漂着の祠……乗円寺【MAP北西】

矢田川が氾濫した時、流れ着いた祠《ほこら》が乗円寺にまつられているという話を聞いた。寺に収めるのは不思議な話だと訝しく思いながら乗円寺を訪ねた。乗円寺の東隣は幼稚園だ。幼稚園との境に、二つの祠がまつってある。

乗円寺は白馬山と号する曹洞宗の寺である。創立年代は、不明だ。乗円という僧が開基したので、寺の名も乗円寺と名づけられた。ずっと昔は、天台宗の道場で観音、弥陀、薬師の三尊仏を安置していた。慶長年間、永安寺の二代東順和尚が再興して、永安寺の末寺となった。もともとは天台宗であるので、成願寺、聖徳寺と同じく、この寺も安食重頼をはじめとする安食一族の菩提所であった。

聖徳寺の松村宗哲住職は「三郷は、福徳には聖徳寺と八龍社、中切には乗円寺と神明社、成願寺には成願寺と六所社があります。寺と神社はたいへん近い距離です。神社のほぼ直線の北側の位置に寺があります。昔は神仏混淆だったからです。三つの寺は、それぞれ神社と一帯になり大きな寺域を領していました」といわれた。寺と神社とが同じ広大な領域の中にある。仏の教えと神の教えとを同じ場所で授かることができる。

慶応四年（一八六八）、神仏分離令が出された。これにより仏法を廃し釈尊の教えを棄却する運動が起こった。狂気の事件が相次いだ。寺院や仏具経文などの破壊運動が起こった。奈良の興福寺では、僧侶の多くは春日神社の神官に変わった。五重塔が売りに出る事件も起きた。今でも、廃仏毀釈のあおりで中津川には寺のない村がある。

三郷の寺と神社は、明治以前は神仏混淆であったのだ。とすれば、矢田川の洪水によって、いずこからともなく流れてきた祠が、寺の一画にまつられていたとしても何の不思議もない。無残にも変わりはてた姿で、うちすてられている祠、それをたいせつに寺に持ちこみ丁重にまつる。村人の寺によせる愛着があれば、それは自然のなりゆきだ。

祠がいつまつられたかは、分からない。村人の寺への崇拝の思いが、漂着の神を迎えたのではないだろうか。

乗円寺にまつられる漂泊の祠

茄子供える……天神社【MAP北西】

受験シーズンに入って、どの天満宮もたいへんなにぎわいだ。おびただしい数の絵馬には、入学を希望する学校の名前が書かれている。なかには、子どもに内緒で、代理で母親が参拝にきている姿もみられる。

天満宮でありながら、受験生の姿がみられない神社がある。中切にある天神社だ。祭神は受験の神様の菅原道真だ。創立年代は不明である。安食重頼や山田重忠の崇拝をうけていた神社というから、歴史のある神社だ。

古い由緒のある神社なのに受験生の姿が見られないのはなぜか。

この神社が、天神社であると知っている人が少ないからだ。天神社であることは石段脇の梅紋と鳥居の傍にある石碑を見ることによってはじめてわかる。

天神社の傍に、小さな御堂がある。その御神体を神社の近くに住む古老にたずねた。

「あれは社務所です。私は、この土地にきて二十五年です。お祭りには幟がたてられるし、受験の時にはお参りにくる人もいます。昔は茄子天神と呼んでいて、茄子をお供えしていたようです。なぜ茄子をお供えしたかは知りません。この天神社は、疝気《せんき》（下腹部内臓が痛む病気）の人がお参りするとなおる、と信心をうけていたようです」

古老と別れて石段をあがり、天神社にお参りする。

中学生時代、国語の教師から方丈記や奥の細道の冒頭文を暗記する宿題を課せられたことがある。なかなか集中して暗記することができない。氏神様にいって暗記したが、今でも、その一節は覚えている。静寂な、誰も訪れる人のいない神社は、絶好の暗記をする場所だ。天神社の拝殿に座り、遠い中学生時代のことを思い出していた。

天神社の高台から眺める名古屋の街もなかなかのものだ。二百メートルほど西に、こんもりと茂った森が見える。

中切天神社

天神社と同じように、矢田川の堤防の上に建っていた神明社だ。堤防はかなりの高さで、矢田川がまっすぐ西に流れていたことがわかる。

天神社の東にはふたかかえもある公孫樹の大木、西にはケヤキの大木が空高くそびえている。

古木には霊が宿るという。天神社のケヤキを見ていると、そんな感じをうける。天神社には、ケヤキや公孫樹のほかにも何本もの古木がそびえている。

大正十二年刊行の『西春日井郡誌』には「老松及古き榎あり。地域堤防上にありて漸次盛土工事をなすため、此の老樹も次第に枯れ行くものの如し」と書かれている。老樹の一覧表には二本掲載されており、一本は松で幹周り七尺五寸（二・三m）、もう一本は椋で九尺五寸（二・九m）となっている。九十年を経た今日すでになく、榎の巨木の一本は幹が空洞となりながらも風雪に耐えてきた風格をただよわせている。老木は周りに太い根がたくさん張っているのが普通だが、ここの木は幹が地面から直接突き出している。堤防を補強するため土を盛り上げたためだ。人々の命と生活を守る事と引き替えに、木にとってさぞ息苦しいことになってしまった。水害と闘ってきたこの地域の歴史を感じさせる光景だ。

社の下の建物は、同書によると「郷倉」とのことだ。郷倉とは、元は年貢米の一時保管倉庫で、後には備荒貯穀などに使われた施設だ。今は観音様や路傍にあった石仏をたくさん祀った社務所兼用の施設になっている。

天神社は多勢で押しよせる神社ではない。ひとり静かに瞑想をする場所だ。そして木霊と対話をする場所だ。木霊と対話をすれば、新しい力を得ることができるであろう。受験生も、誰も訪れる人のいない神社で木霊に囲まれて、英語の単語や数学の公式を覚えるならば、合格できる実力が身につくのではないか。

いつ訪れても、きれいに掃除がしてある神社を、ひとりで何時間も占領して読書をしたり、昼寝をしたら、それこそ至福の時間ではないか。天神社は町の中に残された、人に知られていない奇跡の空間だ。

天神社と道をひとつ隔てて、丸石の石垣のある民家が二軒並んで建っている。家は新しく建てかえられているが、石垣だけは昔のままのものだ。この石垣もこの地域の水害と闘った歴史を伝えている。

あわれむべし断髪禅衣の像……成願寺【MAP北西】

成願寺は、矢田川の堤防の真下にある。堤防の上を何台もの自動車が走り過ぎてゆく。澄みきった大空に、飛行機が一本の白い線を残して消えてゆく。

墓石の林立している中を歩いてゆく。静寂そのものだ。こののどかな成願寺の里も、かつては矢田川の水害にいくども悩まされた。多くのものが、水害の時、この里に漂流してきた。そして、多くのものが、この里から下流の村に流れていった。

そのうちの一つに甚目寺観音に伝わる婦人像がある。『尾張名所図会』は、三郷の里から流失した婦人像を、聖徳寺の安食重頼の夫人像であるとしている。しかし、朝岡宇朝は『袂草』の中で、この像は成願寺の山田重忠の夫人像であるとして、次のように記している。

成願寺新本堂

尾州の城北、安井川、味鋺川のあいだに成願寺村がある。この村の成願寺に、山田次郎の木像がある。僧形である。妻の像もあったが、昔、大水の時に流されてしまった。像は、甚目寺に流れ着いた。土地の人が、これを拾いあげて甚目寺の本堂に安置した。今に至るまで甚目寺でまつられ、土地の人々からは「おそそさま」と呼ばれている。山田次郎は六月十五日に討ち死にしているので、六月十五日と正月十五日と年に二回、荒川家では布施を持参して、参詣するということである。

考えてみると昔は、川々の堤は現在あるものとは異なっているので、水はただ地の低い方に流れてゆき、それが自然と川になったのだろう。だから成願寺の木像が甚目寺あたりまで流れていったのも自然の水勢であるだろう。

文中に出てくる荒川家とは、著者の朝岡宇朝の友人、荒川宗兵衛家のこと。山田重忠と荒川家との関係を『袂草』

は、次のように記している。

山田次郎は、尾州山田庄の者である。承久の乱で京都方に属し、瀬田に陣を引いて宇治の戦いで敗れ、嵯峨の方へ落ちのびてゆき、とうとうそこで討ち死にをした。
山田の聟、荒川某、名前はわからない。今の荒川宗兵衛の先祖である。その者が、山田の菩提のために、尾州山田の庄木ケ崎に長母寺を建立し、岩作村に長兄寺を建て、その外長父寺、長弟寺という寺も建てた。
長父寺は、山田次郎重忠の菩提を弔うための寺、長母寺は、その夫人の菩提を弔うための寺である。二人の子どもの菩提所が長兄寺、長弟寺である。その後、長父寺、長弟寺は廃絶したが、長母寺、長兄寺は今も残っている。
聟の荒川も山田と姓を改めたが、また荒川にもどした。この荒川は、我が先祖であると宗兵衛が語った。荒川の紋は割鷹羽である。これが山田の紋である。

聖徳寺の安食重頼像は、羅漢像でないかという説が江戸時代に起こったが、成願寺の山田重忠像も、開山和尚の像ではないかと取りざたされた。安政二年（一八五五）三月二十四日、儒学者の細野要斎は、山田重忠の像を見に成願寺を訪れている。『感興漫筆』の中に、その日のことを次のように記している。

午後、富永莘陽とともに成願寺村の成願寺に遊びにゆく。この寺に山田次郎の肖像が、仏殿の西に安置してある。いつもは扉が閉めてある。今日は住職は外出していて留守だ。村人が集まっている。村人に告げて、私自ら扉を開いて見てみると、この像は僧形である。高さは二尺余りある。壁に、半紙に書いた説明文が掛けてある。
　山田次郎重忠像　承久三年六月十二日
　嵯峨野で亡くなった。法名建正
この像は重忠の像ではなくて、開山和尚の像であるという説がある。本当であるか、どうかはっきりしたことはわからない。

成願寺山田次郎祀前賦　忠陳
承久勤王不奏功　損躯夏日落西風
可憐断髪禅衣像　香火汚顔野寺中

勤王の志もむなしく、洛西の地で戦死した山田重忠が、今日断髪禅衣の僧として、目の前にたたずんでいる。香がたちこめる中、その尊顔を見ているとなんともあわれな気持ちになってくるという意の詩であろう。

成願寺は、天台宗で、開基は行基である。もと常観寺といった。安食庄の荘司、安食重頼は出家して常観坊隆憲といったが、その常観をとって、常観寺と名づけた。山田庄の荘司、山田重忠が再建した時より成願寺と改められた。

成願寺の本尊は、行基の彫った十一面観音である。行基自作と伝えられているが、この像は平安中期に製作されたものだ。裳の折り返し部分には二個の渦文がある。天衣や裳には彩色文様の痕がある。翻波式彫法の典型的なものだ。高さは一・六メートルで、台座、光背、宝冠は後世に補修したものである。山田重忠像、十一面観音像のほか、名古屋市の文化財に指定されている大黒天木像が寺に所蔵されている。大黒天は全高五十五センチメートルの寄木造である。台座の裏に墨書の銘がある。銘文中の製作年代は、はっきり読めないが、元和年間の作と思われる。

成願寺にゆかりの人物は、行基、安食重頼、石黒重忠とそうそうたる人物がつづく。『信長公記』の著者、太田牛一も、この寺で育った人だ。『尾張名所図会』は、太田牛一について、次のように記している。

太田和泉守牛一は、はじめは又助といった。信長公の近習で書記の役を勤めた。また弓鎗六人衆の武将のひとりで有名な人であった。幼少のころ、この常観寺で成長し、青年時に還俗して武将となった。軍功も数多くたて、……『信長公記』十五巻も記した。

本堂の階段に座り「あわれむべし断髪禅衣の像」の句を口ずさんでいた。

一代の英雄も、はかない死をとげる。人の世は、矢田川の流れのようにはかないものだと思った。

天災は忘れぬうちにやってくる……ふれあい橋 【MAP北西】

成願寺を越えて、矢田川の堤防にのぼり、車が通行することのできない「ふれあい橋」を味鋺にむけて渡ってゆく。矢田川では、渡り鳥がえさをついばんでいる。川原では、すすきの穂がゆれている。

のどかな眺めだ。しかし、矢田川が大雨により堤防が決壊したら成願寺一帯は、どのような状況になるだろうか。想像するさえ恐ろしいことだが、江戸時代以来、なんども成願寺・中切・福徳の三郷は、悲惨な洪水の被害にあっている。奥村徳義の『松濤棹筆《しょうとうとうひつ》』の六十四巻には、矢田川の洪水の生々しい状況が書かれている。それは、次のような書き出しで始まっている。

安政二年（一八五五）乙卯七月廿五日以後、雨気を起し、日夜降みふらずみする内に、廿八日と成て益甚しく、廿九日にハ今暁より降事絶間なく、昼間に至てハ雨盆を覆へすが如し。自宅家旧ひ瓦ハ昨冬の地震狂ひして有けれバ　勝手廻り溜りの器置並べ尽しても一面に滝を為して漏滴所不定故、一番多漏の処ニ戸を並べ置て廂の如くに作り、其先キニ漏り請桶を並べて請留る仕懸を為し、畳悉くぬらして後起し揚るも詮無しや。

名古屋城下のはずれ、古渡村に住んでいた徳義の住居でも、このような状況であった。矢田川の堤防下の成願寺一帯は、この暴風雨によって、たいへんな騒ぎになっていた。

徳義は、光音寺村の半七から聞いた話として八月八日に次のような記述をしている。

当村廿九日、堤内方腹ヨリ吸越水夥しければ、川岸にハ堤に生立し松を切流し、懸水を除き、内方にハ杭を打て

ふれあい橋からの庄内川

裂目に畳又土俵を入て防留る。川底ヨリ田所の面迄ハ一丈も違い低かりし故、堤中腹を吸越せし哉と云、又一説には、去冬地震の破と云、其内に福徳・中切・成願寺の三郷中へ切入て水大に減と云、半七此三郷に頃日中、人足廻し居し小僧庵堤悪水一盃に成りけるを、其時矢田川水低かりければ南へ堤切落せしに、程なく矢田川出水して逆流切途より押入ければ、扨落水入吹貫終に切入し、其水勢三郷を西へ押通り、福徳村聖徳寺構大門の茂林に突付なきれて南へ矢田川方へ押破るる時、其堤に小段新築家二軒を建、民住居するを、其辺低所、家々家財を持運び此家の高みに有を頼みに箪笥・包物山之如く持入たれバ、女ハ遁行て番に男一人ヅツ家に在りし。此家之処、澪と成て押流す。一軒の番ハ三十余の壮者水游して助る。一軒の番ハ老翁成しが得游かざる内、家押出す時、幸柳に留り、乳ぎしひたりて助かるト云。

洪水の恐ろしさを余すところなく描写している一文だ。徳義は、三郷の状況を書く直前に「嗚呼、是去歳冬ハ大地震、今秋ハ暴雨洪水、如何成事ソ」と感想を述べている。

去年の冬には地震、今年の秋は暴風雨と洪水にみまわれた。いったいどういう世であろうかという慨嘆だ。

嘉永六年（一八五三）六月、ペリーが浦賀に来航した。翌七年には江戸湾に再航し、幕府は日米和親条約を締結した。この年の四月には宮中で火事が出る。六月には伊勢、大和で大地震が起こる。十一月四日、マグニチュード八・四の安政東海地震が起こり、六百人余の死者が出た。十一月五日にはマグニチュード八・四の安政南海地震が起きて数千人の死者が出た。次から次へと災厄がふりかかってきた。『群書治要』の一節「庶民安レ政、然後君子安レ位」をとり、忌まわしい世に決別する意をこめて十一月二十七日に嘉永から安政と年号が改められた。東海・南海地震は嘉永の時に起きたが、安政大地震と呼ばれている。しかし、年号は改まっても天変地異は鎮まらなかった。

翌安政二年十月二日にはマグニチュード六・九の江戸の大地震が起き、一万人前後の死者が出た。

これらの大地震のうち、安政東海地震では、名古屋地方にも甚大な被害をもたらした。『松濤棹筆』を読んでいると、それ以降頻繁におこる地震に、おびえている人々の様子がよくわかる。

徳義は擬音語をおりまぜて、地震によって恐慌をきたしている街の様子を非常にリアルに描写している。

安政二年一月の地震に関する記述を現代語訳にして、紹介しよう。

それにしても嫌なことの続いた年も暮れ、はや大晦日の夜も明け、安政二年の正月をめでたく迎えた。しかし公私にわたり、にぎにぎしい祝賀の儀はとり止めることにした。

四日は役所の仕事始めで、早朝家を出て、三時ごろ帰ってきた。今日は朝の五時半ころより、雨がしとしとと降り出してきた。年始まわりをして、雨に濡れるのを避け、役所からまっ直ぐ家にもどってきた。家にもどり湯に入っている時、時間は四時ころだと思う。この時、家がギシリ、ギシリと大きな音をたててゆれ動いた。しかし、鳴りひびく音を考え、逃げ出すこともあるまいと、そのまま家の中にいた。

……………

七日、今日は暖かく、格別によい日和である。午後四時ころ、鳴り響く音もなく突然ドシーン、ビリビリビリビリ、ドシイン、ビリビリビリと地震が起った。昔はビリビリビリメキメキメキとしだいに上り調子に揺れることがふつうであったが、近来はドシイン、メキメキメキ、ドシインドシインと突然下から突きあげてくるようであると人々はうわさしている。ふたたび七時ころ、来客と話している時、メキイリメキイリメキイリと家が長いこと揺れていた。もはや逃げ出す時と火鉢を抱えて外に出た時、静かになった。

まだまだ地震の記述は延々と続く。東日本大震災や将来起こるであろう東海大地震の話題で持ちきりの昨今、『松濤棹筆』を読んでいて、思わず引きこまれ、引用が長くなったようだ。毎日のように起こる地震におびえている様子がよくわかる記述である。

先に引用した安政二年七月二十五日の大洪水の記述に「去冬地震の破と云」とあった。去冬地震とは嘉永七年十一月四日の東海地震をさす。この地震の後、十二月二十七日に、成願寺の住職真性坊が徳義を古渡村に訪ねている。地震当時の成願寺村の様子を、真性坊は徳義に、次のように話している。

大地震の日である。成願寺村の前の矢田川は、冬は水が流れていない。仮橋が架かっていても、川は砂地になって、歩いて渡ることができる。ところが大地震があって、川幅いっぱいに水が満ちて流れている。堤防は中ほどで決壊した。薄濁った水が湧き出て、流れている。高く立っていた仮橋の橋杭は川底へ引込んでしまった。川原の砂がところどころ盛りあがって、山のように高くなっている。今も、そのままの姿が残っている。私の寺へ久屋町の人がやってきて、百人一首の替歌の狂歌を作った。天智天皇の「苅穂のいほの……」の歌は、作者を天智変動として、

あきれたり苅ほのいほハ苦もあらす我子共らハ露にぬらしつ

蝉丸の「これやこの」の歌は、

これや是ゆるもゆらぬも大地震死も死たが大坂ハは関

成願寺、中切、福徳の三郷がいかに洪水や地震にみまわれ、おびえていたかが『松濤棹筆』の記述によって、よくわかる。

明治二十四年一〇月二十八日にこの地方を襲った濃尾地震では、地盤が軟らかい沖積地の名古屋北部では大きな被害を出している。『濃尾大震災写真帖』に掲載されている成願寺の写真には、竹藪が地震により二十間（三十六m）移動したと書かれている。

すすきの穂が夕日をうけて、赤くそまりながらゆれている。遠く恵那山や御岳山が白い姿をくっきりと現している。ふれあい橋の上からながめる夕日の矢田川の景色は、えもいわれぬものだ。

寺田寅彦は「天災は忘れた頃にやってくる」といった。奥村徳義の文章を読んでいて、予想される東海地震のことを強く意識した。天災は忘れぬうちにやってくるかもしれない。心しなければならぬと思った。

萩の雨……小僧庵【MAP南西】

矢田川が安井町の北側を流れていたころは、堤防には松林がつづき、秋ともなれば萩の花が一面に咲き乱れる名古屋の五十景の一つに数えあげられる名勝であった。

この地に遊んだ文人の俳句を二、三紹介しよう。

渡辺沙鴎は、次のような前書きと俳句をよんでいる。

小僧庵という所から矢田川に出る道は萩原六町、松山五町である。

守山にかかれというぞ萩の雨

一町は六十間、一〇九メートル強であるから、五町は約五百五十メートル、六町は六百六十メートルである。萩の花が咲き乱れる原っぱが五百メートルの余、松林が六百メートルも続いている矢田川に出る道。堤防からの眺望もすばらしい。おりしも雨が降ってきた。守山のあたりまでもが雨にけぶっている。

近景のそぼ降る雨の中に咲いているかれんな萩の花を配し、遠景に雨にけぶる守山あたりの景を添えている雄大な句だ。

小僧庵というのは、成願寺の米ケ瀬にあった小庵である。天明(一七八一〜一七八九)年間のころから松林の中にあり、萩の花が咲き乱れる名勝で多くの人が訪れた。とくに月見の時にはにぎわったという。

横井也有も小僧庵を月見に訪れている。

ここ安井の里は萩の名所で、とりわけ中秋の明月のころは安井の川原の月見といって、とくににぎやかである。信濃にある田毎の月ではないが、堤防下の田に月が浮かんでいる。この近くの川魚をとる漁師の家に立ち寄る。

井戸からもひとつ汲けり今日の月

月が浮かんでいるのは田んぼや川ばかりではない。井戸の中に浮かんでいる。その月を、つるべでくみとったという意の句だ。次の前書きと句も也有の作だ。

安井の里は萩の名所である。風流を解する友を二、三人うちつれ、酒、さかなを用意して毎年訪れている。

かはすての樽にもありてはぎの花

川原に置いた酒樽のかたわらにも萩の花が咲いているという意の句だ。

井上士郎も次の句を詠んでいる。

萩ふくや塘は雨の大けしき

雨にぬれる堤防一面に咲き乱れる萩の花、そこに雨がしとしとと降りそそぐという意の句だ。

光音寺、安井、辻の三つの村が明治二十二年に合併して萩野村となった。これは小僧庵が萩の名所であるところから名づけられたものだ。

新川中橋から矢田川堤防を右手に眺める。秋には萩が咲き乱れ、野菊が堤防を彩る。春にはあげひばりが舞いあがり、桜の花が咲く。堤防の草の上で寝ころぶ人、つくしをとる人、矢田川は、かつては、そんな行楽の地であった。今は、おびただしい数の車が通りすぎるだけの道路に変わっている。

新川中橋の左手は庄内川ゴルフ場だ。芝生の上で何人もの人がゴルフに興じている。昭和初期、ここはゴルフならぬ名古屋競馬場であった。年に二回、競馬が行われた。

時の移ろいは、すべてのものを忘却の彼方におしやる。

ドンド焼き……六所神社【MAP北西】

火の粉が、空に舞いあがる。紅蓮の炎の中から、神棚に正月中飾ってあった注連飾りやお札が灰となって飛び散ってゆく。

ほかの地では一月十四日か十五日に行われる左義長が、成願寺の六所神社では十日に行われる。四本の青竹で囲まれた中にうず高く積まれた薪のまわりに多勢の人々が集まってくる。宮司の祝詞が終わり、火がつけられると薪はまたたくまに燃えあがってゆく。

「火を燃やすのには問題はあるが、今日だけは特別の日だ。どの家でも飾りやお札を始末することができないからお宮さんに持ってくるんだ」。氏子の人は、そんなことをいいながら多量に積まれた飾りを薪の中に入れてゆく。

堂々と火を燃やすことができるのは、左義長の今日だけである。燃えあがる火のまわりで、誰もが手をかざして、次つぎにと燃えあがってゆく正月の飾りを見ている。

六所神社

六所神社の東側も、西側も団地だ。団地の人々が、小さな子どもの手をひきながら飾りを持って集まってくる。

左義長の日に、書き初めの字を燃やす。その紙が空高く舞いあがると字が上達するといわれたものだ。炎の中に入れた習字紙が、どの程度、舞いあがってゆくのか固唾を呑んで昔の子どもは見ていたものだ。

習字を持ってくる子どもはいないかと見ていたが、ひとりもいなかった。

餅を持ってきて、左義長の残り火の中に入れて焼く。その餅を食べると無病息災で一年過ごせると餅を焼いたものだ。左義長で竹がポンポンはぜると景気がよいというので、青竹も入れて焼いたものだ。

左義長にまつわる俗信は数多くある。

左義長の祭場の中心に、氏神にたてた門松を置くところもある。芯竹《しんだけ》といった。また最初に火をつけるとき、マメギと藁を使うところもある。マメギも青竹のようによくはぜて景気がよいからだろうか。あるいは、ポンポンと勢いよくはぜて邪気を払うという意味があるからか。左義長にたく火を爆竹とよぶから邪気を払う意もあるのだろう。

また、左義長ではぜったいに秋葉神社のお札だけは燃やさなかった。三節竹をいぶして、家に持ち帰り、屋根にあげて火難除けにする地方もある。

左義長をドンド焼き、ドンドコ焼きとも呼ぶように、火は威勢よくドンドン燃えあがってゆく。

左義長の始まる前、しばらく宮司さんと話した。

「氏子は二十軒です。しかし、氏子の人たちよりも私が一番古くからこの地にいます。昭和五〜七年の矢田川のつけかえ工事も、失業対策事業として始められたものです。そのころのことを知っている人は、ひとりもいませんね。矢田川の堤防の上にあった祠を、この神社に合祀しました」

六所神社の祭神はイザナギ・イザナミ・アマテラス・スサノオ・ツキヨミ・ヒルコの六神である。成願寺村の村社で、勧請の年代ははっきりしていない。元禄二年（一六八九）に社殿を再興したという。

昭和二十年五月の空襲で全焼した。今、神社に残っている戦前からのものは、すべて石造物だ。

もっとも古いものは、東の鳥居の側にある燈明台で、宝暦十二年（一七六二）に牛頭天王社に奉納されたものだ。牛頭天王社は、津島神社のことだ。天王社が、この六所神社に合祀されたことがわかる。燈明台は、境内には明治時代のもの、大正時代のもの、昭和の戦前のものと三代にわたり、それぞれある。

表側に六所神社と社名が彫られ、裏側には、明治三十八年日露戦捷紀念と書かれた

六所神社の左義長神事

碑がある。碑の側面には、この村から従軍した七名の名前が刻まれている。

百度石が、小さく鳥居の側に建っている。鳥が、けたたましく鳴きながら神社に集まってくる。境内ではドンド焼きが終わり、多勢の人が、出されたぜんざいに舌づつみをうっていた。

味鋺界隈

……小牧線味鋺駅↓中味鋺

大きな夢と情熱……新木津用水と八田川【MAP北東】

名古屋と春日井の境界を流れる八田川は、わずか一キロメートルほどの区間が市のはずれを流れているだけであり、今では人々の関心も薄い川である。しかし、江戸時代から今に至るまで流量が少ない庄内川の水を補う貴重な川として、また明治から大正にかけては犬山と名古屋を結ぶ舟運の水路として使われ、名古屋にとりかけがえのない川であった。

八田川は、小牧市の大字大草（東名高速道路小牧ＪＣの北東）から流れ出し、春日井市の西部を斜めに縦断して北区の東端を通って庄内川に流れ込んでいる。総延長十一・五キロメートル、流域面積十六・三平方キロメートルほどの、一級河川ではあるが規模の小さな川である。

この八田川が大きな役割を果たしてきたのは、新木津《こっつ》用水とつながっていたからだ。犬山で木曽川から取水して、扶桑町・大口町・小牧市を流れくだる新木津用水は、春日井市の朝宮公園で八田川に合流している。つまり、木曽川と庄内川は新木津用水と八田川によりつながっているのである。これにより、木曽川の水が庄内川に流れて水量不足を補い、舟も航行できる名古屋にとり大きなメリットがある川になったのである。

新木津用水と八田川の合流点

江戸時代、各藩は殖産興業に力を注いでいた。とりわけ農地の拡張が一番の課題であり、尾張藩でも豪農や豪商の協力も得ながら新田開発をすすめ、農地を潤す用水の確保に尽力していた。

尾張中部は水利が悪く荒地が広がっていた。この地域の開拓のため、寛永十年（一六三三）に、入鹿池が築造され入鹿用水が整備された。この池は、農業用ため池としては香川県の満濃池につぐ日本で二番目に大きな池である。入鹿池の水では限られた地域しか灌漑できず、慶安三年（一六五〇）に豊かな流れの木曽川から取水する木津用水が開削された。木津村（犬山市木津）で取水し、小牧山の東を通り、現在は北名古屋市で新川（新川開削前は庄内川）に注いでいる「合瀬川」とも呼ばれる川がそれである。

次に開削されたのは、寛文四年（一六六四）に完成した新木津用水である。木津用水を現在の大口町中小口で分水し、南南東へ流して春日井市の西部で八田川に接続する水路を開削した。これにより春日井原への配水が可能となり、開墾が始まった。

わずか三十余年のあいだに、三筋の大規模な用水幹線と配水路網が整備された。沿川の農民や藩の、熱意と期待がこのような大規模工事を可能にしたのである。

新旧の木津用水が完成したことにより、水量が不足がちの庄内川に木曽川の水を補給できるようになった。この水を利用するため、木津用水の工事に合わせて、稲生村（西区）にあった庄内用水の取水口が増設されている。また、寛保二年（一七四二）から庄内用水は上流の川村（守山区）で取水するようになったが、『尾張徇行記』に「水量不足のときは木曽川からの取水量を増やして新木津用水（八田川）を経て庄内川に流し込む。成願寺村の北で庄内川を堰きとめ、ふだんは庄内用水の余り水を庄内川に捨てるのに使っている杁から逆に庄内用水に流し込む。これを助水という」と書かれている。両用水の完成は、小牧や春日井などのみならず、庄内用水を使っていた今の北区から港区にいたる広大な地域に恩恵を与えたのである。

新木津用水の完成により春日井などの原野は美田に変わっていったが、開墾が進むとともに配水能力を超えた田畑が開かれ、幕末には水不足が顕著になっていた。

水量を増やすには、木曽川の導流堤や取水口である元杁樋門の改築、用水路の拡幅が必要である。明治元年（一八六八）から八年にかけて地元農民のあいだに改修の機運が高まってきた。だが、疲弊した農民では多額の経費を負担しきれず、賛否相半ばして着手できないままであった。

このようななか、愛知県の土木技師であった黒川治愿《はるよし》は、新木津用水だけでなく庄内用水も含めた農業用水の確保と、犬山と名古屋、さらに熱田港を結ぶ航路の開設を計画した。新木津用水を改修し、堀川と庄内川をつなぐ新たな水路を開削する内容である。新たな水路は、木曽川からの水が流れ出る八田川の対岸、今の水分橋の地点から堀川につなぐことになった。

壮大な計画のうち堀川と庄内川をつなぐ新たな水路「黒川」の開削は順調に進み、明治十年に完成した。

しかし、新木津用水の改修は地元負担金をめぐり異論百出して着手できないままであった。十二年に取水量を増やすための導流堤の延長や水路の浚渫《しゅんせつ》が地元負担金二千五百円、県費九千七百余円で行われたが、いぜんとして水量不足であった。

明治十五年になると木曽川から取水する元杁の改築が官営事業として行われた。事業費は一万一千四百余円、そのうち味鋺原新田ほか四か村は地元負担金四千円を拠出した。この工事に当たり、新木津用水の助水で多大な恩恵を受けてきた庄内用水の井組（水利組合）も二千百円を負担している。しかし巨大な取水口が完成したものの、水路は狭いままなので十分に水門を開くことができず、下流では水不足が続いていた。

関係の村々ではさらに二万余円を募金するという条件で県に拡幅を請願した。県はこれを採択し、県費も加えた総額三万余円の官営事業として計画したが、疲弊した地元農民は二万円という巨額な費用を負担できない。一万円は県からの借入れ、残り一万円分は工事への労役提供ということで、十六年にやっと工事が始まった。十七年に竣工し、わずか幅二間（三・六m）という狭小な水路が六間（一〇・九m）に拡幅され、滔々とした流れが末端まで届くようになった。

豊かな流れとなった用水により原野の開墾や畑から田への転換が行われ、明治三十一年までの楠村大字如意地内（北区如意）だけでも二十三町歩（二十三ha）の美田が生まれており、大正十二年の時点では灌漑区域全体で六百三十町歩の水田が生まれたと記録されている。

水路が拡幅されたことで、念願の犬山と名古屋を結ぶ舟運が愛船株式会社により十九年から始まった。旅人や天然氷・木曽川の石材などを積んだ多くの舟が、新木津用水や八田川を行き来するようになった。名古屋へむかう舟は水の流れにのって進み、犬山へは数十隻もの舟を長蛇のように繋いで、岸からロープで船頭さんたちが舟歌を歌いながら力を合わせて引いていったと伝えられている。新木津用水と八田川は交通の要路となり、最も華やかな時代を迎えたのである。

昭和になると、産業が発達した名古屋では堀川などの水質悪化が問題になってきた。時の下水道課長で後に名古屋市長になった杉戸清は、木曽川と名古屋港の水を堀川・新堀川・中川運河に導水・循環させて浄化する構想をたてた。昭和十二年から十六年（一九三七〜四一）にかけて、毎秒五・四〜八・一トンの水を新木津用水と八田川を経由して堀川に導水し、一部を現在の上下水道局船附研修会館（北区大杉一丁目）に設置したポンプで揚水して下水幹線を通じて新堀川へ注入する実験が行われた。

この方法は浄化に効果があることが確認され、その後三十八年から五十年（一九六三〜七五）にかけて行われた庄内川から堀川への試験通水、さらに治水面も加味した「流況調整河川　木曽川導水事業」計画へと発展していった。

時はながれ、鉄道の普及とともに大正十三年（一九二四）を最後に愛船株式会社の運航は停止された。子や孫の少しでも豊かな生活を望んで、先人たちが辛苦を乗り越え開拓した田のほとんどは市街地に変貌し、木曽川導水事業計画も中止された。

この川に人々がかけた大きな夢と熱い情熱は、いつまでも語り継いでゆきたいものである。

町中をゆく水路……地蔵川と新地蔵川【MAP北東】

楠・味鋺地区を東から西へ新地蔵川が流れている。北区の川は黒川（堀川）や三郷水路をはじめ、人工的に掘られたものが多いが、新地蔵川もそのひとつである。新地蔵川があるということは地蔵川もある。この二つの川は一筋の川で、春日井市内から流れてきた地蔵川が、八田川の下を伏越でくぐって名古屋市内に入ると新地蔵川に名前が変わるのである。

地蔵川の名は地蔵寺に由来している。文永年間（一二六四〜七五）というから、鎌倉時代のことだ。川の中からお地蔵さんが見つかり、これを安置したのが地蔵寺である。地蔵寺は春日井市の大和通にあるが、昭和二年（一九二七）までは国道一九号が地蔵川を越える地蔵橋の南西に、勝川天神社と並んで建っていた。このあたりにあった大きな池が地蔵池、そこに流れていた川が地蔵川である。

地蔵川は今の八田川付近で庄内川に流れ込んでおり、大雨により庄内川の水位が高くなると排水が難しい川であった。また、楠・味鋺地区中央部はデルタ地帯で排水不良の湿田になっていた。地蔵川から新川への水路を掘ることでこの問題を解決することになった。昭和十六年（一九四一）に庄内川に沿って開削することが計画されたが、一部着工したものの戦争のため延期され、第一期分として味鋺地区が昭和二十七〜三十年度に開削され、四十三年になり全川が完成している。新地蔵川の延長は三・四キロメートル、地蔵川も含めると一三・八キロメートル、流域面積は三十五・八平方キロメートルで、支流に境川・生棚川《なまたな》などがある。

工事中の新地蔵川（昭和30年頃　楠町誌）

川の流れをのぞくと、比較的きれいな水の中、白鷺が獲物を求めてじっと水面をにらんでいる。この流れの源流はどうなっているのだろうか。上流へとむかってみよう。名古屋市内では沿川の宅地化が進みマンションや団地も建っているが戸建住宅が多く、都心とは違ってなんとなくのどかな空気が感じられる。東へむかい八田川の下をくぐって春日井市に入ると工場が増えてくる。しばらくゆくと王子製紙の工場がある。かつては軍の鳥居松工廠があった所だ。さらに進むとにぎやかな街になる。春日井駅の駅前である。瀬戸と瀬戸川の関係を想い起こさせる。その先は、また静かな新興住宅地の中を流れ、子どもが網で何かをすくっている。小魚でも取れるのだろう。東名高速道路の土盛りが見えてきた。春日井インターの一キロメートルほど南の所だ。土盛りを抜けると風景は一変して田んぼの中、地蔵川もわずか数メートルの田舎の用水路といった風情で、少し先には緑の小山が見えている。なつかしい田園風景である。あぜ道を進み交通量の多い県道を横切ると、正面の小山の手前で流れは途切れている。前には高さ数メートルの土手がある。登ってみると緑の木々に囲まれて池の水面が広がっている。「金ケ口池」という名だ。斜樋がある。秋なので水は流していなかったが、この樋門を開くと池の水がほとばしり出て、先ほど通ってきた田を潤し、周辺の水を集めながら新川まで流れゆくのである。池の周辺は開発が進み、少し離れると中部大学や新興住宅地・商店があるような環境だが、この池だけは緑の木々に囲まれた水面に青空をうつして静謐な時間が過ぎていた。

無限の慈悲のほほえみ……首切地蔵【MAP北東】

新地蔵川を渡り、庄内川にむけて歩いてゆく。橋を渡ると四辻に出る。四辻の西北の地に、二つの祠が建っている。東の祠にはお地蔵さま、西の祠には味鋺神社から迎えたお札がまつられている。

ここにまつられているお地蔵さまは、ほかの地にあるお地蔵さまとは異なっている。三つの部分を接ぎ合わせてできているのだ。

首から上の部分、そして二つに切断された胴体の部分と三つの部分が接着されているお地蔵さまだ。切断された胴体の部分は、なんとも痛ましい感じだ。

顔の部分は磨滅をして、目も鼻も口も定かではない。しかし、よく見てみると目も鼻も口もかすかにだがついているようだ。この顔をじっと見つめていると柔和な表情が浮かびあがってくる。このお地蔵さまは、無限の慈悲をもって衆生を見つめていらっしゃるようだ。

いったい、九十センチある石のお地蔵さまを誰が切断したのであろうか。

『名古屋市楠町誌』（以下『楠町誌』とも記す）によると台石に文政（一八一八〜三〇）の銘と五左衛門の文字があるという。首切地蔵と呼ばれるようになった由来は、次のようである。

首切地蔵

お地蔵さまがまつられているのは、味鋺の一ノ曽だ。一ノ曽の地に郷士《ごうし》（農民で武士の待遇を受けている者）の一ノ曽五左衛門という者が住んでいた。

五左衛門の家では、近くの百姓家の娘が家事いっさいをまかされて住み込みで働いていた。

娘は、明るくて働き者だ。朝早く起きて、五左衛門の家の近くのお地蔵さまに出かける。お地蔵さまの前で、手をあわせて、長いことお祈りをする。両親の健康と、今日一日の勤めがぶじに終わることを祈るのだ。

ある朝娘が失態を演じたので五左衛門は大いに怒り、熟睡中に一刀のもとに切りつけた。確かな手応えがあったので五左衛門は自分の部屋に帰り何食わぬ顔をして寝ていた。

翌朝、娘はいつものように早く目覚めた。いつものようにお地蔵様の参拝にゆくと、お地蔵様が袈裟懸けに切られていた。

驚いて帰宅し、五左衛門にこのことを話すと非常に驚き、自分の行いを後悔して、その後は一家揃ってこの地蔵を信心するようになったという。

夕陽をうけて、お地蔵さまの顔が赤く染まっている。老婦人がお地蔵さまの前に花を供えにいらっしゃった。このようにして、この地蔵さまは、文政年間から地域の人たちの手によってたいせつに守られてきたのだ。

「二十五軒で、このお地蔵さまを守っています。旧の七月二十四日にはお祭りをします。この道の前に提灯をつるして、それはにぎやかですよ」とおっしゃる。

お地蔵様の東の道は稲置街道だ。街道を行き来する旅人は、このお地蔵さまに手をあわせて、旅のぶじを祈ったのであろう。地域の人は、どんな苦労も、このお地蔵さまに祈れば、助けて頂けると思い、江戸の昔から今に至るまで連綿と大切にまつられてきたのだ。

花を供え終わると老婦人は、お地蔵さまに手をあわせて去ってゆかれた。去りゆく老婦人の背中を夕陽が赤く染めていた。

銘酒曲水宴……双葉酒造〔MAP北東〕

稲置街道を護国院に向けて歩いてゆく。往時の名古屋と犬山とをつなぎ何人もの旅人が往来した街道も、現在では、自動車がすれ違うのも難儀な狭い道になっている。

新地蔵川を渡り、首切地蔵を過ぎると通りの左手に、木製の「忍び返し」のついた塀が続く旧家がみえる。

「忍び返し」は、盗賊などが忍び入るのを防ぐために、塀の上に木や鉄をつらね立てて取りつけたものだ。屋敷に忍び入ろうとした盗賊が、塀に上ったものの鋭くとがった木や鉄が取りつけてあって内部に入ることができず、すごすごと引き返してゆく。いみじくも「忍び返し」とは名付けたものだ。

忍び返しがのこる曲水宴醸造元

忍び返しの塀がある旧家は「曲水宴」を醸造していた双葉酒造だ。明治二年（一八六九）の創業で、玄関を入ると、その時の酒類販売許可証の木札がかけてある。許可番号は七一四九七だ。

当主は「双葉酒造という名前は、戦後株式会社になってからの名称で、それ以前は大坂屋という名前で商売をしていました。家《うち》のことを『大伝』と呼ばれます。これは代々の当主が伝次郎とか伝四郎とか伝の字が付いているので、そのように呼ばれました。ちなみに私は伝郎です」といわれる。

曲水宴とは優雅な名前だ。平成四年に製造を中止したので、幻の銘酒を飲むことはできない。曲水宴という名前にふさわしく、さだめしまろやかな酒にちがいないと思って聞いてみた。

「このあたりはふんだんに伏流水がわき出ていました。硬水でできた酒のようにぴんと腰のある酒ではない。水が柔らかなので、酒の口当たりも柔らかなものでした」

曲水宴は古代に朝廷で行なわれた年中行事だ。桃の節句の日、朝臣が曲水に臨んで、上流から流される杯が自分の前を過ぎないうちに詩歌を詠じて杯をとりあげ酒を飲み、つぎへ流す。終わって別堂で宴を設けて披講（歌を読み上げること）する。中国から伝わった行事だという。

おそらくは、雅やかな宴にふさわしい酒という意をこめて曲水宴という銘酒ができたのであろう。

「創業したころは、稲置街道を往来する人たちが家に立ち寄り、酒を飲んでいきました。酒と物物交換をした刀なども残っています」

庄内川を渡り、ほっと一息をつく所。小牧、春日井を過ぎて、これから坂をあがり川を越えようとする人が立ちどまる所、それが大坂屋であったのだ。

大坂屋は明治二年に酒造業を始める前は味鋺の大地主であった。大量の地券が今も保管されているという。徳川家の紋章の入った品物もあるそうだ。

「母親が言っていました。成瀬家が東区の下屋敷を解体した時にいただいたのが、私の家の離れだそうです」

広大な屋敷の北側にある建物が離れだ。

稲置街道は、尾張藩の家老であり、犬山の城主である成瀬家の代々の当主が往還する道だ。味鋺の庄屋とは、犬山との往き帰りに休息をしたりして、特別昵懇《じっこん》の間柄であったろう。

稲置街道を通る人が、休息をした大坂屋、その忍び返しのある塀のつづく屋敷は、街道の往時をしのばせる大切な文化財だ。

藪から出てきた神獣鏡……白山藪古墳址【MAP北東】

保育園の庭から、子どもたちのにぎやかな笑い声が聞こえてくる。子どもたちは、片時もじっとしておれないようだ。かしましいこと、このうえもない。

かつて、この保育園の地は、一面の藪におおわれていた。藪の下には古墳が埋もれていた。味鋺百塚と呼ばれるほど多くの古墳がこの地にはあった。しかし、あらかたは盗掘されてしまい痕跡をとどめているものはない。

藪の下に古墳が埋もれているとは、誰も気づかない。古墳は長い眠りからさめることもなく、藪の下で悠久の時を過ごしていた。しかも、この藪は長く味鋺神社の社有地になっていた。藪の中は分け入ってゆく人もいなかったことが、古墳が人目にふれなかった要因であろう。

昭和二十五年（一九五〇）九月、神社の近くに住む人が家の普請をするために藪の中に入って、壁土を得ようとした。

藪を掘り赤土を運んでいた。掘り進めていると土師《はじ》質（素焼の土器）の板数十枚を重ねた槨（棺を入れる外箱）が出てきた。この古墳は石槨ではなく、粘土槨古墳であったために、墳丘に生い茂った木の根が、槨内にまで入り込んでいた。発掘は九月十一日から二十九日までの十九日間、南山大学の考古学教室の手で行われた。

白山藪古墳（楠町誌）

発掘の内容は『新修名古屋市史』（第一巻）によると次のとおりである。

庄内川右岸の自然堤防上に立地する古墳で、昭和二十五年の調査時に、直径二十メートル、高さ四メートルほどの墳丘が残っていた。その西方約十メートルの場所に、高さ一・五メートルほどの土の高まりがあったため、前方後円墳とする意見がある。埋葬施設は、長さ二・八メートル、幅〇・六メートルの木棺を粘土でおおった粘土槨で、その両端に、窖窯《あなかま》（斜面を利用して築いた地下式の窯）によらない有黒斑焼成の塼《せん》（土を焼いて方形または長方形の平板としたもの）を積んで壁をつくっていた。木棺内からは、重ねて置かれた三角縁神獣鏡、変形四獣鏡、内行花文鏡《ないこうかもん》と、一連の状態の管玉《くだたま》・勾玉《まが》・切子玉・棗玉《なつめ》・小玉などが出土した。さらに粘土槨の外には、同様の塼で設けられた長さ三メートル、幅〇・三メートルの副室があり、鉄製の直刀・剣・鏃が出土した。

四世紀末から五世紀初頭の古墳と考えられているが、甕または壺の底部付近とみられる「須恵器片」が排水施設で出土しているため、時期の比定には流動的な要素が残る。

三角縁神獣鏡が味鋺の白山藪古墳から発掘された。神獣鏡のほかにも管玉・勾玉・切子玉などが発掘されている。これらの玉類は首飾りなど族長の身体を飾るものだ。

相当有力な族長が、味鋺の地に存在していたことが白山藪古墳の発掘品によってわかる。では、その族長とは誰であろうか。『楠町誌』は次のような説をかかげている。

刀剣や鉾などの武器類が二十余点も出土している処を見ると、物部氏関係の塚とみたいのである。ことに味鋺神社の祭神が可美真乎命《うましまでのみこと》であるとせられることも注意をひくのである。こういうことから考えると、この味鋺の原の百塚と称するのも、物部氏関係の氏族の蟠踞していた遺跡であると考えたいのである。物部天神や味鋺神社はおそらく尾張における物部氏最初の氏神であったであろう。

味鋺駅を過ぎ春日井市内に入ると左手にこんもりと茂った森がみえる。二子山古墳である。二子山古墳の北側に白山神社が建っている。ここに物部天神が合祀されている。

味鋺・味美の一帯を物部氏関係の氏族が支配していたのであろうか。とすれば畿内の支配層と結びつく三角縁神獣鏡が、熱田や古渡などの古墳から発掘されず、白山藪古墳から発掘されたことも首肯できる。

日乞いの神さま……東八龍社【MAP北東】

「私は味鋺に移ってきてから三十年になります。今年、八十になりますが、毎日、家でじっとしているのも辛いので、ここにきて境内の草とりをしています。見てください。そこにも犬の糞がすててあるでしょう。庄内川の堤防からの細道が神社の境内を通り抜けることができるようになっているので、ここで犬を放して遊ばせるのです。私の日課は犬の糞を始末することから始まります」

背すじがぴんとしている。口調もよどみなく歯切れがよい。なかなか元気のよい老人だ。東八龍社に写真を撮りにやってきて、逢った老人だ。

「ここを神社だと思っている人が、はたして何人いるでしょう。庄内川の堤防からおりて町へ出ることができる便利な通路だと思っているのです。何人もの人が庄内川の堤防をおりて、境内に入ってくるでしょう。しかし、ひとりとして拝んでゆく人はありません。ここは神社ではなくて、通り抜けの道でしかないのです。あまり情けないので、東八龍社のことも知りたいと思って、古くから土地にいる人に聞いてもわかりません。そこにある碑には東龍神社とある。しかし、この神社は東八龍社と呼んでいる。どちらが本当でしょう」

毎日掃除をしている神社の名前すら正式には、どちらかわからない。土地の人に聞いてもわからない。通り抜ける人はいても神社に参拝する人はいない。そんな神社の状況が老人には腹立たしくてならないようだ。

昭和三十二年（一九五七）に刊行された『楠町誌』は東八龍社のことを、次のように紹介している。

祭神は宇麻志遅命《うましまじのみこと》、高龗神をまつり味鋺神社境外末社である。

鎮座年代は詳でないが、延喜式神名帳に、山田郡味鋺神社の一末社として現在に至っている。毎年味鋺神社祭

日乞いの東八龍社

礼に古習として神輿渡御、流鏑馬《やぶさめ》等が行われるが、その時渡御の御旅御駐輦所である。

東八龍社の写真が載っている。茂った樹木のあいだに神社の拝殿が写っている。その前に石標がある。現在、境内には拝殿はない。老人のいわれた石標と本殿だけが残っている。六十年近い年月は、味鋺の地の様相も、この神社のたたずまいもすっかり変えてしまった。東八龍社は味鋺神社の境外末社で、祭神は味鋺神社と同じ宇麻志遅命だ。宇麻志遅命は物部氏の祖神である。現在は通り抜けの神社となっている東八龍社は来歴のある古い神社だ。東龍神社と石標に刻んであるのは、同じ味鋺に龍神社が二つあるからだ。娑羯羅《しゃから》、優鉢羅《うばつ》など護法の八大龍神をまつった神社が西味鋺にもあり、その神社は西八龍社とよばれており、西龍神社と刻んだ石柱が建っている。西八龍社は雷除けの神社として名高い。

時により過ぐれば民の歎きなり八大龍王雨やめたまへ

と源実朝が詠んだ歌がある。『金槐集』に載っている有名な歌だ。この歌にあるように、各地にある八大龍王をまつった八龍社は雨乞いの神様である。

しかし、味鋺の八龍社は雨乞いではなく日乞いの神さまだ。絶対に雨乞いをしてはならないとされていた。ある年、あまり日照りが続いて、水を田に取り入れることができなくなってしまった。八龍社で、禁忌を破り雨乞いをした。雨が即座に降り始め、二日たっても三日たっても止まない。庄内川の水があふれ味鋺の地は水びたしになるという事件があった。

この神社は味鋺神社の末社なので、今でもお祭りには神輿が東八龍社まで渡御しますよ」

老人は、祭りの日の一日だけが、味鋺神社からの神輿の行列でにぎやかになるといわれる。

老人の東八龍社に対する思いは強い。それは毎日神社にきて掃除をしているからだ。誰にいわれてすることでもない。自分から進んでしていることだ。だからこそ、神社に多くの人が参拝してほしいという願いが強いのであろう。

舟が通った水路……庄内用水元杁樋門【MAP北東】

北区の楠と守山区を結んで、水分橋がかかっている。水を分ける橋、ずいぶん変わった名前である。橋のすぐ上流には、ダムのような物がある。市内ではここにしかないめずらしいものだ。

橋の北では八田川が庄内川に流れ込んでいる。南では堤防にスクリーンが設けられている。

ダムのようなものは頭首工《とうしゅこう》といい、庄内川をせきとめて水位をあげるためのものだ。せきあげられた水は、スクリーンから取り込まれ堤防をくぐり南に流れてゆく。この流れが堀川であり庄内用水である。ここ水分橋は堀川や庄内用水の源流なのだ。庄内川から堀川などに水を分けるところに架かる橋だから水分橋という。

庄内用水元杁樋門南胸壁

ここで取水するようになったのは、明治十年（一八七七）の黒川（堀川上流部）開削の時からである。黒川は、犬山と名古屋を結ぶ舟運の便と庄内用水などの農業用水を安定して取水するために開削された。八田川は犬山で木曽川から取水している新木津用水とつながっており、その対岸に取水口を造れば舟の運航にも、新木津用水の余り水を利用するにも便利である。かつては木曽川の石や天然氷などを積んだ舟が、八田川を出て庄内川を横切り今スクリーンがある場所から堀川へと入り名古屋の都心をめざしてゆく光景が見られた。ここは犬山と名古屋を結ぶ交通の要衝であった。

今はすでに舟の姿はなく、橋を通る自動車の騒音と排気ガスにかき消されて過去をしのぶよすがもないように見えるが、橋の南、堤防の下には明治の産業遺跡ともいうべき「庄内用水元杁樋門」がひっそりと保存されている。大部分は堤防の下にあり、わずかに樋門の口とゲートを昇降させる設備を外から見ることができる。

川から取水するには堤防に穴を開けなければならない。この取水口を元杁樋門という。洪水の時にも壊れないよう頑丈につくる必要がある。かつては土木工事という言葉のとおり、これらの施設も木と土で造られていたが、今残されているのは明治四十三年に完成した石造りのものである。

この樋門はほかには見られない、いくつかの特徴がある。

堤防の下を水が流れるトンネル部分は四角い石を積んだ切石積みで造られている。長さ九十九尺三寸（二十九・八m）、断面は上部がアーチ状で幅は七尺（二・一m）、最高部の高さは十尺五寸（三・二m）もあり、流す水の量に比べると異常に背が高いトンネルである。またトンネルの壁には所々に、赤錆びた鉄の環がつけられている。

これらは、舟を通すための特別な設計である。トンネルを流れる水に浮かぶ舟の船頭さんの背の高さを考えてトンネルの天井は通常より高く造られ、壁の輪にはかつては通船鎖と呼ばれた鎖が取りつけられていた。トンネルの中では竿で舟を操れないので、船頭さんはこの鎖をひっぱって舟を進めていったという。この地が名古屋と犬山を結ぶ水上交通のメッカであった事を如実に伝える設備である。

トンネルの出入り口には取水量の調節や、洪水時の止水のために木製のゲートがつけられている。通常は、上下にスライドする戸か観音開きの戸がつけられるが、ここのゲートは下半分がスライド式、上半分が観音開きの複合式になっており、ほかに類例がないのではと思われる形式である。このような特殊な形式にしたのは、巨大なゲートを人力で操作するためであった。ゲートは洪水時の巨大な水圧に耐えられるように頑丈に作られる。元杁樋門は舟航のために丈の高いトンネルになっているので、一枚のゲートでは非常に大きなものになり人力では動かせない。このため上下に分割したが、上下ともスライド式にするとゲート同士の水密性に問題があるので、上部を観音開きにして水圧で上部ゲートが下部ゲートに密着するように工夫したと考えられる。明治の設計者の苦心がしのばれる構造である。

スライド式ゲートは、当初は滑車を利用し人力で引っ張りあげてゲートの桟に先がL字型に曲がった鉄の棒を引っかけて落ちないように固定する方式であった。下半分とはいえ相当の重量があり、大正三年（一九一四）に船の舵輪のようなものを回して歯車とネジで昇降させるように改造した。今、外から見えるトタン屋根の下のものがそれである。歯車やネジは、当時の新しい技術だったようで、日本車輌製造㈱が改造を請け負ったことからもそれがうかがえる。

トンネル出入口の中央上部に「庄内用水元圦《ママ》　明治四十三年五月改築」と記された銘板がはめ込まれている。よく見るとこの周りの石積は目地幅が少し広いことに気がつく。これは現在のようなモルタルでなく人造石を使った目地だからである。昔からあった「たたき」工法を改良した人造石は、まさ土と石灰を混ぜて水で練ったものを目地に少し詰めては棒でたたき締める作業を繰り返して施工する。人造石工法では、棒が入るように目地の幅を広くしなければならない。明治十年ころから大正にかけて大規模な土木構造物を作るのに広く使われた工法だが、セメントや鉄筋コンクリートの普及により今では忘れられてしまった。各地にあった人造石で造られたもののほとんどが失われ、市内で完全な形で残っているのはここだけではないだろうか。

元杁樋門北側ゲート　左手が庄内川堤防

昭和六十三年（一九八八）に旧樋門と庄内川のあいだに新しい樋門が造られて、旧樋門はその役割を終えた。旧樋門は堤防の下に人に知られずひっそりと残っているが、明治の姿がそのまま保存され、当時の舟運や水利・土木技術を如実に伝える全国的にも貴重な施設である。

清正橋……味鋺神社 【MAP北東】

味鋺神社は『延喜式』の「神名帳」に記されている由緒ある神社である。

庄内川の堤防の北に鎮座するこの神社は千年余の昔から、この地にあって多くの人々の崇拝を受けていた。

祭神は宇麻志麻治《うましまじ》命である。宇麻志麻治命は神武天皇期の武臣で、近衛の将として禁裏守護にあたった命である。物部氏の祖先であると伝えられている。味鋺の地が古くから開けていた地であることが、宇麻志麻治命がこの神社にまつられていることによってもわかる。

古い神社にふさわしく古木が何本もそびえている。樹齢何百年という楠の大木もある。神社の東側に小路がある。小路を北に歩いてゆくと竹薮がある。

おそらく、かつては味鋺の地にはこのような竹薮が無数にあったであろう。竹薮の傍らの細道は、部落と部落をつないでいた道だ。

宅地開発によって、味鋺もすっかり変貌してしまったが、味鋺神社の傍らにあるこの竹薮だけは、昔のこの地の名残りを感じさせてくれるものだ。

竹の葉が風にそよいでいる。葉ずれの音が聞こえてくる。通る人もまれな竹薮の小道は、昼でも小暗くて無気味だ。

その小道を通り、味鋺神社の境内に入ってゆく。

百度石がある。いったい、どんな思いで薮の中の暗い道を通り、この神社に詣でたのであろうか。真夜中、はだしで正殿と百度石とのあいだをなんども行き来して祈りをささげる。

百度石を見ていると、月光をあびてひたむきに信心をささげている人の姿が浮かんでくる。

味鋺神社

本殿の横に平成二十二年に建てられた流鏑馬の像がある（カラー口絵参照）。五穀豊穣に感謝し豊作の年に行われた神事だ。『楠町誌』によると寛治七年（一〇九三）に競馬の神事を行ったのが始まりとされている。江戸時代は陣羽織に頭盔《とっぱい》頭巾（烏帽子の後部に垂れがついた頭巾）で、後の時代には鎧兜で身を固めた若者が、神社から南の庄内川まで馬で駆けつつ矢を空に向けて射る。この矢を拾った者は疫病にかからないといわれ多くの人が集まったと伝えられているが、昭和十三年を最後に行われなくなった。

社務所の南側に、池がある。池といっても水は、一滴もたたえられていない。池の中には橋が架けられている。清正橋だ。清正橋は、加藤清正が名古屋城を築城する時に、小牧の岩崎山から大石を運搬するために架けた橋だと伝えられているものだ。

この石橋は神社の西南百メートルほどのところで稲置街道に架かっていたものを、昭和五十三年に、味鋺神社に移したものである。

北区には石橋に使われていた石が数多く残っている。別小江神社、清学寺、金城小学校、大杉神社などにあるが、橋を復原してあるのは、味鋺神社だけだ。

池の中央に杭石（橋脚の用をなす石）が三本建ててあり、その上に桁石（橋脚の上に置かれた石）が架けられている。路面となる石は幅が三十～五十センチメートル、長さは約一・五メートルでぜんぶで八枚だ。『尾張徇行記』には「石橋長一丈巾一丈一尺」とあり、『楠町誌』の稲置街道に架かっていた時の調査では十二枚の石が敷かれ二・六メートルの幅だったので、昔はこれより広い橋であった。

加藤清正が請け負った名古屋城の天守台には、約十個の大きな岩崎石が使われている。味鋺神社の石橋が、これらの石を運ぶために架けられたことから清正橋と呼ばれるようになったのだろうか。

一説には、岩崎山の石ではなく、志段味産の花崗岩であるという。

名古屋城築城に使われた石材は、ありとあらゆるところから集められた。味鋺、味美には数多くの古墳が残っていた。古墳の石槨には、志段味産の花崗岩が使われている。その石が清正橋に使われたのではないかという説がある。

社務所の横に椿の大木がそびえている。固く結びついた根元の株から、椿の木は二つの枝に分かれている。この椿は、縁結びの椿であるといわれている。神社には、椿にまつわる次のような伝説が残っている。

村の娘が使いに出かけて、用をすませ、家路を急いでいた。空が急に暗くなり、一雨降りそうな気配であったからだ。

味鋺神社の前にくると、大粒の雨が降り出してきた。娘はあわてて神社にかけこみ、椿の大木の下で雨やどりをした。ほっとしていると、ひとりの若者が、雨にうたれてかけこんできた。

無言で、二人はしばらくのあいだ、降る雨を見るともなく見ていた。

突然、雷鳴がとどろいて、稲妻が光った。

娘は思わず、叫び声をあげて男にすがりついた。男は驚いたが、娘の恐怖をやわらげるように、そっと娘を抱いていた。

雷が止んだ。娘はあわてて男の胸元から離れた。赤い顔をして、あわてて「すみません」とあやまった。

雨が止んだ後には、すっかり二人はうちとけていた。次の日にまた椿の木の下で逢う約束をした。

椿の木の下で出会った二人は、結婚をして幸福な人生を送ったという。

いつしか、この椿の木は縁結びの木であるといわれるようになった。

良縁に恵まれるようにと願いにきた人々の引いたおみくじであろうか。いくつものおみくじが周りの紐に結ばれていた。

清正橋　上に味鋺神社鳥居、その左の森が護国院
（昭和30年頃　護国院提供）

行基が建立した……護国院 【MAP北東】

新川中橋を渡り、庄内川の堤防道路を水分橋にむかう。

庄内川の水が、ゆったりと流れていく。遠く堤防の上から眺める庄内川の流れは、とどまっているのか、流れているのかわからないようなゆるやかな速度だ。しかし、川辺にたたずんで水の流れを見れば、その流れの速さには驚くばかりだ。

月日の流れも、このようなものであるかもしれない。ゆったりとした流れであるようだが、実際はすごい速度で月日は過ぎ去ってゆく。

そんな感傷的なことを考えながら堤防の上をゆくと、遠くに森が見えてきた。町の中に木々が高くそびえている。木々のあいだからは、壮大な伽藍がみえる。

伽藍の上に、金色に輝いている鴟尾が見える。伽藍の前の御堂の上では、鳳凰が淡い光を放ちながら天空に輝いている。木々のあいだから輝いて見える鴟尾、どこかで見たような風景だ。

若草山の上から眺める東大寺の風景とまったく同じ眺めではないか。

堤防をおりて、車を伽藍にむけて走らせる。味鋺の空に高く金色の光を放っている鴟尾は、天永寺護国院の平成四年に建立された金堂に載っているものであった。町のどこからでも燦然と輝く金色の鴟尾を見つけることができる。

味鏡山護国院

護国院の山門は四天王が守っている。また、本堂のなかには両端に仁王像が安置してある。仁王像は、もともと岩屋堂観音（東八龍社の東付近）に安置されていたが、水禍のため元禄時代以降に護国院に移された。太平洋戦争で戦火にあった大須観音の仁王像の代わりに迎えられていたが、新しい仁王像が建てられたので、護国院にまたもどってきたものだ。東大寺と護国院、二つの寺にはどのような共通点があるだろうか。

護国院はもと、行基（六六八〜七四九）が開基した薬師寺（天台宗）とされている。東大寺の大仏開眼にあたって、行基は弟子や民衆を動員して造営に協力した。聖武天皇も帰依し、天平十七年（七四五）には大僧正の位に任ぜられている。南都の東大寺と味鋺の護国院はともに行基のゆかりの寺である。

行基は、各地を歩いて橋をつくり、堤を築いた。行基のゆくところには、多くの弟子が従い、土地の人々が集まってきて、土木工事に協力をした。行基の滞在したところには、寺が建った。その数は畿内だけでも、四十九寺院に達する。全国では二百八寺にのぼるという。北区では成願寺も行基ゆかりの寺だ。

天平三年（七三一）、味鋺の地にきた行基は、多くの人々の協力を得て、堤を築き、用水池を掘り、この寺を創建した。

池を掘っている時に、土の中から古鏡が出てきたので、池は鏡池と名づけられた。昭和十三年（一九三八）に埋めたてられるまで、鏡池は千二百年という長い年月にわたり、味鋺の地に水利の便をはかってきた。

護国院の山号は味鏡山である。鏡池の伝承にちなんでつけられた山号である。

護国院の本尊は、行基が自ら白檀の木に彫ったと伝えられている薬師如来である。それゆえ当初は薬師寺と称され、後に衰退して天正九年（一五八一）に天沢和尚が復興。薬師如来は、慶安年間（一六四八〜五二）に再建したと伝えられる本堂に安置されている。

『尾張志』に、味鋺の字を中古より味鏡と誤って書くようになった。護国院の山号を味鏡山というので、諸書が誤って記すようになったのであろう。源明公（九代藩主宗睦《むねちか》）が、延喜式神名帳等に記されているとおり、味鋺の字にもどすように命ぜられた。

という記述がある。護国院の山号、味鏡山があまりにも名高かったために、地名までもが味鏡になったのだ。本来の味鋺の字に復したのは『尾張徇行記』によると享和三年（一八〇三）からである。

鏡池ばかりが伝承の池ではない。護国院の東北の隅に竜ケ池という池があった。中央に島があり、弁財天がまつってあった。竜ケ池の伝説は、護国院中興の祖、西弥《さいみ》上人にちなむものだ。

天暦二年（九四八）の大洪水のために、護国院の堂宇はすべて流されてしまった。仮の草堂を建て薬師如来を安置していた。本堂のない状態が続いたが、天永二年（一一一一）、西弥上人が、寺の再興を祈願して、草堂で千日間のおこもりを始めた。

満願の日、薬師如来が夢の中に現れて、

　この郷の人の心は池水になりてぞ宿る夜半の月影

と詠まれた。

歓喜した上人は、都にのぼって帝に再興を願いでた。帝は、上人の話に感動し、安食《あじき》、柏井の庄を下賜された。また薬師寺を改め、天永寺護国院（真言宗）と号するようにとの宸筆を賜った。

味鋺の地に帰った西弥上人は、寺を再興するために奔走した。昔日に劣らない七堂伽藍が建立された。寺が再興された日、池から白竜が空高く舞いあがっていった。

その時以来、竜ケ池と呼ばれるようになった。

境内に「尾州万歳発祥祖」の木札があるが、味鋺村には陰陽師が十六人いて吉凶を占うとともに、正月には万歳をして美濃・信濃まで巡遊していたという。十三世紀半ば、安倍晴明の末孫を称する安倍徳若兄弟（味鋺村住）は長母寺の無住国師から万歳を教わり、代々伝えられて幕末まで続いていたとのことである。

また境内の隅に、おそらくは路傍に祀ってあった古仏が置かれている。山門の横に、無縁仏が幾体も置かれた山がある。そのなかには、元禄の年号の入った古仏もある。山の下に小さな石像の観音像が二体置かれている。北側の観音像の右側に「右　勝川道」、左側には「左　小牧道」と書かれている（カラー表紙参照）。

この観音像に旅のぶじを祈願し、左の稲置街道、右の下街道に通じる道へと旅人はそれぞれ分かれていったであろう。もともとは、庄内川の堤防上にあったものを、寺に移したものである。

渡し舟に揺られて……味鋺の渡しと稲置街道［MAP北東］

護国院南の庄内川堤防に立つと、広い川原と流れのむこうに成願寺や安井の家並が見える。かつて、ここには「味鋺の渡し」があり、稲置街道を通る人々を乗せて櫓をきしませながら舟が行き来していた。

稲置街道は、犬山や善師野がかつては稲置庄だったことからつけられた名前である。通る宿場や終点から「小牧街道」「善師野街道」「土田街道」「犬山街道」、尾張藩領の木曽にゆくのに利用されたことから「木曽街道」とも呼ぶ。尾張藩の定めた公式の街道なので「本街道」「上《うえ》街道」とも呼ばれ、名古屋と中山道の伏見宿（岐阜県御嵩町）を結んでいた。

東海道などと同様に一里塚や宿場がもうけられ、大規模な通行があるときに助郷に出る村も決められていた街道である。

一里塚は今の市域内では北区長喜町一丁目にあり、宿場は小牧宿（小牧市）と善師野《ぜんじの》宿（犬山市）、土田宿（岐阜県可児市）があった。宿には二十五人の人足と二十五匹の馬を置くこととされていた。

渇水期の仮橋と味鋺の社寺（尾張名所図会）

この街道を整備したのは、木曽山地が藩領となった元和元年（一六一五）以降である。犬山には尾張藩の家老である成瀬氏の知行地と居城があった。このため木曽や犬山へ行くのに便利なように、名古屋開府以前に尾張の中心地であった清須と犬山を結ぶ旧来の道を名古屋まで延長して整備したといわれている。

藩主が参勤交代で江戸と行き来するときにも、他藩の領地を通る距離が短いので時々利用している。

しかし、江戸方面へゆくには、大曽根から北東にのびる非公式の下街道を利用するのにくらべ六里（二十四km）ほど距離が長く、中山道での登り下りも多かった。このため、下街道を利用する庶民が増えて稲置街道の宿場経営は苦しく、善師野宿は「これはという宿もない」と記録されているような状態であった。

稲置街道は清水口から城下を出て北へとむかう。杉村・東志賀村を通り、安井村の一里塚を過ぎると矢田川。ここは増水期には渡し舟（「安井の渡し」）で、渇水期になると昔は土臼の空き篭に石を詰めて作った飛び石を伝って渡ったが、後には土橋が架けられるようになった。成願寺と瀬古の堤防にはさまれた低地を通って庄内川の川岸に出ると「味鋺の渡し」がある。九月から三月までの水量が少ない時期には、少し下流に仮橋がかけられた。舟は藩の御船手役所で造ったものが支給され、水主は味鋺村から八人出ていた。渡し賃は馬が八文、商人五文、一般の人は四文で、水量が多いときには増額された。藩主の参勤交代など大規模な通行の際には、舟をつないだ船橋がかけられたという。

渡し舟に揺られて川を渡り北岸に着くと、近くの堤防上に石に彫られた小さな観音像が建っていた。旅人の安全を見守るとともに道標にもなっている。この観音像は河川改修により今は護国院の無縁仏の前に移されている。

さらに進むと小さな川を越える石橋がかかっている。加藤清正が名古屋築城の時にかけたものと伝えられ「清正橋」と呼ばれていたが、今は味鋺神社の境内に移築されている。街道は、護国院の西から北をまわり、味鋺の集落へと入ってゆく。道沿いには旅人を相手に小商いをする家もあり、街道らしい雰囲気をかもしつつ小牧方面へと続いていた。

今は静かな住宅地になっている味鋺の稲置街道だが、首切地蔵や、元は造り酒屋であった双葉酒造の立派な建物は、この道が鉄道や新しい道のできるまでこの地域の幹線道路であったことをしのばせる。

森の中の記念碑……忠魂社【MAP北東】

味鋺神社を出て、まっすぐ西にむけて歩いてゆく。すこし歩くとこんもりと茂った森が見えてきた。

森の中に何があるだろうか、興味を持って森をめざして歩いていった。

森の中には小さな神社があった。鳥居の傍らに成長した樹木に隠れるように石柱が建っている。忠魂社と刻まれ、裏面には皇紀二千六百年建立と書かれている。皇紀二千六百年といえば、昭和十五年だ。神武天皇が橿原宮ではじめて即位したときから紀元二千六百年にあたるとして、各種の奉祝行事が行われた年である。

この年の十月十二日には第二次近衛内閣の下で、国民統制組織である大政翼賛会が発足した。

十一月十日には、宮城前広場で、盛大な皇紀二千六百年の記念式典が行われ五万五千人の人が参加した。

樹々のあいだに埋もれ、ひっそりと建っているこの皇紀二千六百年の記念碑を揮毫したのは、名古屋出身の陸軍大将松井石根だ。

中国大陸では、戦火が次第に大きく燃えあがろうとしていた。

鳥居の傍らの樹々のあいだに隠れるようにして、顔を出している松井石根の揮毫した皇紀二千六百年の記念碑は、過去の遺物が、のっそりと顔を出してきたような錯覚に陥った。

昭和十五年、皇紀二千六百年の年には全国民は新しい国家が大政翼賛会の下で生まれると期待し、大いにわきたった。味鋺地区でも盛大な式典が行われ、その記念碑が神社の樹々の中に隠れているものだ。

忠魂社

社殿の裏には顕彰碑がある。岡田弘という方が建てられたものだ。岡田家で戦死された三人の方の顕彰碑である。

『名古屋市楠町誌』の復刻版を開いてみた。「忠魂碑の由来」という元版にない内容が別紙で掲載されている。

忠魂社は、楠町味鋺一、七〇〇番地の岡田家の屋敷内に、郡内忠魂社として昭和十五年九月二十三日に創立されましたが、昭和四十九年十二月二十三日味鋺字名栗三十五番地のオチン山に遷座申しました。続いて四月上旬に忠魂碑を建立し、三忠魂の戦歴を碑に彫刻し、永久に其の功績をたたえんと建碑除幕の式典を護国社祢宜岩本氏が斎主となり、慰霊安鎮のお祭りを執行しました。

御祭神は、創立当時は三忠霊を祭り、その後、靖国大神、伊勢の大神、西八龍大神、東八龍大神等を合祀しました。

尾張徳川家の家老、竹腰公にお仕えした武士で白石と申す人が、現在の名古屋市鷹匠町に住んでいました。竹腰公が毎年此の付近一帯にこられて鷹狩りをされた時、白石さんはお供をして来られて、此の山にオチン（亭）を建てられたのです。

岡田家は先祖代々この味鋺に住んでいて、オチンの維持管理をして、殿様の御越しの時は一生懸命に御歓待申し上げたので、其の功により、このオチン山付近一帯をもらい受けたものです。

現在は、日露戦争並に、日支事変、大東亜戦争でお国の為に戦死した約二四六万人の御霊を併せてお祀り申し、毎日、慰霊安鎮の感謝の誠を捧げています。

一つの神社のたどる運命、それはまた、この国の歴史の流れを表すものでもあった。かつて藩の家老竹腰氏が休んだという亭が建っていた森も、今は祠の鎮座するひっそりとした佇まいに変わっている。

雷除けの神社……西八龍社［MAP北東］

東日本大震災の例をとるまでもなく自然の猛威の前には、人間はなすすべを知らない。科学が発達し、あらゆることが解明されたかに見える現代でも、人間の無力を嘲笑うかのように、自然は猛威をふるい災害をもたらす。

自然を畏怖する心から、自然を敬う心が芽ばえてくる。中津川市に俗に風神様と呼ばれている風神社がある。農作業に携わる人々は、二百十日の前に風神様にお参りをし、台風がこないことを祈る。現在でも、八月の下旬ともなれば、山あいの風神社に何台ものバスがお札を迎えにゆく人を乗せて山道をかけあがってゆく。

畏怖する対象を「地震・雷・火事・親父」と表現した。今では父親の威厳は地に落ちて、除外されるであろう。雷も避雷針などの発達で、さほど畏怖すべき対象でなくなったかもしれない。

昔は落雷で甚大な被害が出た。落命する人、家を焼け出される人、毎年、雷の季節になると多くの犠牲者が出た。

味鋺の西八龍社は、雷除けの神社として近郊の人々の崇敬をうけていた。

戦前、近郊の部落では、村の代参の人が西八龍社に出かけて、お札をむかえてきた。西八龍社に参詣することは、年中行事のひとつでもあった。春日井市に住む古老も自転車で庄内川を走り、お札を迎えに出かけられた。「お札は大きいものは五銭、小さいものは二銭でした。毎年、旧の六月二十八日に部落の代表のものが出かけました。当日は氏子の人たちや味鋺の青年団の人たちが神楽をかなでて西八龍社はたいへんなにぎわいでした」

今はひっそりとして、訪れる人のまれな西八龍社も、往時の祭礼には五〜六千人が訪れ、お札は三万枚も授けられたという。古老の話によると、西八龍社が、例祭日に雷除けの御守りを受けに代参する人でにぎわうようになったのは、文政年間（一八一八〜一八三〇）からであるという。

雷除けの西八龍社

西八龍社の祭神は高龗神《たかおかみのかみ》である。福徳町の八龍社に祀られているのと同じ神様で、水の神様だ。創立年代は不詳であるが、承平年間（九三一～九三八）であると伝えられている。

西八龍社は庄内川の堤防の真下にある。以前は、西八龍社のあたりで、堤防が川の内部にせり出していた。昭和二十五年（一九五〇）から大規模な庄内川改修工事が始まり、せり出していた堤防を五十メートル北に移して新しく堤を築くことになった。神社の移転で、何かたたりでも起こるといけない。関係者は、計画した移転工事をためらっていた。祈祷をし、氏子の人たちが神社の移転を請け負ったので支障もなく移転は終わり、戦災で焼けたままであった社殿も新築されて現代に至っている。その時に植樹された樹々が、今は大きく空にそびえている。

昭和二十五年の移転の時に工事関係者が手をくだすのをためらったことには理由がある。

昭和十八年（一九四三）のことだ。名古屋陸軍造兵廠鳥居松製造所の廃水のため、地蔵川の改修工事が始まった。水分橋の下手から庄内川の右岸寄りに工事は進み、西八龍社の境内の工事に入った。すると、人夫たちが一人、二人と病気になった。機械も動かなくなってしまった。神域を侵したたたりであると工事は中断されてしまった。

昭和二十五年の移転騒動の時に戦前の話を聞いていたので、人夫たちは誰も移転工事に関わろうとしなかったのだ。

西八龍社の拝殿の前に黒こげになった杉の木がある。この杉の木は、焼ける前は空洞になっていた。村の若者が空洞に大きないたちが入るのを見て追い出そうとし、火をつけたところ、みるみるうちに燃えあがり、味鋺村ではたいへんな騒ぎでポンプ車を持ち出しやっと火を消しとめた。若者は、病気になり、しばらく起きあがれなかったという。

この神社の雷除けの御利益について、明治のはじめの話が伝わっている。

庄内村の若者が三人、仕事の帰り歩いていると、突然、空がかき曇って、雨が降り出した。近くの大杉の下で雨やどりをした。雷鳴がとどろいて杉の木に落雷し、若者のうち二人が死んでしまった。助かった一人は、西八龍社の雷除けの御守りを身につけていた。死んだ二人は御守りを身につけていなかったという。このことがあってから庄内村では、どの家でも西八龍社からお札を迎えてまつったという。

現代では、落雷に対する恐れの畏怖は喪失してしまっている。信仰の形態も徐々に変化をしているようだ。

如意界隈

……市バス如意車庫前↓六が池町

にょらい塚……大井神社 【MAP北西】

にょらい塚を探して、如意の里を歩いた。「にょらい」何とも魅力的な響きだ。楠町には多くの塚が散在している。味鋺には百塚と呼ばれるほど多くの塚があった。如意にも「道観塚」「富士塚」「鳥見塚」などがかつて存在し、如来町の町名や冨士塚橋の橋名に名残を残している。

「にょらい」「にょらい」とくりかえしつぶやいているうちに、いつしか如意《にょい》という地名とにょらい塚とが重なって聞こえるようになってきた。

如意はにょらいが約《つづ》まったものではないか、ふとそんなことを考えたりもした。

「にょらい塚はどこにありますか」何人もの土地の方に伺った。若い人は、誰もご存知ない。古くからこの土地に住んでいる方に聞いてもわからない。

瑞應寺の住職に聞くと「あれは今の如意車庫のところにありましたよ」とおっしゃる。

若い友人のTは北高校の出身だ。「学校に塚がありました。生徒は誰でも知っています」という。北高校に出かけた。体育館の南は樹木が茂っている。明らかに塚の跡だ。にょらい塚の跡は北高校にあった。

にょらい塚には樹齢二百年を経た大きな杜松《ねず》の木が塚の主のようにして立っていた。幹は傾斜し、樹皮ははげ、樹の上部は枯れていた。杜松の老木は、にょらい塚の番人として、塚とともに二百年の年月を生きてきたが、北高校ができるとともに姿を消してしまった。

帰宅して『名古屋市楠町誌』（昭和三十二年刊）を繙いてみた。にょらい塚にまつわる次のような伝説が紹介されている。

大井神社・瑞應寺（尾張名所図会）

其一　大井神社の直会社《にょらい》があったところで、その祠には、大直日神、神直日神の二神をまつり、五穀豊穣を祈念したものであるが、此の二神は何時の日か、大井神社に合祀され現在は天照大神をまつる祠がある。
其二　往時このあたりに大洪水があった時、一祠が流れ来たので、土地の人はそれをこの地にまつった。如意にきたのであるから如来と名づけたという。
其三　如来とは一名、農来ともいうべきで、昔この地の大臣、民情視察のため此の地に立って具《つぶさ》に農耕の様子を眺めたという。その記念に一祠を建立、農来と名づけたという。
其四　一名この塚の名を朱千樽と呼ぶが、これは地下に朱がたくさん埋めてあるため、かく称え伝えている。これは古墳の一つで、その棺や人の姿を腐朽せしめないため、朱をその周囲に埋めたもので、それがたまたま露出し、郷人驚いて朱千樽のうわさが出たという。
　以上の如く諸説があるがいずれが真ともうけとり難いが、誰一人それを究明しようとしないところにこの塚の価値がある。又この塚は腫物に霊験があるとて、参詣者が今尚相当ある。

このように『楠町誌』は色々な説を挙げている。今となってはどれが正しいのか詮索するすべもない。

如意村の名称の由来は、『張州雑誌』に「尾州春日井郡如意邑モ如意輪堂有シ故ニ名トス、旧ハ神戸《かんべ》邑云々、或曰ク昔此村ハ神戸ト称ス……然ルニ大井ノ社本地如意輪堂有シ故、村号モ如意ト呼来ルト云々」と記されている。

にょらい塚にあった直会社《にょらい》は、大井神社に遷されているという。

『広辞苑』（岩波書店）で「直会《なおらい》」の項を引いてみる。

　ナオリアイの約。斎《いみ》を直って平常にかえる意。神事が終って後、神酒・神饌をおろしていただく酒宴。また、そのおろした神酒・神饌。

　収穫が終わった後、部落の人たちが塚に集まり、豊作を感謝し酒宴をくりひろげる。直会の文字からそんな光景が頭に浮かんだ。

塚の上からは取り入れの終わったばかりの田が広々と続いているのを見わたすことができる。それは往時の如意の里の風景であった。

直会社をたずねて大井神社に出かけた。

大井神社は、延喜式の神名帳に記載されている由緒のある神社である。祭神は罔象女命《みずはのめのみこと》、速穐津彦命《はやあきつひこのみこと》、速穐津姫命《はやあきつひめのみこと》の三神である。南朝方に属し勤王の兵を挙げた石黒重行が、本拠の越中から奥州へ移り、明徳四年（一三九三）に如意の里に塩釜六所大明神の分霊を帯同して落ちのびてきた。その時、猿田彦命、豊玉彦命等の六所大明神は大井神社に合祀された。

大井神社の前の道を、ひっきりなしに車が通りすぎてゆく。境内に一歩足を踏み入れると、外の喧騒が信じられないほどの静けさだ。直会社は、住吉社、塩釜社等と並び境内の東側にひっそりとまつられていた。

この社から北高校の体育館が見える。直会塚にむかって、この社から参拝をしたという。

無形文化財　獅子芝居の碑

境内に大きな石碑が立っている。昭和三十一年、如意の獅子芝居が名古屋市の無形文化財に指定されたのを記念して建立されたものだ。

如意の獅子芝居は遠く安政年間（一八五四〜六〇）に、村の若者が丹羽郡佐野村（一宮市）の師匠の家に通って習得したものだ。

獅子芝居とは、忠臣蔵や阿波の鳴戸、朝顔日記など有名な芝居を主役が獅子頭（カラー表紙参照）を被って演じるものである。毎夜、青年たちは集まって稽古に励む、稽古に参加しない若者は村八分にされたという。厳しい掟のもとで、伝統の獅子芝居は連綿として続いてきた。

無形文化財に指定されたのはよいが、演者が老齢化し、いつしか獅子芝居はとだえてしまい、今では市の指定文化財に獅子芝居の名はない。

小学校発祥の寺……鶏足寺【MAP北西】

一本の道が如意を抜けて、大我麻に通じている。大我麻町に高速道路の楠JCTができてから、この道はJCTに通じる裏道となって、一段と混み合うようになり交通渋滞をひき起こしている。

味美から如意を通り比良にぬける、この道は如意の町を通っている数多くの道路のなかでも、もっとも古い道路のひとつである。大正十一年（一九二二）に県道として勝川から如意まで、その翌年に比良まで開通した。この道の幅は四メートルであった。

楠町が名古屋市と合併し、如意が新興住宅地になるとともに、新しい道がいくつも開通した。古くからある道路も、道幅が拡張され、都会の道路へと変貌していった。この道も拡幅され、如意の幹線道路として活躍してきたが、国道三〇二号の開通によりその地位を譲った。

この道を、味美からのんびりと歩いてくると如意の里が、どのようなたたずまいであったかがわかるだろう。

瑞應寺の住職が「私の寺を開基した石黒重行の文書は寺に残っています。しかし、位牌は、この寺にはなくて鶏足寺にあります」といわれた。

瑞應寺から、古い如意のたたずまいを残す道を歩いて鶏足寺にきた。ここは楠小学校発祥の地だ。

如意小学校の前身、如意義校が創設されたのは明治六年（一八七三）である。楠小学校発祥の寺と書かれているのは、校舎の設備がないので、鶏足寺が学校として、創立時に使われたからである。そのころの授業は、読み書き、そろばんが中心の教師がひとりだけの寺子屋方式であった。

鎌倉、室町時代の教育はもっぱら寺院で行われていたので、それにちなみ江戸時代の初等教育機関を寺子屋というが、如意義校は、文字どおりの寺子屋であった。

寺で授業が行われたのは、一年間だけで、明治七年には如意義校は観音堂に移った。

木造校舎ができたのは、明治十年（一八七七）のことである。村の中央の山屋敷（如意三丁目）に校舎ができ、そこで授業を行うようになった。

明治三十九年に味鋺、如意の二つの村が合併したので、翌年には如意尋常小学校は廃校となり、新しく楠尋常小学校となった。

鶏足寺について『尾張徇行記』は「鶏足寺書上帳に界内一反六歩、此の寺草創は知れず。再建は元禄年中七世憲俊阿闍梨なり。この寺先年蜂須賀村蓮華寺に属せしが、寛永年中より味鋺護国院に属せり」と記している。

楠小学校発祥地（鶏足寺境内）

『尾張志』には「鶏足坊　如意村にあり。味鋺村護国院天永寺の末寺なり」と記されている。

以前、岳桂院の住職と話していたおり、「鶏足寺は、護国院の住職の隠居所でした。その後、いつからか庵主（尼僧）さんが守をされるようになりました」といわれた。

また、鶏足寺を建てかえた時の建設委員長であった牧野行雄さんに以前お聞きした話では、「鶏足寺には檀家がないので、しばらく無住の状態がありました。昭和二十七年に、東海高校を退職された三田政晋先生がこの寺に入られました。三田先生は、戦前、京城の真言宗智山派の大きな寺の副住職をされていた人です。この方は東海高校の退職金をぜんぶつぎこんで、寺の門などを寄進されました。

寺を解体している時に布にくるまれた立派な仏像が発見されました。石黒重行とその夫人、そして主だった家臣の位牌も見つかりました。三田先生は、宗派を越えて葬儀をこの寺で行われましたが、先生もお亡くなりになりました」

鶏足坊が鶏足寺と名称が変わったのは、昭和二十七年のことである。古い由緒のある寺であるが、隠居寺になったり、尼寺に変わったりして、この寺の変遷も著しいものがある。

椎の木の茂る参道……瑞應寺【MAP北西】

山門をくぐって、瑞應寺の境内に入ってゆく。静寂そのものの世界だ。鳥のさえずりだけが梢のあいだから聞こえてくる。参道の両側には、椎の老木が何本もそびえている。幹まわりは、二メートルはあろう。高さは優に二十メートルは超えている。

外は、陽光がきらめいているのに、参道は昼でもなお小暗い。参道の石畳には、高く生い茂った椎の木が影を落とし、木もれ日さえもささない。

参道の正面に本堂がみえる。本堂には陽光が燦々ときらめいている。

暗い参道を歩いていて、この道は苦難の人生の歩みで、光り輝く本堂は涅槃の境地ではないかと一瞬思った。そんなことを考えるのは屈託した思いを抱いて、山門をくぐったからだ。

本堂の階段に腰をおろして、鳥のさえずりを聞いていると、何となく心が落ちつくような感じになるから不思議だ。

十年ほど前に訪れた時、住職からお話を聞いた。

この寺は夢窓国師（南北朝時代の臨済宗の僧、一二七五〜一三五一）が鎌倉から京都にむかう途中、この如意に立ち寄り、貞和四年（一三四八）に建立された寺で、現在は瑞應寺と号しているが、創建当初は瑞竜寺と呼んでいた、とおっしゃる。

「山門の脇に『南朝忠臣石黒重行之蹟』という石碑があったでしょう。その石黒重行が夢窓国師を慕って、草堂を立派な七堂伽藍の寺に変え、自らも出家して、宗円居士と称しました。寺の裏に古くからの墓がいくつかあります。その中央に重行の墓があります。真蹟も寺に残っています」

住職のいわれる石黒重行は、足利尊氏に随う武将高師泰《こうのもろやす》のために、井伊城（浜松市）で破れた後醍醐天皇の皇子宗良親王を越中奈呉の郷の木船の居城（高岡市）に迎えた南朝方武将、石黒重定の孫にあたる人物である。

重行も、祖父の重定と同じく勤王の志が厚く嘉慶・康応年間（一三八七～九〇）に、勤王の兵をあげた。武運つたなく破れ、越中から奥州へと落ちのびてゆく。

重行は、明徳四年（一三九三）、塩釜明神の尊像を負い、如意の里にきて、姓を長谷川と変えて潜んでいた。

その後、尾張の守護斯波氏の庇護をうけて如意、味鋺の領主となる。夢窓国師を敬慕する重行は、瑞竜寺を立派な寺に変え、自らも出家する。没年は永享九年（一四三七）十二月十七日で、八十八歳の長寿であった。

瑞応寺石黒重行墓所

「戦国時代に入り、寺はすっかり荒れはててしまいました。しかし、この寺に恩人が現れて、立派な伽藍を建てられたのです。それは重行の八代の孫長谷川善九郎重成です。参道の脇の墓地に、重成と、その妻の墓があります」

住職と連れだって墓地の中に入ってゆく。

墓地の中央に二メートルほどの高い石塔がほかの石碑を圧倒して建っている。石塔は上部が細く、下部は広くなっている。この型の石塔は関東方と呼ばれているそうだ。

重成の夫人の石塔は、高さは一・四メートルほど、幅は上部と下部共に六十センチほどで変わっていない。

「石塔に何と刻んであるのか摩滅していて、わかりません。これは石黒と読むのではないでしょうか」。住職は碑面を、そっとなでられた。

塔をなでれば、石の表面がくずれ落ちそうな危うさだ。

「地震がなんどもありましたが、この石塔は一度も倒れませんでした。石塔は三百余年、じっとこの地で一度も動くこともなく、倒れることもなく建っていました」

住職は誇らしそうに、もう一度石塔をなでられた。

石黒重成は、瑞應寺中興の開山といわれる天叔和尚を住職として招いた。臨済宗天竜寺派の末寺であった寺を改宗して臨済宗妙心寺派とし、寺の名も瑞應寺と変えた。

石黒重成は、天正十二年（一五八四）の小牧・長久手の戦いで徳川家康に従って手柄をたてた。家康は小牧山をひそかに抜け出て、豊場・如意を通り長久手に向かった。重成は勝川で家康を迎え、間道を長久手へと従い大いに武勲をあげたという。この途中で家康が勝川の庄屋長谷川甚助に「この土地の名は何というのか」と聞かれた。「勝川です」と答えたところ、「これは縁起のよい名前だ。明日の戦いは勝利まちがいなしだ」と喜んだという。

郷士であった石黒重成は、小牧・長久手の功により、家康の家臣となって仕えることとなった。

墓地の中に無縁仏を集めた山がある。おびただしい数の石塔が積まれ、江戸時代の年号を刻んだものも見受けられる。

「石黒重成の墓のまわりに、古い無縁仏がいっぱいありました。それを私が片づけて、あの山を作ったのです。石黒家と関わりの深い人たちの墓が重成の墓を囲んでいたのでしょう。石黒家の子孫の方は、今も東京に住んでいらっしゃいます」

瑞應寺を出て、寺の北側にある石黒重行の墓にゆく。墓の中央に木がそびえている。その下にひっそりと重行の墓があった。

如意の里の長い歴史を、じっとこの碑は見つめてきたかのように建っていた。

冬の蝶……堀田天神【MAP北東】

コスモスの花が風にゆれている。菊の花も蕾を開いたばかりだ。鶏頭のまっ赤な花が、今を盛りと咲いている。如意の住宅地の中に広大な畑が残っている。畑には野菜が少し植えてあるだけで、残りは花畑となっている。花畑の上を一匹の蝶が舞っている。たった一匹で、残された生命を楽しむかのように、ゆったりとコスモスの花のあいだを飛んでいる。冬の蝶は孤高だ。周囲におもねることなく、悠々と思うがままに自分の人生を楽しんでいるかのようだ。うららかな小春日和に誘われて、蝶は花畑に飛び出してきたのであろうか。

堀田天神をたずねて、如意の里を歩いた。『名古屋市楠町誌』によると、昭和三十年（一九五五）に堀田天神のまつられている堀田の部落には、八軒の家があり、五十六人の人が暮していた。おそらく堀田部落の八軒は、農家ばかりであったろう。一面に続く畑の中に、農家が点在していたに違いない。

八軒の家が建っていた昭和三十年から、半世紀が過ぎた。そのあいだの日本社会の変動は著しい。田畑は潰され、山は削られ、そこに住宅が建てられた。如意の里などは、その変動をもっとも顕著にうけたところだ。住宅地の中に残っている畑と堀田天神だけが、半世紀前から、この地に残っているのかもしれない。

大井神社には山神社、御嶽社が合祀されている。山神社は寛永元年（一六二四）に堀田の部落に建てられたものだ。御嶽社は、堀田の竹藪の中に山神社と共にまつってあったものだ。

現在、堀田部落に残っている神社は、天神社だけだ。堀田天神について『楠町誌』は次のように記している。

祭神は菅原道真、もと落合鳥見塚に一祠があったが、大水のため流失し、台石のみ残っていたのを、明治初年堀田屋敷の現地に移したのである。昭和十二年菅原天神を迎えてまつったものである。この天神は堀田講中の手により毎年正月二十五日に祭事を行っている。

祠がもともとあった地は、狩人が鳥をここから眺めて獲物を探した地なので、鳥見塚と呼ばれていた。

畑の片隅に野菜が植えてある。年老いた婦人が草をむしっていらっしゃる。

「堀田天神は、何軒で世話をしていらっしゃいますか」と畑の中に入ってたずねた。

「むかしは二十五軒で講を作って世話をしていました。宅地化がすすんで、百姓をやめて越してゆく人、代がかわって講をやめていく人、いろいろなことがありまして、今は一軒だけで守をしていらっしゃいます。二十五日には、二十五軒の人が集まって堀田天神にお参りをして、それからお日待をしました」といわれた。

堀田天神

お日待とは取り入れや田植えの終わった時に、部落の者が集まって会食や余興をすることだ。もともとは、日の出を前夜から潔斎して寝ずに待って拝む「日待」から転じた行事であろう。濃密な人間関係のうかがえる行事だ。

如意の里が新興住宅地帯に変わるとともに講もなくなり、お日待ちも消えてしまった。通りすがりの人に、「堀田天神は、どこの方がお守りをしていらっしゃいますか」とたずねても「私は越してきた人間だからわかりません」と答えられる。

「天神様がまつってあるというので、受験シーズンともなると受験生や家族の方のお参りがあります。合格したといって喜んでお礼にくる人も多いですよ」

婦人と別れて、堀田天神にゆく。ここにも、小春日和に誘われ、一匹の蝶が舞っていた。それは、消えてゆく、如意の習俗を惜しんで飛んでいるかのようであった。

庚申待……岳桂院【MAP北東】

夕陽が境内に差しこんでいる。楠の大木が夕陽に染まっている。岳桂院をたずねる時には、楠の大木をめがけて歩いてゆけばよい。

それにしても立派な大木だ。幹まわり二メートル、高さ二十メートルはある。

鳥のさえずりが聞こえてくる。大木は鳥たちにとっては、庇護してくれる安全な場所であるにちがいない。安心して、休むことができ、さえずることのできる場所だ。

鳥たちが岳桂院の楠の大木に集まるように、如意の里の人々も、寺になにかと集まっては住職に相談を持ちかけていたことであろう。寺は里の人々にとっては、魂の安らぐ場所であった。魂の救済の場所であった。

境内の西側に、永遠の安らぎの場所の広大な墓地がある。

おりしも若い婦人と、その祖母らしき人が花を持って境内に入ってみえた。桶に水を入れ墓地の中に入ってゆかれた。

墓石が赤く染まっている。墓石の中を歩いて二人は墓地の南端にゆかれた。そこには一列に墓石が並んでいる。

二人が寺を出られた後、墓石を調べてみると、その一列の墓石は太平洋戦争の戦没者のものであった。なんと多くの人々が如意の里から戦場にかり出され、そして再びこの里に帰ることができなかったことか。

戦争が終わって七十年になろうとする今でも、遺族にとっては、墓に詣でるたびに悲しみは強くよみがえってくることであろう。戦争とは、むごいものだ。

かつて住職からお話を伺った。

「楠のほか、うちには松の大木が山門の傍らにありましたが、数年前に枯れてしまいました。寺の古い資料は、庄内川の氾濫で流出して、寺の創建のくわしいことはわかりません。足利時代の終わりに、この寺の前身ができたようです」

鶴楽山と号する岳桂院は、曹洞宗正眼寺の末寺で、本尊は阿弥陀如来、創建はわからないと住職は語られる。

「小川、安藤という姓が如意には多いです。それらの人の祖先が郷士（江戸時代、武士でありながら城下町に移らず、農村に居住して農業をいとなみ、若干の武士的特権を認められた）として、如意でくらしていました。小川平左衛門や安藤惣右衛門という人が寺の復興を計ってくれたようです。寺は水害になんどもあったので、元禄時代（一六八八～一七〇四）より移転を計画しましたが、なかなか移ることができませんでした。享保三年（一七一八）に、やっと今の地に移転を始めることができました。その年には庫裡を移し、享保八年には本堂が建てられました」

住職は境内にまつってある稲荷神社の前に庚申塔があるといわれた。

その昔、庚申堂が、元屋敷にあった。岳桂院が移転した時、庚申堂もいっしょに移ってきた。庚申堂は寺の隠居所となり、塔は寺の前の三叉路に建てられたという。それが、今は境内に移されてきているということだ。

江戸時代には、盛んに庚申待が行われた。

庚申待《こうしんまち》とは、庚申《かのえさる》の夜、仏家では帝釈天や青面金剛《しょうめんこんごう》を、神道では猿田彦をまつって、寝ないで徹夜をする習俗だ。その夜眠ると、人身中にいる三尸《さんし》（道教で、人の腹中にすんでいるといわれる三匹の虫）が昇天して、その人の犯した罪を上帝に告げ、命を縮めるといわれた。

如意の里に、青面金剛（庚申会の本尊で、猿の形相をしているもの）をまつった庚申堂があった。そこでは村人が御籠《おこもり》をして、夜を徹して語りあかす。濃厚な人間関係が、かつてはこの里に存在していたことのなによりの証だ。

住職と話し終え、外に出た。日はすっかり落ちていた。庚申塔下の方がモルタルで

岳桂院大楠と明王堂

固められ、小さく庚申と書かれた文字だけが浮かびあがっていた。

庚申塔を見て、山門にもどろうとした。

楠の北側にお堂がある。烏芻沙摩《うすさま》明王をまつった明王堂だ。明治七年に女人講が発起で建造したものだという。如意の里のけっして裕福とも、幸福とも思われない女性たちが、女の幸福をかなえてくれるという烏芻沙摩をまねいてまつる。里の女性たちの連帯感が建造した明王堂であるといえるだろう。

庚申堂といい、明王堂といい、かつての如意の里の共同体がいかに強かったかをうかがわせるものだ。

山門を出ると半月が夜空に浮かんでいた。

虫送り……猿田彦社【MAP北東】

少年が六《ろく》が池で釣りをしている。

橋の上から「釣れるか」と声をかけると素っ気ない声で「一匹も釣れない」という声が返ってきた。「ここには何がいるのか」と重ねて聞くと、「鯉やブラックバス」がいると答えた。

六が池は三町二反もある広大な池であった。かつて清冽な水をたたえていた池が、今は橋によって分断され、北側は公園になっている。南側が少年が釣りをしている池だ。

池の側には、冬場は水の流れていない生棚川《なまたな》（如意用水）が小学校の方へむけて伸びている。

県営名古屋空港の南に広がっているのが六が池町である。ここから味美《あじよし》（春日井市）あたりは多少標高が高いので水利が悪く、明治時代まで、山林が連なる荒れ果てた土地であった。味鋺ケ原のきびだんごと呼ばれるほど米がとれず、粟や黍を主食とする土地であった。

六が池町は、黒川治愿による新木津用水の改修工事によって開拓された地だ。

明治十二年（一八七九）、味鋺原一帯の新田開拓と木曽川から名古屋へ船を通す目的で新木津用水の浚渫と木曽川から取水しやすくするための導流堤の設置が行われた。

しかし、味鋺原地域への通水量は充分ではなかった。明治十五年三月、木曽川の取水口に一万一千余円をかけて、東西二門の巨大な杁（取水口）を完成させた。

さらに二万余円の募金に、県費一万円を加え、旧来の幅二間（三・六m）を六間（一〇・九m）とし通水量を倍加させる工事を始めた。

如意、豊場、味鋺原等の関係十三か村の農民は二万円の募金を負担することができなかった。一万円は県庁より借り入れ、残金の一万円は農民たちが、人夫として働く賃金で支払うことになった。

工事はなかなか進捗しなかったが、明治十七年に農民の努力は実って拡幅が完成し木曽川から十分な用水が流れてくるようになった。新木津用水の改修工事によって、十三ケ村では七百十九町六反十六歩の新田が誕生した。如意村では二十五町六反歩の新田が開拓された。

六が池の傍に猿田彦社がまつってある。猿田彦社は明治三十一年までに、三十三町歩を開墾することができたのを紀念して伊勢から迎えた社である。

猿田彦は国つ神の一で、ニニギノミコトが降臨した時に先頭に立って道案内をし、伊勢の国の五十鈴川上に鎮座した神である。容貌怪異で鼻長七咫《あた》（咫は上代の長さで、親指と中指とを開いた長さ）、身長七尺余と伝えられている。

猿田彦社と六が池

田植えが終わった後の吉日を選んで、如意の里では虫祭があった。大井神社で豊作を祈念した後、鉦と太鼓をうちならし、各家から一名ずつ出て松明に火を点じたものをかかげ、六が池までゆく。

六が池の猿田彦社では、虫送りの行列が到着すると、ここでも宮司が豊作を祈願する。池には松明の灯がゆらめき幻想的な情景がかもし出されたという。

六が池で少年と別れ、飛行場にむけて車を走らせる。

六が池の畔から春日井へ通じる道を、かつて御花街道と呼んでいた。池のほとりに花が咲き乱れる美しい街道であったという。

大我麻・喜惣治

……市バス如意車庫前↓洗堰緑地

広大な池……喜惣治と大我麻

【MAP北西】

大我麻は国道四一号が通る北の玄関口で、沿道には商店がたち並び、名古屋都市高速道路と環状二号線、東名阪高速道路が交差し、大きなインターチェンジがそびえており、ランドマークにもなっている。

今から六百年ほど前までは、喜惣治、大我麻（大蒲）一帯は、陸地ではあったが葦や蒲の茂る低湿地であった。

いったん豪雨があると、大山川、境川などの排水は滞り、庄内川から逆流した水とあいまって、あたり一面水びたしとなった。水は、師勝、比良、大野木から西へ流れ込み、しばしば甚大な被害をもたらしたのである。

尾張一円を支配していた清須の斯波義重（一三七一～一四一八）は、清須城下を守るため、また一説には、当時農民の信仰が厚かった高田寺をまもるため、比良村から高田寺村にかけて堤防を築くことを決意した。

こうして、比良村から高田寺村へと堅固で、しかも高い堤防が築かれた。その結果、比良村以西は、水害の難を受けることが少なくなったが、喜惣治・大蒲地区には、北から南に流れる大山川をはじめとする東北部春日井原段丘の水や如意村・味鋺村の悪水も集まってきた。一帯は時を経ずして湿地帯となり、ついには大きな池と化してしまったのである。この池を大蒲池といい、周囲四キロにもおよぶ広大な池であった。大蒲池の開拓は元禄六年（一六九三）にはじめて着手され、大蒲新田と呼ばれた。しかしながら、新田とは名ばかりの湿地帯である。開拓に着手しても水害によってたちまち振り出しに戻るありさまで、十五年には、ついにはあきらめざるを得ないような状態であった。

大蒲・喜惣治新田（明治24年）

立合橋から喜惣治・大我麻
（昭和41年　林弘之提供）

石碑が語る……大蒲新田 【MAP北西】

大蒲新田は外蒲とも呼ばれ、喜惣治新田開拓後も長く沼地のまま残っていたところである。

大雨が降ると大山川や木津用水などの水がここへ集まり、さらに庄内川からの逆流水が水位を押し上げ沼は拡大し、如意や味鋺の農地まで水没することがあった。尾張藩は、寛延元年（一七四八）に大野木側に堤防を築いて庄内川からの逆流を防ぎ、宝暦元年（一七五一）には生棚囲堤《なまたなかこいつつみ》を築いて大蒲沼が増水した時に味鋺や如意に水が侵入するのをくい止めるようにした。さらに天明七年（一七八七）になると新川の開削が行われ、洗堰が築かれると排水が良くなり、沼はだんだん小さくなっていった。この結果、徐々に入植する人が現れてきた。

豊場村の佐々木磯吉が、三輪惣右衛門の支援を受けて文政三年（一八二〇）大蒲に移住し、はじめて開拓の鍬を入れた。苦心のすえ、三反あまりの田畑を開拓することができた。そんな磯吉の姿を見て入植するものが増えてきた。

しかしながら、開拓はなまやさしいものではなく、自然の災害にもみまわれ、大洪水や泥海となることもたびたびのことであった。三年に一度は、不作の憂き目にもあったのである。すこしでも水害の難から逃れようと、堤防を築き、水屋（水害に備え高く土盛りした敷地に建てた倉庫や家屋）を造った。また、排水工事にも大きな努力が続けられていた。文化十年（一八二七）頃には名古屋城下の枚山屋、三輪惣右衛門が小作人を雇って開墾を始めた。

明治二年ころには二十町歩、昭和二十年（一九四五）になると三十六町歩余りの農地が生まれていた。

こうした先達の凄絶なまでの水との闘いを通して、大蒲新田は守り育てられてきた。

大我麻神社には新田開発の記念碑や、地主の三輪家が食料生産の重要性を考え、戦争中の昭和二十年六月に農地解放をしたことを伝える三輪家仁沢碑が建てられている。

大蒲新田開発記念碑（大我麻神社）

仁沢碑……大我麻神社【MAP北西】

古老が往来をみつめながら、ぽつりとつぶやいた。

「この道のむこうには沼があって、沼の中には水神様がまつってあった。大蒲の大地主に三輪惣右衛門という人がいた。神楽町（錦三〜東桜一）に屋敷があって、そこに小作人たちが大八車に米を積んで運んだものだ。三俵も積んだ大八車を泣く泣く押してゆくので、年貢道と呼んだものだ。大蒲沼を埋立て、水田にして、小作人も使って、大量の収穫をあげていた」

水神社は、現在は大我麻神社の境内に合祀されているという。古老と連れだって大我麻神社に出かけた。

大我麻神社三輪家仁沢碑

大我麻神社の祭神は天照大神である。

大蒲新田と喜惣治新田に分離した時に、大蒲新田の氏神として建立された神社だ。建立したのは、文化十年（一八一三）豊場から移住してきた佐々木磯吉である。彼は沼地や砂地を開拓して、大蒲の新田開発をした先駆者である。磯吉は移住とともに豊場の伊勢山から天照大神を迎えて、まつったのである。

境内に入ってゆく。鳥居の傍らに白樫の大木がそびえている。木の下には小さな実がいくつも落ちている。

「そこにあるのが三輪惣右衛門の仁沢碑だ」古老にいわれ、見てみると三輪家仁沢碑と書かれた大きな石碑が建っている。裏面にまわると次のように書かれていた。

昭和二十年六月九日三輪惣右衛門氏其所有地四十八町二畝二十四歩ノ耕作者大蒲区民四十四戸ニ譲与セラル、区民三輪氏ノ深仁厚沢ヲ徳トシ之ヲ後世ニ伝ヘンガタメ此ノ碑ヲ建ツ

碑が建てられたのは昭和二十一年の八月十五日である。農地解放が行われる前、三輪惣右衛門は、低価格で小作人に農地を譲与した。その仁徳をたたえるために建立された碑である。

三輪惣右衛門は明治十二年、神楽町に生まれた。明治三十年、名古屋市立商業学校を卒業、家業の酒造業を手伝う。日露戦争が勃発するとともに従軍した。明治三十八年に父親が死亡、家業を受け継いだ。昭和二十一年、名古屋の家を引き払い大蒲新田に移ってきた大地主である。

仁沢碑のかたわらに日露戦争と日清戦争の従軍記念碑が建っている。大正四年の三月に建立されたものだ。

拝殿と社務所のあいだに大きな松の木がそびえている。社務所の裏に、平成九年に再建された大蒲新田開発記念碑が建っている。正面には中央に杁山惣右衛門開発、右側に名古屋宮町　平右衛門、左側に磯吉と書かれている。

中央の惣右衛門は三輪惣右衛門のこと。杁山は酒造業を行っていたころの屋号だ。磯吉は、豊場から移住し、大蒲新田の開発に尽力した佐々木磯吉で、嘉永四年九月二日没。磯吉の没後まもなく、再建前の碑は建てられたのであろう。

右側には吉蔵、吉右衛門、左側には治平、九兵衛、甚蔵と記されている。

「沼を埋めたて、砂地を田んぼに変える労働はたいへんなことだったろう。三輪惣右衛門が新田開発に必要な費用を負担したのではないか。碑に刻まれているほかの人たちが、この地に移住して開拓をしたのだろう」と、古老は開発記念碑を見ながら、説明してくれた。

「しかし、この地の変わりようはすさまじい。如意や味鋺のように古くから開けた土地ではない。文政年間から開けた新田だ。新田開発の土地であることを知らない人も多いだろう」

古老は、大我麻神社の西にある、現在の移住者の住む団地を見ながらいった。

生命をかけた水あらそい……大山川の氾濫 【MAP北西】

大我麻神社の北側に広大な北部市場がある。

北部市場の西側には、久田良木川が流れている。大我麻神社を出て、北部市場にむかうと樋門に出る。樋門から流れ出た久田良木川の細い流れは大山川と合流している。久田良木川の北は豊山町、大山川の西は北名古屋市だ。

大山川では、サギやカモがのんびりと陽光をあびて、えさをついばんでいる。

対岸では釣り人がひとり、釣糸をたれている。

常安寺の三界万霊碑

こんなのどかな光景も、いったん暴風雨になると、様相が一変する。大山川はなんども水害にみまわれた。大正十四年八月十四日に大山川が氾濫した時には、豊山村と大蒲新田で、あわや血の海となる一触即発の危機をむかえた。

事件の顛末を『楠町誌』は、次のように記している。

> 当日、大山川が豊山村青山字春日寺地内にて決潰、濁水はたちまち豊場西之町を浸水し、大蒲新田一帯を冠水した。この時豊場村民は己が地内の冠水を一時も早く退散さすため、大我麻神社北の古池地内において、両村境の堤防を切らんとした。これを知った大蒲村民は大いに激怒し、これを阻止せんとしたが、機を失し、濁流は遂に滔々と大蒲新田地内に満ち、床上浸水は全戸の八〇％に及んだ。
>
> それがため村民は大混乱に陥り調度品の始末で不眠不休の努力を続ける一方、豊場村民に対する憤激はひとしお烈しいものがあった。

とくに農作物は半作という大悲惨事であった。それがため時の大地主三輪惣右衛門は、大蒲村民を代表して弁護士をして現地視察せしめ、写真撮影等努力し、訴訟を起こさんとしたが、仲介者出現、かつ将来をおもんばかって、両民間に示談して解決するに至った。この時比良及喜惣治新田村民は炊き出しをするとともに、いち早く救援にかけつけ難民の援護にあたって一同から深く感謝をうけた。

これほど理不尽なことがあろうか。自分の村の水を引かせるために、対岸の大蒲新田の堤防を切ってしまう。切られた方は、たまったものではない。またたくまに、家も田も冠水してしまう。被害は、あとの農作物の取り入れにも出てくる。平年の半作という不出来である。弱り目にたたり目とは、まさにこのことであろう。

大正時代とまったく同じ事件が江戸時代に起きた。

集中豪雨のため大山川が西豊場で決潰した。水はまたたくまに、稲田に流れこんでくる。

豊場の農民たちは、一大事とばかりに鋤、鍬をひっさげて大山川に集まってきた。

誰が号令をかけたのでもない。大蒲新田の堤防を切らないかぎり、水は豊場に入りこんでしまう。家も田も、たいへんなことになる。大蒲新田の堤防にむかい、てんでに農民は走る。鋤、鍬で堤防を切り落としてしまった。水は大蒲新田に流れこみ、一瞬のあいだに田も家も冠水してしまった。それに比して、豊場の水は、またたくまに引いてゆく。

大正時代の事件の結末は示談で終わった。江戸時代は、事件の中心人物の三十七名は、許しがたい暴挙であるとして牢獄に投ぜられた。獄中で亡くなったものもいる。

豊山町の豊場に万松山常安寺という古寺がある。門前に三界万霊と刻まれた碑が建っている。この碑には、三十七名の事件にかかわった人の名前が刻んである。天保五年（一八三四）に自分たちの部落を守るために命を賭けた人として供養のために建てたものだ。

常安寺を訪れる人で、今、この三界万霊の碑に目をとめる人はいない。

喜惣治が拓いた……喜惣治新田【MAP北西】

元禄時代の大蒲新田開発の失敗から十五年を経過した享保二年（一七一七）、池の西部で再び開拓が始められた。

開拓者は、中萱津村の林平八であった。沼を二分するように堤防をつくり、その西側で新田開発が始められることとなった。やがて、愛知郡戸部下新田の国枝喜惣治が来往、土地を買い資金を提供して開拓を押し進めた。喜惣治は本格的に強固な堤防を築いて開墾事業を押し進めたが、じつに十年の歳月を要したという。地元の人々はその功績を記念して残すために、新田の名を喜惣治新田、築いた堤防は喜惣治堤防と呼ばれることになった。

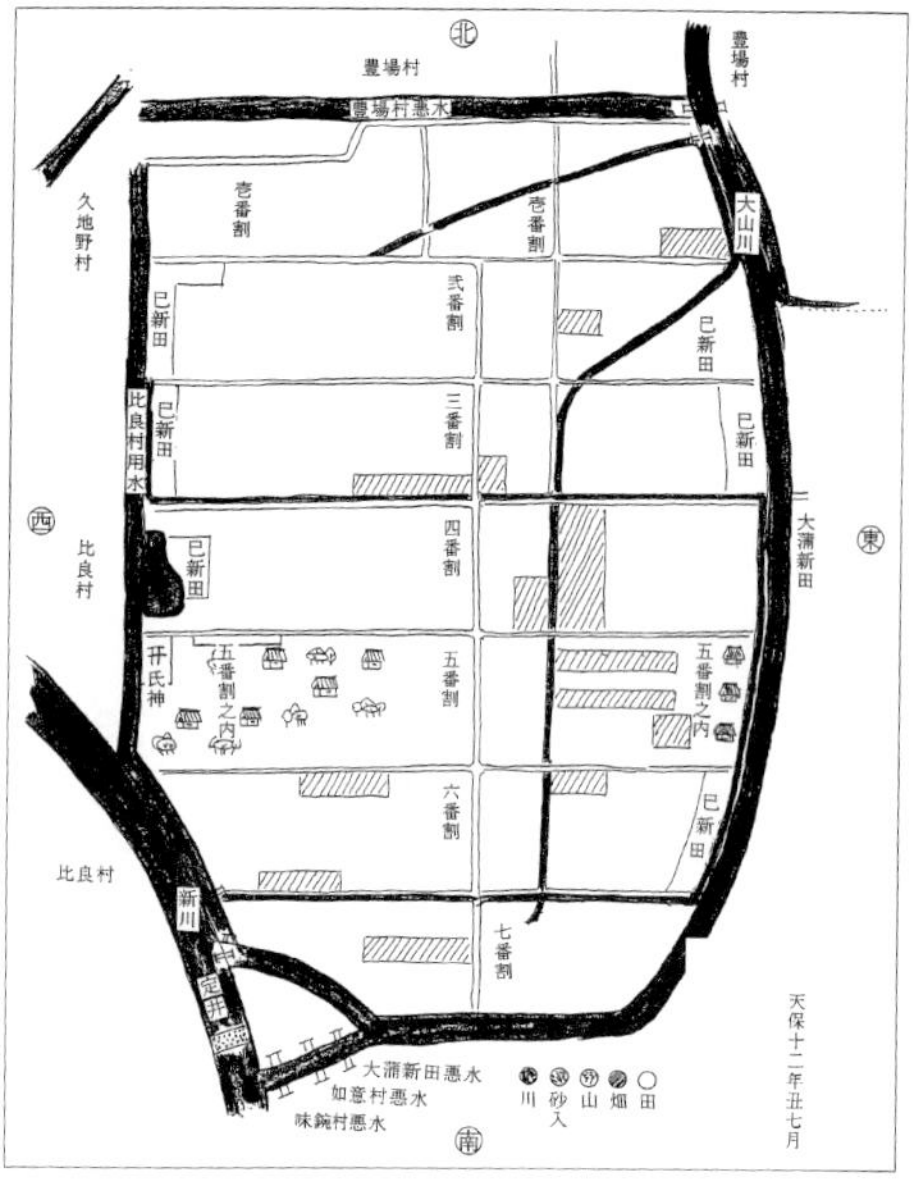

喜惣治新田村絵図（北区誌）

今の大山川は喜惣治の西を合瀬川に並行して流れている。かつては現在の中央卸売市場の南西のところから喜惣治と大蒲の間を流れていた。昭和八年に新しい大山川の水路が掘られ、旧河道は農地に変わり今では道路と住宅地になっている。喜惣治と大我麻の境になっている道路が高いのは、かつては堤防だったからだ。

昭和三十年（一九五五）、喜惣治新田のある楠町の名古屋市編入を記念して、喜惣治堤防に桜が植えられ名所となっていたが、年月を経て老木となり今は姿を消してしまった。

川岸に建つ……喜惣治神明社 [MAP北西]

神明社の堤防の下は、新川が流れている。川面が陽光できらきらと光っている。サギが一羽、川の中で餌をついばんでいる。孤高の姿そのものだ。

サギの傍らでは、カモが群をなして泳いでいる。

神明社のカシの大木は鳥の巣になっているのだろうか。かしましいさえずりが聞こえてくる。

のどかな眺めだ。しかし、川は、ひとたび荒れだすと手がつけられなくなる。

平成十二年九月十一日、東海豪雨の時には喜惣治、大我麻地区は甚大な被害をうけた。

喜惣治神明社

国道四十一号沿いにある喫茶店で、豪雨の数年後に土地の方とお会いした時のことだ。

喜惣治の往時の思い出を語られる時には、温厚そのものの表情だ。しかし、東海豪雨に話が及ぶと声は大きくなり、顔は朱をそそいだように赤くなる。

「あの洪水で何人の人が死んだかわからない」

洪水の時、喜惣治などで亡くなった方はいなかったはずだ。そのことを話すと、

「いや、洪水の後、ストレスで喜惣治や大我麻では、何人もの人が亡くなっている。九月十一日の夜、このあたりは床上浸水で、冷蔵庫もテレビも水の上だった。この喫茶店も、水に浸ってしまった。家財はなくなる、家の修理はどうしたらよいか、一週間は眠れない日が続いただろう。心労で何人もの人が亡くなったのだ」

新川洪水は天災ではなく、人災であるとおっしゃる。被害にあったものでなければ、あの悲惨な状況はわからないとくりかえし語られる。

聞いた話を思い浮かべながら、新川を眺めていた。喜惣治橋の上を何台もの車が通りすぎてゆく。

神明社の門柱は、昭和二年に喜惣治橋が架けかえられた時にはずされた親柱だ。大きな三つの石柱が門柱として使われている。

大正十二年、勝川から清須に通じる県道が如意の池の端まで通じた。さらに二間（三・六m）幅の新道をつくり、比良まで通すことになった。その時、喜惣治橋が木橋で架けられた。昭和二年に鉄筋コンクリート橋に架け替えられ、竣工式には小学生が渡り初めをしたという。屋台なども出て、たいへんにぎやかな渡り初め式であった。


神明社の南側に二股になっている楠の大木がそびえている。木の下に祠がまつられている。天王社だ。津島神社の天王信仰は、尾張地方には根強く残っている。江戸時代、流行病《はやりやまい》にかかれば一家全滅をしてしまう。そして、疫病は町中に蔓延し、多くの人々が亡くなってゆく。医学が発達していない当時としては、病気の快癒は津島天王社に祈るより術がなかったであろう。そのため、おびただしい数の天王社が各地に残っている。病は口から入るという。水によって疫病がもたらされることを知っている人々は川辺に天王社を建てた。

大蒲新田の天王社は上下部落の境の堤防上にあった。喜惣治の天王社は橋のたもとにある。旧の六月七日に行われる天王社の祭りは、提灯が飾られてにぎやかであるという。


鳥居をくぐり境内に入ってゆく。神明社の祭神は天照大神。神社には享保二年（一七一七）の棟札が残っている。

水神社と知立神社とがまつられている。

水神社は、県道の南側、堤防の上の林の中にあったものを、大正五年に境内に遷宮したものだ。

知立神社は、蝮《まむし》除けの神であるという。

土地の古老は「神明社のあたりは藪だった。蝮がよく出て、何人もの人が被害にあうので、知立神社に部落から代表をたてて、今でも四月三日にお札を迎えにいっている」といわれた。

如意の中之嶋にも、まむし地蔵という地蔵が建っていた。さらに川を隔てた比良には蛇池がある。この辺は湿地帯であるので、蛇や蝮が多く、その被害を避ける信仰が生れたのであろう。

神明社は立派な石垣の上に建っている。これは昭和十八年の改築の時に、喜惣治出身の林金房が寄進したものである。

金房は明治三十四年生まれ。家が貧しく、幼少時には正規に登校できないような状態であった。大工の見習いを経て、安藤組に入社し、各務原の飛行場建設で辣腕をふるった。その後、大阪に出て林組を作り業績をあげた。大蒲、喜惣治新田の開拓者、林平八の末裔なのだろうか。

神社を出て、神社横の堤防を歩いてゆく、

今は鴨や鷺がのどかに餌をついばむ和やかなこの流れが、再び濁流に姿を変えないことを願いながらも、洪水が押し寄せる光景が頭に浮かんできた。

歯痛の観音さま……喜惣治観音【MAP北西】

喜惣治を歩いていて、一人の老人と知りあった。最初に出会ったのは、神明社の南側にある天王社だ。祠の前に立って熱心に祈っていらっしゃる。どういう神様をまつった祠であるかを尋ねたのが、知り合うきっかけであった。まず、丁寧な言葉づかいに感心した。

「私は二十五年前に、この地に引っ越してきて市営住宅に住んでおります。地元のことを知らないので、おいおい勉強をしてゆきます」とおっしゃった。

その時は、八龍信仰について、あれこれとしばらく話していた。八十に近い年齢であろうか。物静かな温和な印象をうけた。

天王社から神明社の境内に入って、本殿の前で、しばらく熱心に祈っていらっしゃった。神明社を出て、堤防の方に立ち去ってゆかれる。うしろ姿が、なんともいえず寂しげな感じであった。はじめて会った人にもかかわらず、なんとなく気がかりな感じがして、うしろ姿を、いつまでも見送っていた。

二度目に出会ったのは、喜惣治観音であった。観音堂の前で、この時も熱心に祈っていらっしゃった。観音堂には、三枚のセピア色の写真が飾ってある。御詠歌を奉納する観音講の方の写真であった。老人は、写真のひとりの婦人を指さして、「この方に、私は喜惣治にきていろいろのことを教わりました。この方は熱心にお堂の掃除をしたり、花を活けたりしていらっしゃいました。菓子屋をしていらっしゃるので、買物に行ったのが知りあうきっかけでした」とおっしゃる。

それから、観音堂や神明社を参拝してまわるのを日課としていらっしゃったのだ。

喜惣治観音

観音堂にまつられている観音様は、右手を軽く頬にあてていらっしゃる。中宮寺や広隆寺の菩薩思惟像とまったく同じ表情だ。微笑をしているかのような柔和な感じを与える。

中宮寺や広隆寺の菩薩思惟像は、悩める衆生を救う慈悲のまなざしでみつめていらっしゃる。ところが喜惣治の観音さまを見た部落の人は、この観音様は、歯痛で苦しんでいらっしゃると勘違いをした。歯が痛くて、どうにもならないと顎に手をあてている観音様だと思った。

この観音さまに祈れば歯痛が治る。同じ歯痛で苦しみ、悩んでいらっしゃる観音さまだ。この観音さまに祈れば歯痛は治ると多勢の人々が喜惣治にお参りにくるようになった。

喜惣治の観音は、歯痛が治る観音だと近郊近在の人々がおしよせる観音さまになった。

大我麻の如意輪観音は、今は北名古屋市の観音寺に移って大我麻の地にはない。喜惣治の観音は、今も二十五軒の人々によってまつられている。セピア色の写真の観音講の人々は、四月十五日の例祭日に御詠歌を奉納する人々だ。

観音をはさみ、右手には楠妙法蓮華経と刻んだ日蓮大菩薩の石柱があり、左手には妙見大菩薩の小さなお堂がある。

土地のお年寄りから、以前このあたりの様子をお聞きした。

「新川の堤防には、雑草がぼうぼうに生えていた。雑草は肥料になるというので、場所を区切り、せりによって、その場所の雑草を買いとり、切りとる。農場の人がほとんどせりで落としたね。堤防の下は大藪で、きつねがいる。たぬきがいる。たいへんなところだった。藪にかすみ網をかけてめじろを捕ったよ。竹藪では竹の子がたくさんとれた。むこう岸の比良の堤防の桜並木が見えるだろう。こちらの堤防にも、名古屋市に合併した昭和三十年に記念の植樹をした。稲沢で桜の苗木を三百円で買ってきた。帰りにトラックを運転していた弟が踏み切りをつっ切って、信号をこわして、直し代が五百円もかかってしまった」

よどみがなく。遠い昔のことも、つい昨日のことのように語られた。

季節はずれのかきつばた……蛇池公園〔MAP北西〕

鬱蒼とした森の中に、一本の細い道が続いている。道の奥には天神社がまつられている。

「昼でも薄暗い、気持ちの悪い道だった。恐いものだから、あの森には子どもたちは誰も近づかなかったなあ。今の高架の下の辺に森はあったよ」

古老の語る天神の森の思い出である。

天野信景が『塩尻』の中で、大蒲八景を選んでいる。その中に、天神の夜雨が入っている。

ゆきくらし森のやどりに降る雨を池より落つる蓮の葉の音

天神の森を詠んだ和歌だ。旅をしている途中、森の中で日が暮れてしまった。樹の下で宿りをしていると、蛇池の蓮の葉に落ちる雨音が、森の中になんとも無気味にひびいてくるという意の歌だ。

夜雨粛粛《タル》宝社辺　松塘十里鎖《ス》二雲煙《ヲ》一
蓮池点滴不レ堪《エ》レ聴《クニ》　来往《ノ》客情有《ツテカ》レ孰《ニ》憐《ム》

という天神の森を詠んだ漢詩もある。

夜の雨がしとしとと天神の社に降りそそいでいる。比良の堤は、はるかに続く松並木だ。低く雨雲がたれこめている。蓮池に落ちる雨音が気味悪く響いてくる。ここを通る人は、いったいどのような思いで通りすぎてゆくのであろうか、の意だ。

蛇池公園

和歌や漢詩に詠まれた天神の森は、今、あとかたもない。高架の上を城北線が一両のんびりと走ってゆく。

天神の森の跡を通りすぎ、蛇池公園に入る。蓮池に何人もの人が釣り糸をたれている。蓮池の中に花が咲いていた。かきつばたが群生していて、季節はずれの花を咲かせているのだ。枯れた蓮の葉とあざやかな紫色のかきつばたとは対照的だ。

釣り人に何が釣れるかと聞くと「コイやフナが釣れる」という返事がかえってきた。どのくらいの大きさかと重ねて聞くと「七十センチほどのものがかかる」という。しばらく見ていたが、釣れそうにもないので、龍神社にむかう。

龍神社は、蓮池の中に建っている祠だ。蓮池の東側にも、やはり同じ八大龍王をまつった龍神社がある。蛇池公園に毎日散歩にくるという古老は、「堤の下は雌の龍、こちらには雄の龍がまつってある」と説明をする。東の社は奥の院とも呼ばれている。本殿西の小さな島にある社は弁天様を祀ったものだ。

蛇池の北には、織田信長の家臣、佐々成政の比良城があった。佐々成政が比良を統治していたころの話である。

福徳村の又左衛門という百姓が、大野木の知りあいのところに出かけようとして、蛇池に通りかかった。一天にわかにかき曇り、大粒の雨が降り出した。池の波が大きくゆらいでいる。何十米もある大蛇が堤から下りてきて、首を池に入れたからだ。

又左衛門は、腰をぬかさんばかりに驚いて、逃げ帰ってきた。又左衛門が大蛇を見たという噂はまたたくまに広まった。清須の信長の耳にまで噂は達した。信長は、池の主の大蛇を捕えるために、近郷の百姓を集めてかいどりをさせた。しかし、いくらかいどりをしても水は減らない。清水が湧きでてくるからだ。気の短い信長は、裸になり、刀を口にくわえて池にもぐった。しかし、大蛇を見つけることはできなかった。

蛇池の名前の由来となった伝説である。

ここでは毎年四月の第二日曜に赤飯を入れた櫃を流す「櫃流し」神事が行われている。

新川と洗堰
上流を見つめる除災地蔵尊……
【MAP北西】

国道四一号の庄内川に架かる新川中橋に立つと、西には養老山地が、東には瀬戸方面の山々が霞んで見えている。河原にはゴルフ場があり、大都会の一隅とは思えないのどかで穏やかな風景である。

このあたりでは、庄内川と矢田川は平行して流れているが、二つの川を区切る背割堤を橋からほんの数十メートル西に入ったところにお地蔵さんが佇んでいる。お地蔵さんとしてはずいぶん大きなものだ。台座の正面に「除災地蔵尊」、側面には「昭和三十四年三月吉祥」「庄内川矢田川隣接町有志建之」と刻まれている。丈の高い台座の上に立ち、上流のほうをじっと見つめている。お地蔵さんの前には花が生けられている。お地蔵さんは日本全国にあるが、災害を除く「除災地蔵」はここだけではなかろうか。お地蔵さんはなぜ川の上流を見つめているのだろう。

除災地蔵

名古屋で一番の大河である庄内川は、庄内用水をはじめとする多くの用水の水源となり、この川がなければこの地方の農業は成り立たないほどの大きな恩恵を人々に与えてきた。その一方、頻繁に堤防が切れて沿川の人々の暮らしを根底から破壊する凶暴な川でもあった。

水害の歴史を見てみよう。名古屋城が築かれた慶長十五年（一六一〇）をはじめ、大災害だけでも寛永九年（一六三二）、寛文六年（一六六六）、享保六年（一七二一）、元文四年（一七三九）、宝暦七年（一七五七）、明和二年（一七六五）、明和四年、安永八年（一七七九）……などがあり、この間にもたびたび破堤や溢水を繰り返している。沿川の人々は一生に一回以上の大災害を経験し、数回は川から押し寄せた激流で丹精込めて育て収穫を心待ちにしていた田畑を流され、食べるものにも事欠く悲惨さを味わう暮らしであった。「天災は忘れた頃にやってくる」のではなく、毎度のようにやってきたのである。

そもそも、庄内川がこのような暴れ川であるのは、源流が風化した脆い花崗岩地帯であり大雨が降ると流水とともに土砂が流れ出し、流れが穏やかな平野部にくると沈殿して川底を年々かさ上げしてゆくといった、庄内川の性格によるものである。これに加えて、江戸時代になると、上流の瀬戸や多治見などで陶器産業が盛んになり、燃料の薪を得るための森林伐採が進んで保水力が低下し、土砂が流出しやすくなっていった。また、河口部では堆積した土砂によりできたデルタ地帯を堤防で囲み新田開発が進められた。低平地を流れる勾配の少ない川は流れが滞りやすいが、江戸時代のはじめには今の一色大橋の下流あたりで海に注いでいた庄内川は、江戸末期には約四キロメートルも沖に延びて流れが悪くなっていった。

さらに今の北区付近では、矢田川をはじめ地蔵川、八田川、大山川などの川が庄内川に流れ込んでいる。支川は庄内川の川底が高くなるとともに流れが悪くなり、普段のときには排水不良による稲作障害が、大雨の時には逆流した水により洪水が発生するようになっていた。この地は水の脅威に囲まれて暮らす土地であった。

うちつづく水害に、清須十四か村の総庄屋丹羽助左衛門は新しい川を掘ることで抜本的な対策を行うよう藩に陳情を繰り返したが、ばく大な費用を要するためなかなか採択されなかった。しかし、ついに安永八年（一七七九）第九代藩主宗睦は、勘定奉行であった水野千之右衛門と参政の人見弥右衛門に治水計画の検討を命じた。

水野たちの検討した結果は次のとおりである。

味鋺と大野木の村境に庄内川の堤防を一段と低くした洗堰《あらいせき》を設けて、庄内川の水が五合（計画高水位の半分の高さ）に達したら大蒲沼に流れ込むようにし、庄内川右岸に平行して海まで延長二十キロメートルに及ぶ新たな川を掘り排水する。あわせて、これまで庄内川に流れ込んでいた大山川、合瀬川（木津用水）、五条川などを新川につなぎ庄内川の負荷を減らすという壮大な構想である。

この大事業は、当時の尾張藩の御蔵米ぜんぶを売り払っても足りない約四十万両というばく大な費用が必要であり、ふつうの手段ではとうてい藩の許可は得られない。水野は自分が犠牲になってでもこの大事業をやり遂げる覚悟で、きわめて低額な見積もりを藩に提出し工事を開始した。さらに、工費不足になり工事半ばでの中止がされにくいように、二百か所にも工区を分けて御冥加人夫（村々から義務として出る人夫）を増やし、天明四年（一七八四）に全区間をほとんど同時に着工した。

はたして、工事が三分の一も進まないうちに事業費の不足が判明し、藩内では水野に対する批判の声が高まってきた。藩は幕府からの借金や豪商からの調達金でしのいだが、万策きわまり工事は中断、天明六年十月一日水野千之右衛門は免職となり閉門蟄居を命ぜられた。しかし、全区間で中途半端に工事が行われてしまっている。完成を心待ちにしている農民たちの声に押されて、藩は再び水野を御普請奉行に任命し工事が再開された。水野の周到な計略どおりはこんだのである。

着工から三年の歳月を経て、天明七年（一七八七）に新川が完成した。

これにより洗堰から下流の庄内川は大雨のときに流れる水量が減り水害の危険は大きく低下し、周囲四キロメートルといわれた大蒲沼の排水がすすみ、文化十年（一八一三）には大蒲新田の本格的な開発が始まった。

水埜士惇君治水碑

水野の多大な功績をたたえるため、文政二年（一八一九）に「水埜士惇君治水碑」が、大代官で学者としても高名な樋口好古の撰文により新川上流端に近い右岸堤防の上（北名古屋市内）に建立された。身分制度の厳しい封建時代に、一家臣であった者の碑を、しかも生存中に建てることは極めて異例である。水野が事業に傾けた執念ともいえる思いと大きな功績が、藩の中枢を担う人々や沿川の農民の心を動かし、このような特別な取り計らいとなったのであろう。碑の建立から三年後の文政五年（一八二二）、水野は八八歳の天寿をまっとうした。新川のほか日光川の改修など、治水にかけた一生であった。

洗堰の周辺には、ほかにも二つの碑が建っている。

洗堰のすぐ下流、堤防の斜面にあるのは「修理洗堰碑」である。新川開削後も庄内川の川底は年々上昇し、洗堰を越える激流は堰をたびたび破壊した。堰を高くすれば庄内川の危険が増し、低くすれば新川の危険が増す。堰の高さは両川の沿川住民の関心の的であり、堅牢な堰の建設が望まれた。このため明治十六年に当時の愛知県土木課長であった黒川治愿らにより大規模な改修が行われたが、それを記念したのがこの碑である。

もう一つ、蛇池神社に近い比良側の新川堤防の桜並木の中に「新川堤防改築記念碑」がある。これは、蛇池の北に回り込むように屈曲して北へ伸びていた新川堤防を、延長七百メートルほど直線的に築きなおした時の記念碑である。そこには、「新川改良計画をたてるにおよび、旧堤防の屈曲を付け替え施工することに決め、昭和十年十一月県直営をもって起工し、昭和十一年三月工費三万余円の巨費を投じ、この工事に従事した人夫二万四千余人をもって、延長七百米を完成した」といったことが記されている。

その後の急速な市街地化により沿川の土地利用が大きく変わった。平成十二年の東海豪雨では、洗い堰を越えた水が大量に新川を流れ大水害を引き起こした。このため、十六年度までに北側の農地を掘り下げて遊水池の機能を強化し、洗堰も一メートル高くして新川への流入量を減らすように改善された。

川は生き物である。流域の変化とともに水や土砂の流出量などが変わり、川の姿も変わってゆく。人々は、変わる川の姿に、なんとか水害が起こらないようにと、その時代時代の知恵と持てる力を投入して治水に努めてきた。多額の費用を投じ、多くの障害を乗り越えて進められた治水工事も、いつかはそれを越える水がくる。人知を尽くしても大自然の強大な力を完全に封じ込めることはできない。

河原でゴルフや野球に興じる人、魚釣りをしている子。普段は菩薩様のように穏やかな表情を見せて人々の心を暖かく包み込んでくれる川は、ひとたび出水すればその下に隠されている夜叉の顔を出し、牙をむいて襲いかかってくる。

庄内川と矢田川の背割堤の上に建つ除災地蔵は、今日も上流をじっと見つめている。上流から激流が流れくだってこないか、見つめている。

修理洗堰碑

山田庄を流れる……庄内川【MAP北西】

大きな都市には、必ずその都市を代表する川がある。東京は隅田川、大阪は淀川、京都は鴨川、名古屋は……城下町に近いことからいえば堀川、規模からいえば庄内川ではないだろうか。

庄内川の源流は、岐阜県恵那市の夕立山である。あまり聞いたことのない山で、地図で探してもなかなか見つからない。そのはずである。源流といえば、谷に分け入り山をよじ、やっとの思いで最初の一滴がしたたり落ちるのに出会える場所を思い浮かべる。夕立山の高さは七二七メートル、頂上付近はなだらかな丘陵地帯で岐阜県の畜産研究所（牧場）が広がっており、そのなかに大丸山神社が建つ山頂がある。ここから庄内川は始まっている。

夕立山の庄内川源流

流れ出た水は、瑞浪、土岐、多治見の陶磁器産業地帯をとおり、瀬戸と春日井の境界を経て名古屋の守山区に至り、市の北部西部を流れて港区で伊勢湾に注いでいる。矢田川をはじめとする多くの支流が流れ込んでいるが、本流の延長は九十六キロメートル、流域面積は新川なども含めると一〇一〇平方キロメートルあり、全国的には中規模の川である。

「庄内川」という名は、北区、西区などにかけてかつて「山田庄」という荘園が広がっており、その庄内を流れていたことから名づけられたものである。昔は川の名は流れている地域により異なり、北区のあたりでは、「味鋺川」「勝川」とも呼ばれ、今でも岐阜県内では「土岐川」と呼んでいる。

庄内川の特徴は、上流が日本有数の陶磁器産業地帯になっていることである。陶磁器の製造には、陶土と水と薪が必要である。瀬戸や多治見などにかけて木節《きぶし》や蛙目《がいろめ》と呼ばれる良質の粘土が大量に埋蔵されている。これらの粘土は花崗岩が風化して細粒となって堆積してできたものである。掘り出した粘土は、水を使って精製する水簸《すいひ》などの工程を経て原料となる。これを成型し、窯で焼いて製品ができる。かつては窯焚きに大量の薪を使っていた。

これが、良くも悪くも庄内川の性格を形作っている。粘土の元になる風化した花崗岩はもろくて崩れやすく、水とともに川に流れ込み下流へと運ばれる。流れが穏やかになる下流部で沈殿し、川底を年々高くしてゆく。燃料の薪を得るために木々は伐採されて森林は姿を消し、山の保水力は衰えて水の流れは減り、雨が降ると一気に増水する。

出雲に「八岐大蛇《やまたのおろち》」の伝説が伝わっている。素戔嗚尊《すさのおのみこと》が八つの頭と尾を持つ大蛇を退治する話だが、大蛇は簸川（今の斐伊川）のことではないかといわれている。簸川の上流部では盛んに「たたら製鉄」が行われていた。砂鉄分を含む「真砂」「赤目」と呼ばれる土を掘り取り、水を使った比重選鉱である「かんな流し」で砂鉄分だけを取り出して、炭を燃料として製鉄する。この製鉄業により出雲は大和に対抗する強大な勢力を持つことができたが、流出する土砂により川は天井川になり、炭を得るために森林は伐採されて出水しやすくなる。大雨が降るたびに洪水を繰り返して住民を苦しめたこの簸川を改修したことが、おろち退治に姿を変えて伝承されてきたとも考えられている。

庄内川の規模は簸川の半分程度だが、陶土や砂鉄という地域の資源を生かした産業が人々の生活を潤した反面、もろい地質と産業により天井川が生まれ、森林伐採により洪水が頻発して暮らしを脅かしたという点で非常によく似た川である。

庄内川では素戔嗚尊ではなく、流域の人々や尾張藩などにより洪水との戦いが行われてきた。

慶安三年（一六五〇）の「大寅の洪水」、延宝二年（一六七四）の「小寅の洪水」、宝暦七年（一七五七）の「宝暦の洪水」、明和四年（一七六七）の矢田川の川筋が変わった洪水など、後世に語り継がれる大洪水だけでも枚挙にいとまがないほどであり、中小の洪水はそのあいだにもひんぱんに田畑や人家を襲っている。

洪水を防ぐには、堤防を高くする、川底を浚って低くする、幅を広げる、直線にして流れやすくする、源流に木を植える、新しい川を掘ってパイパスを造る、支流をほかの川に付け替えて流入量を減らすなど、さまざまな方法がある。庄内川ではこれらの方法がほとんど行われている。

名古屋築城さなかの慶長十五年（一六一〇）に大洪水が起き、十九年（一六一四）ころまでに御囲堤が造られた。この時右岸はお城のある左岸よりも低い堤防が築かれ、右岸側の人々の苦しみの元になったことはよく知られている。その後、今の中村区・中川区の境界で大きく蛇行していた川筋の直線化が行われている。

また、天明年間には「天明の改修」と呼ばれる大改修が行われた。川を浚渫して、その土で堤防をかさ上げする工事が進められ、天明三年（一七八三）に行われた流域の人々による「御冥加普請《ごみょうがふしん》」には数万人が参加し、藩主自ら激励に訪れたと記録されている。翌四年（一七八四）には、木曽代官の配下に引率された福島周辺の窮民千五百人が今の中村区に仮小屋を建て、男は築堤、女は浚渫土の運搬に従事した。また、この年に洪水をバイパスに流す洗堰と新川の開削事業が始まり、七年（一七八七）に完成している。この工事で、それまで庄内川の支流であった五条川や合瀬川などが新川に付け替えられている。

このほかにも多くの工事が行われてきたが、大自然の脅威の前には限られた効果しかなく、しばしば堤防が切れ家や田は濁流に襲われた。堤防が危険になると、名古屋城下を水害から守るため、対岸の小田井などの堤防を人為的に破壊することも行われた。この作業を命ぜられた地元の農民は自らの手で自分の財産を水没させることを厭い、一所懸命に作業をしているふりをしながら仕事を遅らせて、せめてもの抵抗をしたと伝えられ「小田井人足」という言葉が生まれた。春日井市に伝わる、庄内川の水神に一五歳になる娘を白木の箱に入れて捧げることで怒りを鎮めたという「十五の森」の伝承とともに、水害常襲地域に住む人々の悲痛な気持ちが伝わる言葉や物語である。

荒れ狂うと恐ろしい庄内川も、普段は穏やかで美しい川である。

『金鱗九十九之塵』では「此川常に水少うして、川原の平砂、いと美々しき風景なり」と、上流から流れてきて川原一面に広がる白砂の美しさをたたえている。

『尾張名所図会』には、「庄内川の花見」の絵が載せられている（カラー口絵参照）。弘化二年（一八四五）に枇杷島から小田井にかけての両岸に数千株の桜が植えられた。いと桜や八重桜などさまざまな品種が植えられていたので、一か月以上花を楽しむことができ、多くの人でにぎわったという。

また、魚釣りでも親しまれていた。元禄時代に藩の御畳奉行をしていた朝日文左衛門は、日記『鸚鵡籠中記《おうむろうちゅうき》』を書き残している。酒と芝居と魚釣りが大好きだった文左衛門は、たびたび庄内川を訪れて、鮎、はや、すばしり（ぼらの稚魚）などを釣っている。

庄内川から御用水や庄内用水、八ケ村用水など多くの用水が引かれていた。お城の堀の水源や飲料水、農業用水などに使われ、この川がなければこの地域の経済や生活は成り立たなかったといえる。

時の流れとともに沿川は市街地になり、川原は大都会にぽっかりと開いた広くて長い息抜きの空間になっている。春にはタンポポやツクシが生え、秋にはススキが銀色の穂をそよがし、散歩や野球、ゴルフ、魚釣りに多くの人が訪れている。

今も昔も変わらぬ恵みを与える庄内川。しかし、ひとたび大雨になれば牙をむき出す川の本性は変わっていない。先人たちが洪水との戦いで流した涙と知恵と努力によって今の庄内川は造られている。自然は気まぐれである。いつの日にか、必ず人の予想を超える雨が降る。その時に備えて、今の時代の知恵と努力を傾けて次の世代に引き継いでゆきたい川である。

参考文献（順不同）

本書の執筆にあたり、本文中に挙げたものを含め下記の文献を参考にした。『尾張名所図会』等からの図版引用は所蔵先を明記したもの以外は個人蔵の原本を使用した。

『金城の遺跡・史話』三谷政明　昭和四十七年
『古里下飯田の川跡路散策』谷口宰　平成四年
『上飯田のむかし』水野鉦一　平成二年
『楠西学区の歴史』長谷川國一ほか　昭和五十八年　愛知県郷土資料刊行会
『生きている名古屋の坂道』岡本柳英　昭和五十三年　泰文堂
『名古屋城三之丸・御土居下考説』岡本柳英　昭和三十四年　掬翠社
『名古屋市楠町誌』昭和三十二年
『尾張名所図会』『小治田之真清水』
『尾張名陽図会』（名古屋市鶴舞中央図書館蔵版）
『名古屋市史』『大正昭和名古屋市史』『新修名古屋市史』
『名古屋叢書』『名古屋叢書　続編』『名古屋叢書　三編』
『西春日井郡誌』大正十二年　西春日井郡
『名古屋市楠町誌』昭和三十二年　名古屋市楠町誌刊行会
『東大曽根町誌』昭和十六年　東大曽根町誌刊行会
『北区誌』平成六年　北区制五十周年記念事業実行委員会
『木津用水史』昭和五十年　木津用水史編纂委員会
『犬山市史』平成元年　犬山市教育委員会・犬山市史編さん委員会

『名古屋城史』昭和三十四年　名古屋市
『明治の名古屋』服部鉦太郎　昭和四十三年　泰文堂
『明治大正見聞記』三谷石水　昭和五十七年　金城学区協議会
『庶民の道　下街道』昭和五十一年　春日井郷土史研究会
『庄内川水害史』昭和五十一年　庄内川工事事務所
『清水（開校百周年記念誌）』昭和四十七年　名古屋市立清水小学校
『大杉（創立五十周年記念）』昭和六十年　名古屋市立大杉小学校
『城北』昭和五十年　名古屋市立城北小学校
『名北』昭和四十五年　名古屋市立名北小学校
『飯田』昭和四十六年　名古屋市立飯田小学校
『北区の歴史』長谷川國一　昭和六十年　愛知県郷土資料刊行会
『守山区の歴史』平成四年　守山郷土史研究会・愛知県郷土資料刊行会
『名古屋の街　戦災復興の記録』伊藤徳男　昭和六十三年　中日新聞社
『木曽御嶽信仰』菅原壽清　平成十四年　岩田書院

あとがき

私たち「堀川文化探索隊」が発足してから十三年が経過した。この間、毎月一回、名古屋市内の堀川や周辺の地域を巡り、神社やお寺を始め古い町並みや建物、路傍のお地蔵さんなど、関心を持ったものの歴史や謂われを調べてきた。これまで百三十回を超える活動でさまざまな場所を訪問してきたが、そのなかでもとりわけ北区は特色に富んだ面白い町である。古くからのバラエティに富んだ歴史がある。

名古屋の中心部は慶長十五年の名古屋築城によって生まれた町なので、それ以前の歴史や人々のいとなみの痕跡は、大規模な碁盤割の街づくりが行われることで消し去られてしまった。そこへ清須越で新しい人々が住み歴史を積み重ねてきた。だから四百年の歴史しかない。これとは対照的に、北区にははるかに古くからの歴史が今も残されている。弥生時代に海岸近くだった揚り戸古墓地、古代にこの地方を支配した物部氏ゆかりの神社などがあり、源平の合戦で活躍した安食二郎重頼や南北朝時代の武将石黒重行の足跡が残っている。農村から工業地帯、そして住宅地へと変貌した過程も残されている。農村だった頃に盛んだった尾張万歳・流鏑馬・嫁獅子などの話が伝わっている。工業地帯に変わり大きな繊維工場がたくさんできた時に、工場が神社に寄進した鳥居などもある。戦争中にはこの地域からも多くの人が出征していった。共同体意識の強かったこの地域では、それぞれの村ごとに、鎮守の社やお寺へ武運長久や戦勝祈願、戦争で亡くなった兵士や市民を鎮魂し後世に伝える石碑などを建立した。村が歩んできたそれぞれの時代を今もしっかりと伝えているのだ。地域の特性もはっきり浮き出ている。

平成十六年に、名古屋北ライオンズクラブから北区の歴史や文化を紹介する本をつくりたいとの依頼があり、探索隊のこれまでの活動を土台として、沢井鈴一代表を中心に『北区　歴史と文化探索トリップ』を上梓した。それから十年、北区の姿も変わってきている。今年は北区制七十周年という記念すべき年であり、北ライオンズの創立五十周年なので、改定版を出したいとのお話をいただき、再び区内を回ってみた。十年一昔というが、やはりずいぶん変わっている。江戸時代からの歴史を持つお堂や社などが消えてマンションなどが建っている。人々の暮らしの拠り所が変わるなか仕方がないことではあるものの、一抹の寂しさを禁じ得ない。一方、今もきちんと残されたり、前回訪問した時より整備されたりしていて、歴史と伝統が次の時代へと引き継がれていることに安堵したところも多い。

本書は気軽に読んで探訪していただけるように、北区を十三の地域にわけ、各項目は一話ごとに読み切りとした。本書を手にその舞台となった場所を訪れて過去のできごとに思いを馳せ、あるいは虚実入り交じった伝承からその時代を生きた人の悲喜こもごもの生活に思いを致していただけたら著者にとり幸いである。

今回の改定にあたっては、沢井代表に代わり伊藤が現況を調査して内容の補正を行った。誤謬があれば私の責任である。また探索行の際に参加者から出された意見や見解も反映しており、この本は著者だけでなく探索隊の参加者全員の力で作られたともいえる。さらに本書に掲載した現況の写真は、注記のないものは私を含めた探索隊メンバーの撮影による。共に探索行に参加し支えていただいた諸氏への謝意を記させていただく。

出版にあたってさまざまな機関や個人の方から写真などの資料を提供していただき、解りやすい内容にすることができたことに改めて感謝申しあげる次第である。また、改定版を出版する機会を与えていただいた長井政造会長をはじめとする名古屋北ライオンズクラブの会員の皆様に、この場をお借りして心からなるお礼を申し上げたい。

この本をきっかけに多くの方が名古屋市北区の歴史と文化に関心を持ち、北区がよりよい街になってゆくことを願いつつ筆を擱きたい。

平成二十六年四月

堀川文化探索隊　伊藤　正博

【著者略歴】
沢井 鈴一（さわい すずいち）
1940年 愛知県春日井市生まれ
明治大学文学部卒業
現在 堀川文化探索隊代表
著書 『堀川端ものがたりの散歩みち』『名古屋の街道をゆく』『名古屋大須ものがたり』ほか

伊藤 正博（いとう まさひろ）
1949年 名古屋市生まれ
日本大学法学部卒業
元名古屋市職員
著書 『CD-ROM版堀川ミュージアム』（共著）
『堀川 歴史と文化の探索』を刊行予定
堀川文化探索隊会員

[名古屋北ライオンズクラブ CN50周年記念出版]
北区 歴史と文化探索トリップ

平成26年4月18日 発行

著者＝沢井鈴一 伊藤正博 ©

発行＝名古屋北ライオンズクラブ
〒460-0003 名古屋市中区錦三丁目8番14号 名電ビル4F
電話 (052)962-3783 FAX (052)951-4826

発売＝株式会社あるむ
〒460-0012 名古屋市中区千代田三丁目1番12号
電話 (052)332-0861 FAX (052)332-0862
HP: http://www.arm-p.co.jp E-mail: arm@a.email.ne.jp

印刷＝株式会社精版印刷

ISBN978-4-86333-078-8 C0026